中药材产业高质量发展蓝皮书

（2020—2022）

国家中药材标准化与质量评估创新联盟　编

主　　审　张伯礼
主　　编　孙晓波　陈士林
执行主编　郑文科

上海科学技术出版社

内 容 提 要

本书是一部旨在客观反映中药材产业动态、促进产业高质量发展的行业报告。全书共八章，分别从产业发展现状、中药材资源概况、市场需求、植物类中药材生产技术、动物类中药材开发利用、质量控制、品牌建设等方面做了详细阐述。同时，本书从行业角度，系统总结了中药材产业发展面临的机遇与挑战，提出了中药材产业高质量发展的趋势和建议。全书贯彻中药材高质量发展的中心思想，突出 GAP 与“三无一全”等规范化、标准化的要求，以期为从事中药材种植、生产、流通等领域的企业单位或科研工作者提供专业、权威的数据资料或分析，为行业统筹布局、协调发展提供参考。

图书在版编目（CIP）数据

中药材产业高质量发展蓝皮书 : 2020--2022 / 孙晓波, 陈士林主编 ; 郑文科执行主编. -- 上海 : 上海科学技术出版社, 2023.4
ISBN 978-7-5478-6148-6

Ⅰ. ①中… Ⅱ. ①孙… ②陈… ③郑… Ⅲ. ①中药材－制药工业－产业发展－研究报告－中国－2020-2022 Ⅳ. ①F426.77

中国国家版本馆CIP数据核字(2023)第059876号

中药材产业高质量发展蓝皮书(2020—2022)
主编　孙晓波　陈士林
执行主编　郑文科

上海世纪出版(集团)有限公司
上 海 科 学 技 术 出 版 社　出版、发行
(上海市闵行区号景路 159 弄 A 座 9F－10F)
邮政编码 201101　www.sstp.cn
上海盛通时代印刷有限公司印刷
开本 787×1092　1/16　印张 16
字数：280 千字
2023 年 4 月第 1 版　2023 年 4 月第 1 次印刷
ISBN 978－7－5478－6148－6/R・2745
定价：128.00 元

编委会

序　一

党中央明确指出，传承创新发展中医药是新时代中国特色社会主义事业的重要内容，是中华民族伟大复兴的大事。传承创新发展中医药，对于坚持中西医并重，打造中医药和西医药相互补充协调发展的中国特色卫生健康发展模式；对于发挥中医药原创优势，推动我国生命科学实现创新突破；对于弘扬中华优秀传统文化，增强民族自信和文化自信；对于促进文明互鉴和民心相通，推动构建人类命运共同体，都具有十分重要的意义。习近平总书记指出，要推动中医药现代化，推动中医药产业化，推动中医药走向世界。特别是在应对突如其来的新冠疫情的三年中，中医药发挥了独特优势和重要作用，为提高轻症和普通型的治愈率，降低重症率、危重症率和死亡率，做出了重要贡献，得到了党中央的充分肯定，全社会的普遍认同，人民群众的广泛赞誉，成为中医药传承精华、守正创新的生动实践。中西医结合、中西药并用成为抗疫的一大特色和亮点。中医药救治新冠病毒感染的安全性、有效性也得到了世界卫生组织专家的肯定。

“十四五”以来，中医药事业发展进入了新阶段，步入了快车道。人民群众对健康认知的变化和对中医药需求的增长，科技进步、大数据、云计算、物联网、人工智能等前沿技术的广泛应用与迭代更新，以及基因组育种、生物防控、药用植物生态种植、药用动物驯养等中药农业技术的创新与进步，都为中药材产业高质量发展带来了新的机遇，同时也提出了新的挑战。为此，我们必须全面了解中药材产业的现状，把握中药材产业发展的趋势，探索中药材产业发展的规律，加强中药材产业发展的正向引导，积极推进中药材产业信息的集成。中药材产业关系第一、二、三产业，集农业、工业、林业、种植业、养殖业，以及健康、医疗、卫生等于一体，还涉及教学、科研、经济、文化、对外交流合作等各个方面，因此，要高质量发展中药材产业，必须坚持新发展理念，坚持问题导向，坚持系统观念，运用战略思维、系统思维、统筹协调的科学工作方法，处理好局部与整体、当前与未来、主要矛盾和矛盾的主要方面的关系，系统、全面、完整地破解中药材产业高质量发展中的突出矛盾和关键问题。

国家中药材标准化与质量评估创新联盟认真贯彻党中央、国务院关于中医药工作的重要指示和决策部署，认真落实国务院办公厅印发的《中医药振兴发展重大工程实施方案》的精神，大力推动中药材种业质量提升和中药材规范化种植项目的实施，着力提升中药材的品质和安全性。积极响应联盟成员的呼声和期待，不断增强为中药材产业和联盟成员服务的能力和意识，克服时间紧、任务重、资料少、压力大等困难，组织编写了《中药材产业高质量发展蓝皮书》。

《蓝皮书》旨在全面梳理中药材产业的现状、发展瓶颈、政策支持、市场行情、进出口贸易等方面的问题，为产业未来的可持续发展提供策略建议和行动指南。该书紧紧围绕中药材资源可持续开发利用，在阐述我国动植物药用资源的基础上，突出 GAP 以及“三无一全”品牌建设，以政策引导、科技支撑、市场推动，带动中药材质量的提升。

《蓝皮书》是一份服务企业、服务行业、服务国家战略的专业报告。该书对中药材产业的现状进行了全面剖析。从产业链的角度，关注了良种繁育、种植、加工、流通等环节的特点和问题，强调了产业链各环节之间协同发展的重要性。该书从资源和生态保护角度，提出了在保障资源可持续利用的同时，推动产业高质量发展的理念和思路。

《蓝皮书》从市场需求的角度，分析了国内外市场的现状和未来趋势，具体品种的供求关系以及价格起伏情况，并对未来中药材的产业规划提出了建议。该书针对中药材产业发展中的瓶颈问题，从技术创新、标准化建设、品牌建设、政策支持、市场规范等方面提出了多维度的策略思考。

习近平总书记在党的二十大报告中指出，要推动“健康中国”建设，促进中医药传承创新发展。当前，党中央、国务院已对“十四五”中医药事业发展作出了战略部署，中医药事业振兴发展迎来了天时、地利、人和的大好时机。我们要抓住机遇，乘势而上，顺势而为，推动中药材产业全产业链的通力配合，上下游企业深度合作、加强资源共享、提高产业链整体效率和效益。衷心希望通过《蓝皮书》的发布，能够引起行业内外更多同仁的关注和思考，积极提出意见和建议，促进集思广益，不断总结经验，为共同推动中医药事业和产业高质量发展，为“健康中国”建设作出新的更大的贡献。

书将付梓，是以为序。

原国家卫生和计划生育委员会副主任

国家中医药管理局原局长

国家中药材标准化与质量评估创新联盟名誉主席

王国强

2023 年 3 月

序　二

中医药是中华民族的独特资源，是中华文明的瑰宝，凝聚着中国人民和中华民族的博大智慧。中医药的守正创新，中药材是关键，只有药材好，药才能好。

中药材的发展，经历了几个较为明显的探索时期，从中华人民共和国成立之初的计划经济时期，对中药材实施统购统销模式，按照种植计划、调拨计划、供给计划对中药材的种植面积、种植资源、野生变家种等方面进行统筹管理，以确保医疗治病的需求。每年一次的全国性中药材交流大会，对全国药材的产销平衡、调剂余缺起到了重要作用。到后来的改革开放市场经济时期，随着市场化程度的不断提高，中药材逐步在民间兴起自由交易，一些药材集散地市场开始活跃，中药材的经营管理也逐步由以计划供给为主变成了以供需市场见面为主的交易模式。

中药材发展模式的变化时期，也是我国中医药发展的黄金时期。由于产业和市场过快的发展，导致了中药材原料需求大增，中药材行业出现了诸多制约整个产业链发展的问题。比如信息不对称的问题，产地前端由于不了解市场需求，不知种什么、种多少，社会需求如何，经常导致价格过山车似的大涨大跌，而终端需求方则常常存在没米下锅、质量合格的商品时时断档。比如质量的问题，药材质量不合格的因素很多，有种植不规范、投入品的问题，也有流通过程中掺杂混假的问题等；再比如资源匮乏的问题，由于没有专业的机构对资源评估使用，加上长期以来的大量需求导致许多中药资源原料的不合理使用，到后来成为濒危资源，国内外有关机构提出了警告及管理办法，野生变家种变得极为迫切。这一系列的问题，使业界开始觉醒，思考如何让我们的中药能够得以长期传承和可持续利用，认为中药材产业的发展亟需一个全国性的组织来引导和传承。

在此背景下，2012 年初，正值全国两会召开期间，数十家大型中药生产经营企业表示，希望在中国工程院张伯礼院士及原国家食品药品监督管理局任德权副局长的带领下，形成专业的新型经济组织与产业平台，为中药产业可持续健康发展，提供优质可持续中药材资源，服务全国人民。全国两会后，中药材基地共建共享联盟（即国家中药材标准化与质量评估创新联盟前身）正式成立。2013 年 5 月，中药材基地共建共享联盟盟员大会暨中药材基地共建共享论坛在发起单位之一的云南白药集团所在地昆明市宣布成立，并召开第一届盟员大会和联盟论坛。

联盟成立以来，先后组建了 10 个专业委员会，5 个工作组，19 个省级联络站，并于 2021 年正式进入国家农业农村部主导的农业科技创新联盟框架，更名为国家中药材标准化与质量评估创新联盟。10 年来，联盟以“共建共享，互通互联”为理念，以大企业为主体、大品种为抓手、大基地为依托，建标准、抓溯源、重品质、树品牌，不断推动道地品种规范化、规模化、优质化建设，打造优质药材品牌，引导产业优质优价、优质优先。首次提出了“无硫黄加工、无黄曲霉毒素污染、无公害生产，全过程可追溯”为标准的“三无一全”品牌概念，多次参与《中药材生产质量管理规范（GAP）》的主要内容修订，搭建“联盟中药材质量追溯管理信息平台”，主动承担社会责任带动扶贫中药材品种 201 个，种植主体 1 108 家，种植面积超 345.5 万亩；一年一度的联盟大会参会人数从第一届的约 200 人发展到第九届的 600 万人（含线上参会人数）。这一系列的成果与成绩，是联盟不断创新、坚持初心的结果，也是行业人的共同努力与期盼认可。

在联盟的不断推动下，我国中药材产业发展得到了有效改善，技术体系、保障平台不断建立，规范化、规模化、优质化水平不断提升。但长期以来依旧存在着全国中药产业现状不清、数据不统一、客观性难以保证等问题，缺少行业的深度分析。为此，适时编制《中药材产业高质量发展蓝皮书》，是贯彻我国中医药振兴发展的重要举措和响应，摸清我国当下中药材产业整体状况，总结产业的发展情况与经验，全面客观剖析问题和发展趋势，具有极大的价值性、前瞻性和代表性，意义重大、影响深远！本书从我国中药材产业现状、资源发展概况、生产技术、质量控制、品牌建设、高质量发展展望等方面进行了全面总结与多维度、多角度深入分析，预测产业趋势，有效帮助读者了解产业现状，把握行业发展动向和机会，可有效引导中药材产业高质量发展，不断促进我国中医药振兴发展。

上海中药行业协会执行会长　杨　弘

云南省中药材种植养殖行业协会会长　苏　豹

2023 年 3 月

前　言

产业是高质量发展的根基和现代经济体系的支柱，优质中药材又是中医药高质量发展根本保障。发展中医药已经上升为国家战略，中医药产业高质量发展必然成为质量强国建设中的重要组成部分。

当生产关系与生产力不相适应的时候，就需要进行调整，当事物发展到一定阶段的时候，新的矛盾就会凸显，次要矛盾就可能上升为主要矛盾，中医药概莫能外。随着中医药的广泛使用，中药材的需求猛增，野生变家种成为必然。数千年来，传统的中药材采集、加工以及使用模式发生了根本性变革。随之而来的，是中药材产业的猝然兴起和复杂问题涌现。药材市场的乱象，不只是质量的鱼龙混杂，还有“劣币驱逐良币”，盲目引种、扩种，粗放式管理，等等。

十年来，国家中药材标准化与质量评估创新联盟的工作，是将中药材产业从无序变有序的一个过程。联盟创始人张伯礼院士和任德权先生，一直致力于推进中药材产业的规范化、规模化，从而提升整体质量。

联盟成立的初衷是努力把中药工业骨干企业的中药材资源需求，聚集到目前规范化、规模化、组织化基础较好，又有发展前景的道地产区药材生产企业，共建共享现代中药农业资源基地。通过聚焦优质、优势中药农业基地企业，探索建立共建共享战略合作伙伴新机制，构建新型工农业长期稳定合作共赢的关系。既形成中药工业企业的供应稳定、质量稳定、价格稳定可持续发展原料资源基础，又促进中药农业企业的规模化、集约化、现代化持续发展，成为中药农业现代化的领军企业，成为道地药材现代品牌企业。

察势者智，驭势者赢。把握中药材产业的发展趋势，正向引导，促进高质量发展，是联盟和有志于为行业作出贡献的所有从业者的共同责任。十年来，随着联盟不断发展壮大，联盟工作也获得了行业认可。为了系统梳理行业动态，厘清现存问题，抓住时代机遇，准确应对未来的挑战，联盟在 2021 年的第九届联盟大会上提出，要启动编制行业蓝皮书计划，每年编制一部。随后的一年多时间里，联盟汇集了数十位行业专家学者和行业团体领导，并广泛发动各省设立的联络站，同时采纳信息服务机构提供的市场数据以及掌握的中药材基地数据，最终编制成了联盟第一部《中药材产业高质量发展蓝皮书》。

由于中药材领域相对复杂，公开获取的部分数据多存在相互不一致的情况，且种植面积、产量、市场交易额等方面难以做到精确，故编写组在参考公开数据的同时，以联盟掌握的规范化药材基地数据为主，尤其是各省联络站提供的数据。在市场交易、药材品种供需关系以及价格变动方面，以中药材天地网的数据为主；进出口方面的数据，则参考了中国医药保健品进出口商会提供的内容；在科技发展部分，则邀请了联盟相关行业专家负责撰写。总之，《蓝皮书》承载了联盟集体智慧，我们希望此份报告能够为中药材领域的从业者带来一定收获。

本书回答了企业关心的话题，如哪些品种供大于求，在种植规划时应当谨慎对待，哪些品种的市场供应仍有不足，具有涨价空间等等；也反映了科技方面的问题，如规范化种植、质量追溯体系建设等；还突出了行业热点问题，如中药材 GAP 的实施与落地、如何推进优质优价等；同时也向监管部门提出了高质量发展的建议。

由于这是联盟第一次组织编制行业蓝皮书，经验欠丰，内容难免挂一漏万，存在一定纰漏，文字或有舛错，数据或有讹误，观点或有偏颇，还望读者针对不足之处提出宝贵意见，我们将不胜感激，同时在今后的工作中不断改进、提高。读者展阅如有一得，我们则欢欣鼓舞之至。

国家中药材标准化与质量评估创新联盟秘书处

2023 年 3 月

目录

第一章·中药材产业发展现状 001
第一节·中药资源保护与利用 003
第二节·中药产业发展水平 005
第三节·中药材质量与安全监管 007
第四节·联盟积极促进产业发展 009

第二章·中药材资源发展概况 011
第一节·全国中药材规模 012
第二节·全国部分区域中药材概况 017

第三章·中药材市场需求概况 039
第一节·产业需求 040
第二节·市场价格 045
第三节·中药材进出口贸易分析 062

第四章·植物类中药材生产技术 069
第一节·植物类中药材的保护与科学利用 070
第二节·植物类中药材病虫害防治技术 089
第三节·植物类中药材规范化种植技术 097
第四节·植物类中药材产地加工仓储养护及现代物流技术 109

第五章 · 动物类中药材开发与利用 119
第一节 · 种质资源与繁殖材料 120
第二节 · 药用动物的养殖 122
第三节 · 药用动物优良品种选育 127
第四节 · 动物类中药材的采收及产地初加工 129
第五节 · 动物类中药材应用、生产基本现状 133
第六节 · 动物类中药材高质量发展探索 146

第六章 · 中药材质量控制 153
第一节 · 中药材整体质量概况 154
第二节 · 中药材质量评价及标准 162
第三节 · 中药材追溯体系建设 181
第四节 · 联盟中药材追溯管理实践 186

第七章 · 中药材品牌建设 193
第一节 · 区域品牌 194
第二节 · “三无一全”品牌建设 196
第三节 · 典型案例 201

第八章 · 中药材产业高质量发展展望 207
第一节 · 中药材产业发展的机遇 208
第二节 · 中药材产业发展面临的挑战 213
第三节 · 中药材产业高质量发展的建议 217
附 · 中药材行业问题征集与意见反馈 224

附录 227
附录一 · 《中医药振兴发展重大工程实施方案》(节选) 228
附录二 · 中药材“三无一全”品种清单 231
附录三 · 2023 年度《中药材有害生物绿色防控产品目录》 234

参考文献 238

中药材产业高质量发展蓝皮书
（2020—2022）

第一章
中药材产业发展现状

几千年来，传统中医药为中华民族的健康、繁衍和发展提供了基本保障，中医药文化自始至终都深深地植根在民族文化的沃土之中，在中华文明中占有举足轻重的地位。习近平总书记指出："要遵循中医药发展规律，传承精华，守正创新，加快推进中医药现代化、产业化，坚持中西医并重，推动中医药和西医药相互补充、协调发展，推动中医药事业和产业高质量发展，推动中医药走向世界，充分发挥中医药防病治病的独特优势和作用，为建设健康中国、实现中华民族伟大复兴的中国梦贡献力量。"在党和国家的高度重视下，中医药迎来了历史上前所未遇的黄金发展时期。

为推动中医药高质量发展，2019 年中共中央、国务院印发了《关于促进中医药传承创新发展的意见》，2020 年国家药品监督管理局印发《关于促进中药传承创新发展的实施意见》，2022 年国务院颁布了《"十四五"中医药发展规划》，2023 年 2 月国务院办公厅又印发《中医药振兴发展重大工程实施方案》等一系列指导性政策。这为中医药高质量发展提供了政策保障，也为中医药高质量发展明确了方向。

我国是全球动植物资源最丰富的国家，高等植物有 3.7 万余种，占世界植物总数的 10%，药用植物就达 10 000 余种，这些都为中药材产业高质量发展提供了其他国家和地区无法比拟的物质基础和前提条件。

中药材是中医药产业的物质基础，中药产业是以中药材为基础的资源性产业。中药材产业的高质量发展，是决定中医药高质量发展的最基础因素。目前，科研与产业相结合，中药材领域在规范化基地建设，以及野生抚育、仿野生栽培、生态种植等生态产品价值转化机制等方面取得了长足进步，体现了中药材产业高质量发展的现代理念，已受到业界与社会普遍认同。全国已拥有了一批生产规范的现代化中药生产企业，中药材作为中药的源头受到特别重视，部分企业实现了中药生产的全链条现代化、智能化。

现阶段，中药材产业发展在获得历史性机遇的同时，也面临诸多方面的挑战，如在资源保护、种植养殖规范、质量稳定、市场流通等方面，表现出部分野生中药资源的日渐短缺，人工种植养殖药材质量问题凸显，中药材产量与价格受市场影响大起大落，中药材储存和流通规范不能得到有效执行等一系列问题，对中药材产业高质量发展产生了诸多不利影响。

2022 年国务院颁布了《“十四五”中医药发展规划》，面对现状与问题，在“推动中药产业高质量发展”中对未来五年中药材产业提出了明确要求：加强中药资源保护与利用；加强道地药材生产管理；提升中药产业发展水平；加强中药安全监管。上述要求，对中药材产业高质量发展指明了方向。事实上，过去三年在中药材产业发展上，也正是按照这个方向在逐渐夯实基础。

第一节
中药资源保护与利用

中药资源是中药产业的最上游端，中药资源的量与质将对中医药全链条发展产生重大影响。中药资源科研人员通过十年的努力，对全国 2 702 个县开展调查，完成了第四次全国中药资源普查，摸清了中药资源家底。经过初步分析，我国各省可药用资源种类及栽培中药材种类中，云南、贵州、广西、四川、湖南药用资源种类最为丰富。栽培（养殖）的品种中，山西最为丰富，其次为甘肃、河南、湖北、湖南、云南、贵州等地，这些省份多为传统的药材产区，也是近些年我国中药材种植养殖产业发展势头迅猛的地区。目前，全国约有 1 000 多种药材的蕴藏量得到了初步评估，为中药产业发展提供了坚实的基础。

20 世纪 50 年代起，我国开始大力发展中药材的栽培和养殖。虽然目前仍有部分的中药材品种来自野生资源，但大部分来自栽培和养殖的药材品种，其生产量却占到了中药材供应总量的 70%以上。分布全国的中药材生产基地，依托基地的众多中药材种植、养殖农户，分布在全国的中药材交易农贸市场以及全国性和地方性的批发交易市场，形成了全世界规模最大、体系最完整的中药农业体系，人工种植（养殖）的品种不断增加，中药材野生变家种及替代品研究取得突破，生态种植加快推广。

促进中药材产业高质量发展还体现在针对中药资源的保护与利用。2021 年，国家林草局制定了《林草中药材生态种植通则》《林草中药材野生抚育通则》和《林草中药材仿野生栽培通则》，从生态角度对林草生态系统中中药材种植/养殖进行了规范。2022 年，国家药品监督管理局、农业农村部、国家林草局、国家中医药管理局四部委联合发布了《中药材生产质量管理规范》，内容涉及质量管理、人员与设备、基地选址、种子种苗、种植养殖、采收加工、包装储运、质量检验等中药材质量管理全流程，是中药材规范化生产和管理的基本准则。《中药材生产质量管理规范》使中药材生产格局不断优化、中药材种植理论和方法不断完善，我国中药材质量持续向好，并呈现出稳步提升的发展态势。无论是全程追溯，还是自建产地、使用符合《中药材生产质量管理规范》要求的药材，都对中药企业提出了更高的要求。

在野生资源保护方面，2021 年，国家相继调整《国家重点保护野生动物名录》和《国家重点保护野生植物名录》，在 2 000 余种受保护的动植物中，约有十分之一具有药用价值。相关名录的调整更新与相关动植物保护法规和条例，将中药企业对野生资源的利用，置于国家生态文明建设这一重大国策的框架下，规范了中药产业对野生药用资源的利用，也将促进中药企业尽快实现野生药用资源的引种驯化，实现家种家养。

为保护中药资源，实现中药资源可持续利用，保障中药资源的稳定供给和中药产品的质量可控，2017 年，原国家食品药品监督管理总局颁布了《中药资源评估技术指导原则》，明确要求新药注册和再注册时开展中药资源评估，目的是促进药品上市许可持有人或生产企业树立起“中药工业生产应先保证中药资源产量和质量”的理念。目前，中药资源评估工作已经深入企业研发理念，在中药新药申报和经典名方研制工作中，对中药资源越来越重视，这将有利于促进中药产业健康有序发展。

为确保中药产业健康发展，农业农村部、国家药品监督管理局、国家中医药管理局联合印发《全国道地药材生产基地建设规划（2018—2025 年）》，这是指导今后若干年中药材产业发展的重要文件，也是落实中医药法的重要举措。加快道地药材基地建设，将中药材生产由重规模求数量的发展模式，转变为重质量求效益的发展方向。

目前受经济和社会因素影响，道地药材产业正处于快速发展时期，全国多省市为促进区域经济发展，非常重视道地药材品牌建设，虽然在一定程度上促进了中药材产业繁荣，但另一方面也使得“道地”概念泛化，道地药材失去了其本真，不适宜的道地药材品牌宣传，反而对中医药事业发展产生一定负面作用。为规范道地药材生产与使用，中华中医药学会 2021 年也发布了 157 项“道地药材”系列团体标准。同时，根据《中华人民共和国中医药法》的具体要求，国家市场监督管理总局 2022 年发布了行业标准《道地药材评价通用要求》（RB/T 071 - 2021），该标准以道地药材质量特征为核心，充分考虑药材来源、历史沿革、道地产区生境特征及环境安全要求、生产及加工等道地药材质量特征形成的决定性因素，关注道地药材的特色传承、安全性，制定了道地药材评价通用要求。上述标准发布，无疑将对道地药材良性发展产生积极影响。

第二节

中药产业发展水平

在国家政策的大力支持下，经过全社会共同努力，我国中药产业已基本形成以科技创新为动力、中药农业为基础、中药工业为主体、中药装备工业为支撑、中药商业为枢纽的新兴产业体系，发展模式从粗放型向质量效益型转变，产业技术标准化和规范化水平明显提高，涌现出了一批具有市场竞争力的企业和产品，中药工业产值不断攀升，逐渐成为国民经济与社会发展中具有独特优势和广阔市场前景的战略性产业。

2020 年，中药工业实现营业收入 6 196.1 亿元，同比下降 4.7%；利润 744.2 亿元，同比下降 1.6%。其中中成药生产实现营业收入 4 414.2 亿元，同比下降 3.0%；利润 618.8 亿元，同比增长 4.3%。中药饮片加工实现营业收入 1781.9 亿元，同比下降 8.6%；利润 125.4 亿元，同比下降 23.2%。受新冠疫情影响，虽然中药工业指标有所下降，但是在 2020 年二季度后探底回升，三季度、四季度环比增加，生产呈现恢复态势，并且中成药在疫情防控中发挥积极作用，带来利润增长。

2021 年，中药工业实现营业收入 6 919 亿元，同比增长 12.4%；利润 1 004.5 亿元，同比增长 36.5%。其中中成药生产实现营业收入 4 862.2 亿元，同比增长 11.9%；利润 755.2 亿元，同比增长 23.3%。中药饮片加工实现营业收入 2 056.8 亿元，同比增长 13.7%；利润 249.3 亿元，同比增长 102.4%。在疫情防控取得突出成绩背景下，中药工业企业收入和利润双增长，尤其是中药配方颗粒试点结束，更多企业积极开展中药配方颗粒研发与生产，带来中药饮片利润大幅上涨。

2022 年 1—9 月，中药工业实现营业收入 5 138.1 亿元，同比增长 5.8%；利润 598.4 亿元，同比增长 4.8%。其中中成药生产实现营业收入 3 609.3 亿元，同比增长 5.2%；利润 478.4 亿元，同比增长 2.4%。中药饮片加工实现营业收入 1528.8 亿元，同比增长 7.2%；利润 120.0 亿元，同比增长 15.8%。中药工业继续保持稳步增长态势。

近 10 年来，随着需求以及政策的推动，中药材种植面积总体呈增加趋势。600 多种常用中药材中，近300种已经开展人工种植或养殖。50余种濒危野生中药材已经实现了种植养殖或替代。2019年全国中药材种植面积达到7 000余万亩，各地面积差异较大，其中云南、广西分别达到794万、685万亩，贵州、湖北、河南3个省在500万～600万亩，湖南、陕西、广东、四川、山西等5个省在300万～500万亩，河北、重庆、山东、内蒙古、甘肃、吉林、安徽、辽宁、黑龙江、海南、宁夏等11个省(区)在100万～300万亩。根据国家中药材产业技术体系的初步汇总数据显示，2020年全国中药材种植面积约为8 000万亩。

中国是全球最大的传统医药市场，进口药材是中药的重要组成部分，为规范进口药材的来源、贸易与审批，2019年，国家市场监督管理总局发布了《进口药材管理办法》，该办法对进口药材种类、进口单位资质、审批程序、通关口岸、检验检测单位、进口药材质量保证等方面提出了具体明确的要求和措施。该办法将进一步加强进口药材监督管理，保证进口药材质量，促进国外药材有序进入中国市场，满足中药产业需求。中药材进出口贸易保持良好势头，2022年中药材进口金额为6.14亿美元，出口金额为14.02亿美元。

2020年新冠疫情暴发以来，中医药全程参与、深度介入疫情防控，“三方三药”促进和带动了产业发展。2020年化湿败毒方以1.5亿元价格向中国中药控股有限公司实现技术转让；步长制药披露数据显示，宣肺败毒方实现技术转让生产后，截至2022年9月底，实现收入4 681.20万元；连花清瘟胶囊不仅在国内抗疫中发挥了重要作用，并且拓展了国际市场，2022年上半年出口额超过2亿元。

第三节
中药材质量与安全监管

针对中药质量与安全问题，国家管理部门和中药相关行业协会也在积极努力制定标准，开展工作。中国中医科学院中药资源中心牵头组织，联合全国近百家企事业单位，立项与发布的通则及系列标准共计 800 余项，涵盖道地药材、生产技术、商品规格等级等，弥补了中药材系列标准缺失的问题。此外，农业农村部 2020 年立项了山茱萸等 4 项道地药材生产技术规程国家标准和 3 项(根茎类、果实和种子类、花类)道地药材生产技术规范行业标准，中药材标准体系建设进程加快。中药材种子种苗是中药材质量稳定的前提，为保证种子种苗来源准确稳定，规范种子种苗使用，2014 年以来，人参、三七、五味子、丹参的种子种苗 ISO 国际标准，白术等 9 项中药材种子(种苗)国家标准已提交行业主管部门审批。2019 年，中华中医药学会颁布了 77 项中药材种子种苗团体标准。此外，据中国种业大数据平台统计，截至 2020 年 3 月，全国登记种类有中药材种子、具有生产经营许可证的企业为 121 家，较 2018 年增长近 1 倍。

中药材产地趁鲜加工或许是未来中药饮片及中成药质量提升的新方向，具有提高生产效率、降低生产成本、减少有效成分损失和便于仓储运输等优势。2021 年国家药监局综合司发布关于中药饮片生产企业采购产地加工(趁鲜切制)中药材有关问题的复函之后，各省(区、市)陆续发布了很多针对中药材趁鲜切制相关通告、工作文件和政策文件(包括征求意见和正式文件)。截至 2023 年 2 月 2 日，已有 26 省(区、市)出台了相关政策，其中 22 省(区、市)发布了中药材趁鲜切制品种目录。

为保障人民群众的用药安全，提升中药材及饮片的质量，近年来各级药品监管部门持续增强监督检查和抽验力度，对违法违规企业和不合格产品依法查处和曝光，有效地提高中药材及饮片质量并规范了市场秩序，促使生产企业质量责任主体意识越来越强。抽验结果表明，全国中药材及饮片的总体质量持续提升。2021 年国家药监局综合运用专项整治、专项检查和有因检查手段，进一步规范中药饮片生产秩序，中药饮片整体合格率由 2018 年的

87.8%提高到2021年的98.4%。

中药安全一直是国际国内全行业重点关注的问题。《中华人民共和国药典》(以下简称《中国药典》)2020年版四部通则"2321铅、镉、砷、汞、铜测定法"已收载较为完善的铅、镉、砷、汞、铜5种重金属及有害元素测定方法,规定了中药材、中药饮片中不得检出中药材种植过程中禁用的33种农药。ISO/TC 249第二工作组目前已发布关于中药制成品质量及安全性ISO标准14项,重点规范了中药中有毒有害物质的检测方法并推荐了对应物质的限量标准,如中药黄曲霉毒素、农药残留、重金属及有害元素和成分等。上述中医药体系药典标准和ISO标准的制定为保障中药质量安全、促进中医药文化在世界范围内的传播交流奠定了坚实基础,也为打破中药材国际贸易壁垒提供了技术支撑,如绿色和平组织曾报道74%的中药材农残超标,但是按照中药材农药残留检测ISO国际标准统计后,超标率仅为1.72%。

《关于加快推进重要产品追溯体系建设的意见》(国办发〔2015〕95号)中指出,追溯体系建设是强化全过程质量安全管理与风险控制的有效措施。随着国家对中药材追溯体系建设的重视和支持,近年来第三方追溯机构和国内中药头部企业广泛地研发中药材追溯系统。自2019年至今,中国中药协会中药追溯专业委员会共发布《中药追溯体系实施指南》(T/CATCM005～007-2019)(T/CATCM014-2021)4个团体标准。不断发展的中药追溯体系,正在成为中药产业质量安全保障和风险防控的有效抓手。

第四节
联盟积极促进产业发展

为加速推进中药企业的现代化发展，加强新型中药企业实践的经验交流，避免不必要的重复建设，提升现代道地药材基地企业的集约化、机械化和组织化。2013 年，中国工程院张伯礼院士和原国家食品药品监督管理局任德权副局长共同倡议，联合我国 20 余家优秀的中药龙头企业，共同成立了“中药材基地共建共享联盟”。其宗旨是解决行业内的共性问题，提高药材质量，保证药材产量以及市场价格的稳定，得到了国家各相关部委、科研机构及相关企业的支持与响应。2021 年，中药材基地共建共享联盟正式纳入国家农业农村部创新联盟管理体系，并更名为“国家中药材标准化与质量评估创新联盟”（以下简称“联盟”）。自此，联盟工作进入新的阶段。十年来，联盟秉承共建、共享、互通、互联、自愿、公平的组织原则，以各成员单位的中药材产业发展需求及各方共同利益为基础，引导现代中药农业企业以推进道地品种规范化、规模化建设为重要内容，在全行业产生了积极的影响。

联盟已有常务理事、理事、盟员单位共 100 余家，盟员优质药材基地面积超过 280 万亩，于 19 个省（区、市）建立联络站，分设 5 个联盟工作组，10 个专业委员会。联盟的历次会议，受到了国家工信部、国家中医药管理局、国家食品药品监督管理总局、商务部等部委的大力支持，同时与中国医药保健品进出口商会、中华中医药学会中药资源学分会、中国野生植物保护协会药用植物保育委员会等社会组织建立了合作关系。

提升中药材质量是联盟工作的核心。为此，联盟经过多年探索，召开了红花、甘草、黄芪、玄参、防风等一系列单品种专题研讨会，聚焦行业专家逐一解决生产过程中的问题，包括病虫害防治、生物防控、植保产品研发、突破连作障碍等。标准是评价质量的尺子。联盟从中药材生产特点出发，在优质药材基础上，更侧重药材生产的安全性，首次提出了“三无一全”的概念，要求盟员单位要率先达到“无硫黄加工、无黄曲霉毒素污染、无公害生产，全过程可追溯”的标准，为行业树立标杆。联盟在推广 4 年的基础上，不断总结经验，于 2021 年在中华中医药学会申请团体标准，并已经立项。截至 2022 年 9 月，联盟审核通过品牌基地优质药材累计 56 个品种，69 家企业，面积达到 110 万亩以上，涉及 70 个以上的县，共有 103 个基地达到了“三无一全”标准。

中药材产业是扶贫与乡村振兴的重要抓手。联盟高度重视扶贫和乡村振兴工作，依托专家、企业单位，有力支撑了扶贫工作。联盟理事长张伯礼院士深入人参等中药材大品种扶贫基地，带领联盟开展工作，把整个中药材作为精准扶贫重要抓手，取得了诸多成绩。2014 年全国产业扶贫现场会在平顺召开，在行业内起到了很好的引领作用，为了进一步表彰扶贫工作，联盟对扶贫工作有突出贡献的企业和单位进行了表彰。联盟与工信部联合举办 2018 年联盟大会扶贫推进会，2019 年与国家中医药局联合举办扶贫工作会“一县一品”扶贫基地展，2020 年在成都联盟大会举行扶贫工作的推进会等。联盟多年来一直致力于利用联盟的资源扶持和支持扶贫工作，得到政府、社会的广泛认可。联盟盟员单位好医生集团耿福能董事长获得了 2018 年度全国脱贫攻坚战的奉献奖，振东中药材产业扶贫模式入选国家扶贫十大案例。

中国医学科学院药用植物研究所作为联盟秘书处，在全国扶贫工作中发挥了重要作用，重点对革命老区、民族地区，以及卫健委、工信部、海关总署、审计署等部委定点扶贫县开展扶贫。为此，中国医学科学院专门设置 300 万元扶贫专项基金，并设立了科学家扶贫专项奖励，同时成立了专门的扶贫机构，助推了以中药材为抓手的精准扶贫工作。到 2021 年，涵盖了全国 14 个省(区、市)、36 个县，通过各种类型合作完成精准扶贫项目 62 项，合同总金额累计 3 471 万，实际产生的经济效益超过 10 亿元人民币，为此获得卫健委扶贫工作的感谢信。

第二章
中药材资源发展概况

我国是全世界中药资源种类和蕴藏量最多的国家之一，经过四次中药资源普查，对我国中药资源的种类、蕴藏量和分布等有了更多的认识，最新调查目前也有了初步结果。常用中药材资源是我国中医药应用与发展的重点，近十年来规模总体上不断增长，为满足我国医疗卫生事业需要和国民健康提供了物质保障。目前，联盟在19个省（区、市）建立了联络站，为推动联盟服务区域中药材产业发展起到了积极作用，有关区域中药材产业发展也为联盟共建共享提供了良好基础，联盟“三无一全”品牌推动了有关中药材安全质量提升和全程可追溯体系建立，为中药材基地高质量发展提供了公共品牌。

第一节
全国中药材规模

我国中药资源种类比20世纪末有了一些新的发现,各地种类多有增加。云南、贵州、广西、四川和湖南等地野生种类数量名列前茅,山西、贵州、云南等地种植和养殖的中药材种类数量位居前列。

一、我国中药资源与蕴藏总量概况

据初步统计,我国有药用资源1.6万余种,其中药用植物1.4万余种,药用动物2千余种,药用矿物百余种。目前记载的中国特有种中,药用植物特有种为3150种,分属于153科的785属。在地理分布上,特有种最丰富的是西南地区,其次是华中地区和西北地区,这些区域是药用资源综合开发和利用的重点区域,也是药用植物特有种保护的重点区域。

《中国中医药报》的数据显示,目前仍有70%左右的中药材品种来自野生资源,只有约30%为栽培和养殖的药材品种,但栽培和养殖的药材产量却占到了中药材供应量的70%以上。依托众多的中药材种植、养殖农户和各类中药材交易市场,分布在全国各地的各类中药材生产基地形成了全世界规模最大、体系最完整的中药农业体系,人工种植养殖的品种不断增加。

二、区域分布

据初步统计,目前各省(区、市)药用资源种类及栽培中药材种类分布不均(图2-1、2-2)。初步估算可计算蕴藏量的种类数有1000多种(图2-3)。

基于"全国中药资源普查信息管理系统"中的数据,其中有7省16个县的中药资源种类超过1000种,包括浙江景宁畲族自治县、磐安县、淳安县,安徽黄山区,湖北竹溪县、南漳县、利川市,广西那坡县、凌云县、田林县、凤山县、环江毛南族自治县,重庆丰都县,贵州六枝特区、大方县、威宁彝族回族苗族自治县,云南禄劝彝族苗族自治县、永德县。

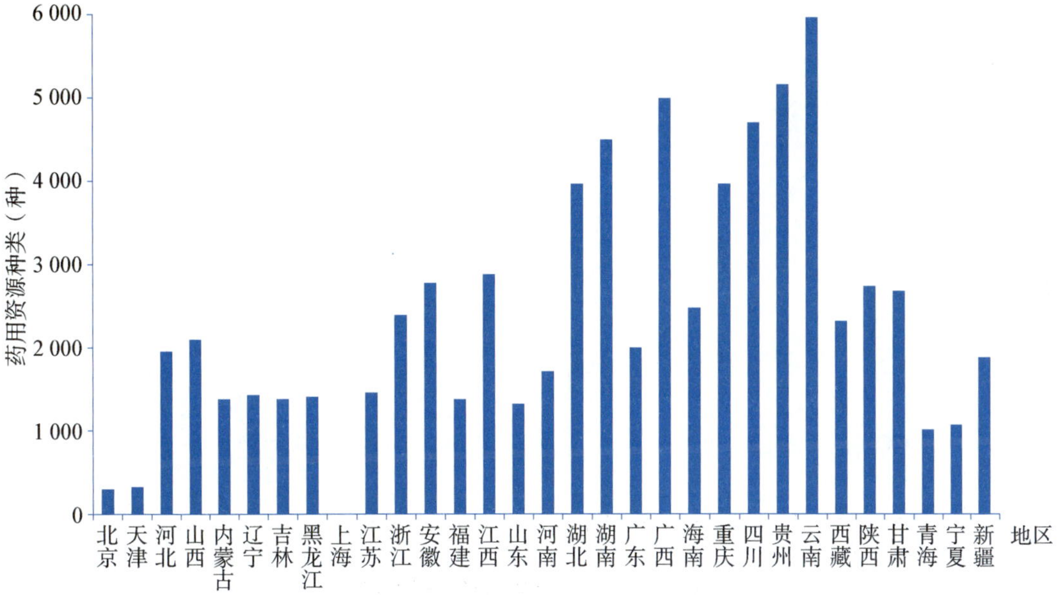

图 2-1 各地药用资源种类数

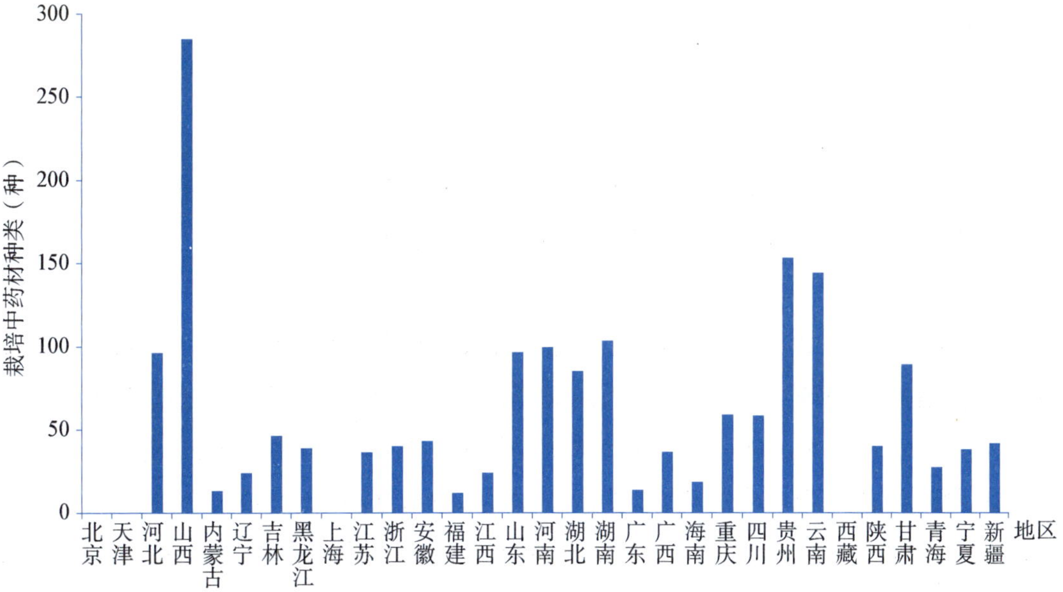

图 2-2 各地栽培中药材种类数

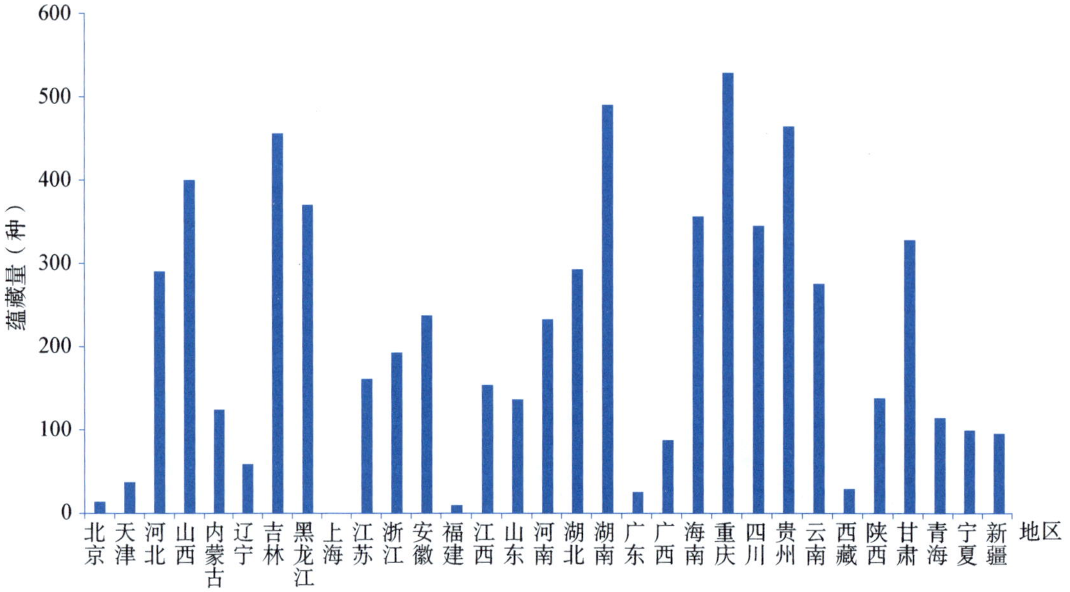

图 2-3　各地可计算蕴藏量的种类数

中药材大多具有鲜明的地域特点，即道地性，这与我国幅员辽阔，地形复杂，气候多变，各地疾病谱、使用习惯、交通、经济、技术等多种自然与人为因素有关，因此，区域特色药材的使用情况不一。

三、常用中药材种植规模产量概况

近 10 年，国内中药材生产无论基地建设还是种植面积，都保持着高速增长，云、贵、渝、桂、甘是热点省(区、市)，政策扶持带来了中药材占地面积的高速增长。

(一) 常用中药材种植规模

十年来，随着需求以及政策的推动，中药材面积总体呈增加趋势，从 2012 年的 3 700 万亩左右，发展到 2022 年的约 6 400 万亩，面积增加为 2012 年的 1.7 倍多。2012 年至 2019 年面积持续增加，2019 年达到 6 100 万亩的峰值，受部分中药材长期供大于需、药材价格下降的影响，导致 2020 年药农种植积极性受挫，种植面积有所下降，降至 5 800 万亩左右，此后中药材行情有所回升，加之受扶贫政策的影响，拉动了中药材种植面积增长。中药材种植规模见图 2-4。

(二) 常用中药材产量

通过对 385 种常用中药材历史产能统计，2020 年全球中药材产能达到 541.49 万吨(图 2-5)；其中，近 5 年国内中药材生产高速增长，2020 年为 472.29 万吨(含大枣和花椒)，连续

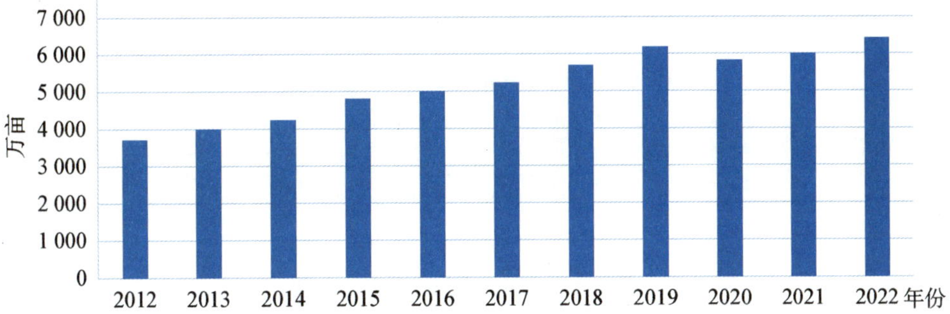

图 2-4　常用中药材种植面积

数据来源：中药材天地网

3 年回落，较 2019 年下降 5.92%。在产能上，有些省份单品种产量占据总产值的 1/2 左右，比如青海的枸杞产能超过 10 万吨；广西的肉桂、八角这 2 个品种也是占据该省产能的过半份额。

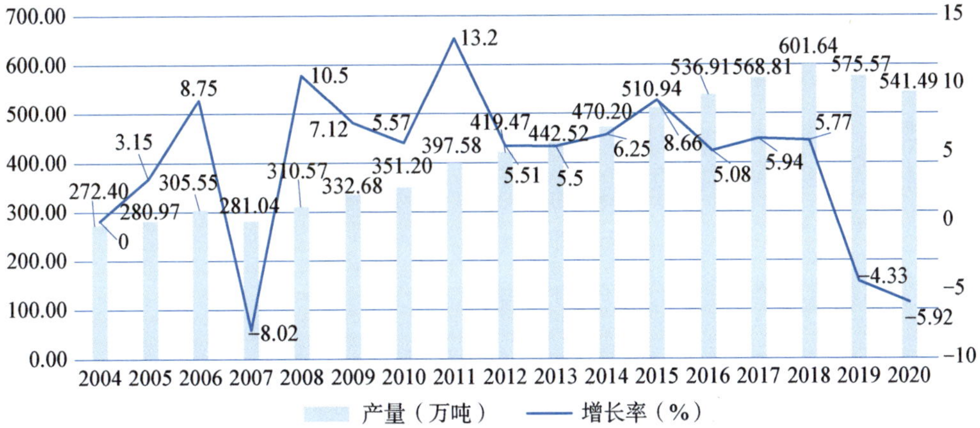

图 2-5　2004—2020 年全球中药材产量增长变化

数据来源：天地云图大数据

四、交易药材情况

中药资源种类有 1 万多种，但多数中药材不常用而且需求量小，根据中药材天地网云数据库统计，有交易的中药材种类约 2 200 种，常交易中药材约 385 种，其中大宗常用中药材仅有 108 种。大宗常用中药材占中药资源种类总数的不足 1%、约占总交易中药材种类的 5%、约占常交易中药材的 1/3。

大宗常用中药材中根茎类 40 种、果实籽仁类 12 种、花类 12 种、菌藻类 5 种、全草类 7 种、皮类 7 种、藤木类 4 种、叶类 7 种、动物类 6 种、树脂类 4 种、其他加工类 4 种、矿物类 4

种，具体种类见表 2-1。

表 2-1　大宗常用交易中药材品种

类别	品　　种
根茎类	甘草、黄芪、三七、白术、板蓝根、党参、黄芩、当归、地黄、丹参、山药、白芷、川芎、泽泻、干姜、白芍、川牛膝、麦冬、百合、桔梗、天麻、大黄、何首乌、柴胡、半夏、延胡索、粉葛、太子参、浙贝母、人参、高良姜、天门冬、郁金、巴戟天、黄连、远志、牛膝、防风、云木香、细辛
果实籽仁类	大枣、枸杞子、薏苡仁、胡椒、八角茴香、芡实、陈皮、莲子、山楂、酸枣仁、草果、连翘、栀子、山茱萸、五味子、砂仁、枳壳、益智、桃仁、佛手、吴茱萸、枳实
花类	金银花、红花、野菊花、山银花、菊花、槐花、款冬花、梅花、玫瑰花、三七花、西红花、茉莉花
菌藻类	茯苓、灵芝、冬虫夏草、银耳、猪苓
全草类	广藿香、鱼腥草、蒲公英、薄荷、半枝莲、穿心莲、铁皮石斛
皮类	肉桂、厚朴、黄柏、牡丹皮、杜仲、白鲜皮、桑白皮
藤木类	桂枝、钩藤、鸡血藤、木通
叶类	大青叶、艾叶、荷叶、罗布麻叶、枇杷叶、淫羊藿、银杏叶
动物类	地龙、蝉蜕、海马、鹿茸、水蛭、全蝎
树脂类	阿魏、没药、血竭、乳香
其他加工类	阿胶、人工牛黄、冰片、神曲
矿物类	朱砂、滑石、炉甘石、石膏

数据来源：中药材天地网云数据库

中药材市场流通中常见贵细品种 20 多种，见表 2-2。

表 2-2　中药材市场常见贵细品种

类别	品　　种
动物类	海马、海龙、鹿茸、麝香、牛黄、燕窝、蛤蟆油
根茎类	川贝母、人参、三七、天麻、西洋参
花类	西红花
菌藻类	冬虫夏草、灵芝
木材类	沉香、檀香
全草类	铁皮石斛、金线莲
其他加工类	阿胶
树脂类	血竭

注：以上品种等为中药材传统流通市场的贵细经营商家经营常见的品种

第二节
全国部分区域中药材概况

目前，联盟在部分省（区、市）设立了联络站，基于联盟有关联络站收集的信息资料，对全国 20 个省（区、市）中药材规模作了统计（表 2-3）。在统计的区域中，以云南种植规模最大，超 900 万亩，四川省规模位列第二，超 800 万亩，广西以 600 多万亩位居第三。河南、山西、湖北皆以超 500 万亩规模分列 4、5、6 位。湖南、甘肃以超 400 万亩规模分列 7、8 位。山东、河北、黑龙江都超过 300 万亩。

表 2-3　联盟部分联络站所在区域中药材面积统计

地区	年份	面积（万亩）	地区	年份	面积（万亩）
云南	2021	903	四川	2021	851
广西	2022	680	河南	2022	650
山西	2022	516	湖北	2022	505
湖南	2022	479	甘肃	2022	448
山东	2022	385	黑龙江	2022	351
河北	2022	301	广东	2022	282
内蒙古	2022	230	海南	2022	220
宁夏	2022	186	福建	2022	92
安徽	2022	90	浙江	2022	87
吉林	2022	50	天津	2022	1.84

按照行政区划常见排列顺序，联盟部分联络站所在区域的中药材现状分述如下。

一、天津市

（一）中药材资源

天津市共记录品种 886 种，大型真菌 27 科 58 属 91 种，高等植物 124 科 443 属 763，记录动物类 26 科 30 种及 2 个动物药用部位。

天津市引种栽培有酸枣仁、丹参、山药、防风、知母、柴胡、紫苏、决明子、射干、桔梗、板蓝根、半夏、薄荷、苍术等。养殖有蚯蚓、海马等。野生采集品种约 17 种，分别为草乌、升麻、苦参、远志、防风、柴胡、徐长卿、丹参、桔梗、漏芦、黄精、玉竹、知母、香加皮、山楂叶、酸枣仁、北刘寄奴。

(二) 特色及优势药材品种

天津历史上道地品种(优良品种)有酸枣仁、牡蛎、山楂和津枸杞。由于地产中药材收购机构的解散、种植面积减少和资源匮乏等因素，地产品种优势消失。在"第四次全国中药资源普查天津试点"过程中对天津地区进行了全面考察，并对部分品种进行了质量评价，其中丹参、山楂、黄精、草乌、升麻、苦参、远志、防风、柴胡、徐长卿、桔梗、漏芦、玉竹、知母、香加皮、北刘寄奴等 19 个品种属于优秀资源。

(三) 中药材产业发展现状

天津市中药材种植面积约 1.84 万亩，产量 0.82 万吨，占全市农作物播种面积的 0.3%。主要药材有蓟州区酸枣、连翘等林下种植；静海区紫苏和柴胡种植；蓟州区酸枣种植；滨海新区连翘、藿香、鸡冠花等 30 种种植；静海区紫苏、柴胡、决明子等与玉米套作种植，知母、射干、黄精、玉竹林下种植；开发区森林公园黄精、玉竹、半夏种植；宝坻区射干种植；宁河区射干、知母种植，宁河区有蚯蚓(非药典品)养殖，提取蚯蚓蛋白和蚓激酶，出口欧美。另有少量海马养殖，品种为药典收载的线纹海马和大海马。

天津市聚集了达仁堂、乐仁堂、隆顺榕、京万红等多家老字号中药企业，均属于津药达仁堂集团股份有限公司，拥有 22 个剂型、599 个药品批准文号、114 个独家生产品种，包括国家机密品种速效救心丸和国家秘密品种京万红软膏；5 个国家级非物质文化遗产项目、9 个天津市级非物质文化遗产项目；6 个中国驰名商标等。企业逐步实现中药材道地产区药材基地共建目标，是全产业链、多剂型、多品种的国家级高新技术企业。

天津市在全国率先启动中药大品种系统再开发研究，培育形成以 20 个过亿元品种为核心的现代中药大品种群，形成了中成药再开发的成熟模式，获得国家科技进步奖一等奖。还有天士力、红日药业等一大批现代中药企业和上市公司，具有较好中药产业基础，中药产业历史悠久，经过长期发展现有中成药准字号产品近 900 个，中药保护品种 50 余个，中药饮片 600 余种，中药配方颗粒产品超过 800 种。

二、河北省

(一) 中药材资源概况

河北省共有中药材资源 1 714 种，其中植物药 1 442 种，动物药 242 种，矿物药 30 种(第三次中药资源普查数据）。常年种植 120 种，其中道地药材 30 余种。主要栽培药材有黄芩、连翘、山药、柴胡、金银花等；主要养殖动物有地鳖、蝉蜕、水蛭等；主要野生采集药材有酸枣仁、连翘、苍术、防风、柴胡等。

（二）特色及优势药材品种

2022 年 7 月 6 日，河北省农业农村厅发布了“十大冀药”“十大冀药”产业大县以及特色药材产业县名单。“十大冀药”及对应产业大县有酸枣仁（邢台市信都区、内丘、临城、赞皇）、连翘（涉县、武安、井陉）、金银花（巨鹿）、苦杏仁（平泉、丰宁）、黄芩（滦平、宽城）、柴胡（涉县、康保）、天花粉（安国）、山楂（兴隆、清河）、苍术（隆化、青龙）、知母（蔚县）。特色药材产业县有八大祁药（安国）、艾草（馆陶、任丘）、桑椹（泊头）、赤芍（赤城）、王不留行（内丘）、半夏（安国）、丹参（灵寿）、防风（蔚县）。

（三）中药材产业发展概况

2021 年，全省中药材种植总面积达 300.99 万亩。较大的市有承德、邢台、保定、石家庄、邯郸等，种植面积均在 20 万亩以上，其中承德种植面积最大，达 89.7 万亩。全省建成万亩以上大县 45 个，其中 5 万亩以上大县 30 个。

目前，全省种植面积在万亩以上品种 35 个，其中 5 万亩以上 16 个，10 万亩以上 9 个。万亩以上品种种植面积达 254.82 万亩，占全省 85.5%。5 万亩以上品种种植面积达 185.27 万亩，占全省 61.7%，其中黄芩种植面积最大为 42.94 万亩，其次是连翘 30.31 万亩、酸枣 28.85 万亩、山杏 20 万亩、金银花 15.36 万亩、柴胡 15.25 万亩、水飞蓟 10.01 万亩、黄芪 8.02 万亩、桔梗 7.86 万亩、知母 6.23 万亩、防风 6.19 万亩、枸杞 5.42 万亩、苦参 5.36 万亩、牡丹 5.27 万亩、半夏 5.10 万亩、北苍术 5.10 万亩。

2022 年，河北省共有规模以上中药制造企业 147 家，其中中成药企业 52 家，中药饮片加工企业 95 家；实现营业收入 367.90 亿元（中成药 240.48 亿元，中药饮片 127.42 亿元），实现利润 42.02 亿元。营业收入占全省医药工业比重为 30.27%。

石家庄以岭药业公司研发生产的连花清瘟胶囊在国内抗疫中发挥了重要作用，并且拓展了国际市场，2022 年出口额超过 2 亿元。目前，连花清瘟胶囊已在泰国、菲律宾、印度尼西亚、新加坡、老挝、柬埔寨等东盟国家和“一带一路”国家的近 30 个国家和地区陆续获批上市，成为进入国际抗疫前线的有效药物。

三、山西省

（一）中药材资源概况

据第四次中药资源普查统计，山西省中药材资源 1 788 种，其中植物药 1 625 种，动物药 133 种，矿物药 30 种。全省可利用野生中药材面积 3 500 多万亩，其中连翘 1 500 余万亩，酸枣仁 500 余万亩，山桃仁 300 余万亩，其他 1 200 余万亩。主要品种有连翘、黄芪、黄芩、柴胡、远志、党参、生地、山楂、杏仁、桃仁、酸枣仁、苦参等。

（二）特色及优势药材品种

全省道地药材 36 种，2020 年，省卫健委等部门遴选出黄芪、党参、连翘、远志、柴胡、黄芩、酸枣仁、苦参、山楂、桃仁 10 种组成“十大晋药”。

“恒山黄芪”“狮头凤尾菊花心”的潞党参等为特色药材，连翘、柴胡、党参、远志等为优势药材。远志年产量约占全国 70%，连翘约占 50%，黄芩约占 40%，柴胡约占 30%。恒山黄芪、安泽连翘等 28 个品种获得中国地理标志保护产品、中国地理标志证明商标或中国地理标志农产品认证。

（三）中药材产业发展概况

2022 年，中药材种植面积 516 万亩，产量 60.5 万吨，农业产值 104 亿元。连翘种植面积约 220 万亩，主要在太行山、太岳山基地，包括平顺、陵川、安泽等地。柴胡约 60 万亩，主要在晋南边山丘陵基地，包括闻喜、夏县、万荣等地。黄芪约 50 万亩，主要在恒山基地，包括浑源、广灵、应县、繁峙等地。黄芩约 50 万亩，主要在晋南边山丘陵基地，包括闻喜、万荣、襄汾等地。山楂约 19 万亩，主要在晋南边山丘陵基地、太行山，包括绛县、闻喜县、临猗县、万荣县、泽州等县（区）。远志约 10 万亩，主要在吕梁山、晋南边山丘陵基地，包括闻喜、新绛、永和等地。党参约 5 万亩，主要集中在太行山基地，包括平顺、陵川等地。

“晋药”主产区和优势区形成了 5 大道地中药材生产基地。太行山优势区，主要包括平顺、陵川、阳城、五台等地，发展连翘、党参、苦参、酸枣、山楂等；太岳山优势区，主要包括沁源、沁水、安泽、古县等地，发展连翘等中药材；晋南边山丘陵优势区，主要包括闻喜、襄汾、绛县、新绛等地，发展黄芩、远志、柴胡等中药材；吕梁山优势区，主要包括方山、宁武等地，发展苦参、毛建草等中药材；恒山优势区，主要包括浑源、五寨等地，发展黄芪等中药材。

全省中药材初加工企业或专业合作 1 900 余家，初加工产值 30 亿元。中药产业链主体企业有亚宝、振东、广誉远等 7 家，年经营总收入 300 亿元以上。

2020 年，山西省启动山西（长治）中药材商贸平台项目建设，通过 3 年的发展，各项实体工程建设基本完成并开始运营，其中中药材交易市场年交易额突破 10 亿元，基本成为了连翘、酸枣仁等中药材的价格形成中心。

四、内蒙古自治区

（一）中药材资源概况

内蒙古有中（蒙）药用植物 2 511 种。目前有中药材栽培品种 40 多个。主产甘草、黄芪、肉苁蓉、赤芍、防风、桔梗、北沙参、麻黄等。动物养殖 10 多种，主要有驴、野猪、蟾蜍、梅花鹿等。野生采集药材主要有麻黄、甘草、草乌、升麻、酸枣仁、返魂草等。

(二) 特色及优势药材品种

内蒙古产销的中(蒙)药材品种约50个。优势中(蒙)药材主要有黄芪、肉苁蓉、甘草、麻黄、赤芍、防风、桔梗、苍术、白鲜皮、苦参、北沙参、沙棘、枸杞等。

特色中(蒙)药材品种主要有黄芩、知母、柴胡、升麻、关黄柏、北五味、党参、秦艽、文冠果、草乌、手掌参、金莲花、漏芦花、蓝盆花、香青兰、肋柱花、小秦艽、蓝刺头、赤爮、库叶悬钩木、泡囊草、紫草、小白蒿、山沉香、锁阳、多叶棘豆、硬毛棘豆等。

“梁外甘草”“敖汉甘草”“阿拉善肉苁蓉”“固阳黄芪”“武川黄芪”形成了传统优势和特色。“库伦黄芪”“牛家营子桔梗”等多个药材品种获得了中国地理标志证明商标、中国地理标志保护产品或中国地理标志农产品认证。“多伦赤芍”为传统道地药材品牌,主产于内蒙古锡林郭勒盟多伦县。

(三) 中药材产业发展概况

2021年内蒙古自治区中药材产量70余万吨,产值100多亿元。中药材种植总面积230余万亩,分布于全区12个盟市。种植面积最大的3个地市级行政区域为赤峰市(约40万亩)、通辽市(约36万亩)、呼伦贝尔市(约35万亩),其次为巴彦淖尔市约20万亩、兴安盟约20万亩、阿拉善盟约18万亩、包头市和鄂尔多斯市均在10万亩左右,呼和浩特市、乌兰察布市和锡林郭勒盟约5万亩,乌海市种植面积最小,不足1万亩。

目前,内蒙古主要种植的中药材品种有40余个,种植面积较大的优势药材品种有黄芪31.65万亩、肉苁蓉24万亩、桔梗15万亩、苦参15万亩、枸杞21万亩、沙棘19万亩、水飞蓟18万亩、防风11万亩、黄芩11万亩、苍术11万亩、赤芍9万亩、甘草8万亩、月见草8万亩、北沙参3.4万亩、锁阳3万亩、板蓝根6万亩等。

目前,中药材种植企业、合作社约150余家,内蒙古有中药饮片(配方颗粒)、中成药生产企业100余家,其中规模较大的企业约70余家。

五、吉林省

(一) 中药材资源概况

吉林省现有野生药用植物1 564种。吉林省中药野生资源蕴藏量万吨以上大宗常用中药材有37种(其中车前子两种原植物),其中蓝布正、仙鹤草、刺五加、木贼、白屈菜、旋覆花、穿山龙、玉竹等8种的蕴藏量超过百万吨。主要栽培药材有人参、辽细辛和北五味子等,主要养殖药用动物有梅花鹿、林蛙等。

(二) 特色及优势药材品种

2021年,吉林省中医药管理局筛选出人参、鹿茸、蛤蟆油、西洋参、五味子、平贝母、天麻、(北)苍术、细辛、淫羊藿等10种中药材为吉林省道地药材优势品种。人工栽培人参的面积、单产和总产均居世界首位,吉林人参产量占全国60%、世界40%左右。养殖梅花鹿占全国养殖量50%左右,长白山林蛙为吉林省独有。

东部山区资源量较大品种有23种,包括人参、穿龙薯蓣、玉竹、刺五加、黄檗、木贼等吉林省大宗常用品种,所出产的药材占吉林省中药材总产量的70%以上,也是关黄柏、五味子、绵马贯众、淫羊藿、细辛等道地药材品种的核心产区。中部半山区药材资源量较大品种24种,一些常见大宗药材有非常高的蕴藏量,如穿山龙、玉竹、仙鹤草和北豆根等。西部草原区资源量较大品种有18种,包括苍耳子、火麻仁、甘草、蒲公英、萹蓄、旋覆花等品种。

(三) 中药材产业发展概况

据全国第四次中药资源普查调查,吉林省有栽培中药材70多个,面积约50万亩。除人参、林下参、西洋参外,超过万亩的有五味子、轮叶沙参、刺五加、平贝母4个品种,千亩以上有12个品种。

2022年全省人参交易量约1.5万吨,“一产”产值149.1亿元、“二产”215.8亿元,“三产”277.6亿元。全省园参平均单产由过去的1.8 kg/m^2 提高到2.0 kg/m^2。到2022年末,全省梅花鹿养殖量达到65万只,鹿茸产量920吨,全产业链产值350亿元,同比分别增长约8%、1%、9%。长白山区的东北林蛙半人工养殖(人工辅助孵化、越冬结合天然放养)约40亿只,年产商品蛙近1亿只、年产蛤蟆油40吨左右。

吉林省中药材市场交易的中药材品种有近百种,除人参、鹿和林蛙三大品种外,单个品种超过千吨的有2种,分别是穿山龙(3 500吨)和五味子(1 100吨);超过百吨的有30种,由高至低的前10种分别为板蓝根、延龄草、月见草、返魂草、刺五加、威灵仙、淫羊藿、天麻、玉竹、关苍术。

六、黑龙江省

(一) 中药材资源概况

黑龙江省有野生中药材1 500余种,其中378种有一定规模蕴藏量。栽培药材主要有刺五加、五味子、板蓝根、白鲜皮、平贝母、黄芪、甘草、人参、防风、龙胆等近30种。常见养殖药材主要有熊、鹿、水蛭、地龙等。野生采集药材主要有刺五加、人参、五味子、龙胆草、柴胡、关防风、赤芍、平贝母、黄芪、苍术、白鲜皮、金莲花等。

(二) 特色及优势药材品种

黑龙江省重点打造“龙九味”品种:刺五加、五味子、人参、西洋参、关防风、赤芍、火麻仁、板蓝根、鹿茸。其他优势还有黄芪、龙胆草、白鲜皮、黄芩、红柴胡、平贝母等。

国家和省级重点道地中药材29种。其中国家一级保护野生药材物种有豹、梅花鹿、麝

(俗称香獐子)3种;国家二级保护野生药材物种有7种,包括马鹿、黑熊、棕熊、林蛙、人参(山参)、甘草和黄檗;国家保护类野生药材物种有7种,包括刺五加、五味子、防风、龙胆草(条叶龙胆、龙胆、三花龙胆)、黄芩、远志、细辛。省重点保护野生药材物种12种,包括桔梗、知母、柴胡(狭叶柴胡、柴胡)、兴安杜鹃、芡实、黄芪(蒙古黄芪、膜荚黄芪)、升麻、穿山龙、赤芍、红景天(高山红景天、兴安红景天)、苍术和暴马丁香。

(三) 中药材产业发展状况

2021年,全省中药材种植面积351万亩,总产量70.9万吨,比2018年增长4.5倍,总产值184.4亿元,比2018年增长6.3倍。2022年,全省种植面积408万亩,比2018年增长5.5倍。“龙九味”为主的优势品种面积达到291万亩,占总面积的71.3%,比2018年增长20倍。黑龙江药材形成了“六大”优势区域,包括大兴安岭高寒区的黄芪、金莲花,小兴安岭丘陵区的刺五加、五味子,西部平原风沙干旱区的关防风、柴胡、板蓝根,张广才岭、老爷岭、完达山半山区的人参、西洋参、刺五加等。

全省中药生产企业145家,其中规模以上生产企业61家,老字号中药企业11家,全省中药企业年销售过亿元品种突破20个。葵花药业集团、珍宝岛药业集团、哈尔滨康隆药业等4家企业进入工信部2019年度全国中药工业百强企业榜单。现有产地初加工企业212家、中药材饮片加工企业163家,初加工能力达到36.8万吨,分别比2018年增长9倍、27倍。药食同源产业关联企业160余家,涉及人参、刺五加、紫苏、沙棘、灵芝等30余种药食同源植物生产加工。

当前,珍宝岛药业集团中国北药智慧产业园和哈尔滨融创中医药健康城项目有序推进,铁力市、大兴安岭加格达奇区、通河县等支持的6个交易市场(集散地)正加快建设。同时,培育“龙药云”供需直连平台,实现种植技术在线服务、质量云追溯和在线交易功能,交易额达5亿元以上。此外,黑河、东宁中药材进口口岸自俄罗斯进口数量达2 300吨,同比增长217.8%,金额近4 000万元,同比增长73.6%。

七、浙江省

(一) 中药材资源概况

第三次全国中药资源普查浙江有药用资源2 385种,其中植物药1 785种,动物药162种,海洋药用生物416种,矿物13种,其他类9种。第四次全国中药资源普查浙江省共普查到植物药2 296种,增加500多种。全省野生变家种成功并扩大种植的品种扩大到100多种。

(二) 特色及优势药材品种

《浙江道地药材目录》(第一批)共44个,有“浙八味”(浙贝母、延胡索、杭白菊、白术、浙麦冬、玄参、温郁金、杭白芍）和“新浙八味”（铁皮石斛、衢枳壳、乌药、三叶青、覆盆子、白花前胡、灵芝、西红花）等。浙贝母 5.23 万亩，约占全国总量的 90%，杭白菊 5.4 万亩，约占全国的 50%，铁皮石斛 5.5 万亩，占全国的 70%，灵芝 4.5 万亩，占全国的 30%。

“建德西红花”“武义铁皮石斛”“龙泉灵芝”等 19 个产品获得国家农产品地理标志登记保护，26 个产品获国家地理标志证明商标，“磐五味”商标获得驰名商标保护。各地积极培育“新磐五味”“温州六大名药材”“衢六味”“处州本草丽九味”“淳六味”“武七味”“婺八味”等区域公共品牌。龙泉灵芝、武义灵芝、龙泉灵芝孢子粉在《2022 中国灵芝区域品牌价值榜单》品牌价值分别为 30.4 亿元、14.60 亿元、14.49 亿元。

（三）中药材产业发展概况

中药材被列为浙江十大历史经典产业和省十大农业主导产业。2022 年全省中药材种植面积 86.72 万亩，总产量为 26.10 万吨，总产值 73.54 亿元，每亩产值 8 480 元。中药材出口额 2.7 亿元人民币、同比增长 15.4%，进口 1.4 亿元人民币、同比增长 163.8%。全省新老“浙八味”种植面积 47.77 万亩、总产量 8.17 万吨、总产值 53.84 亿元，“浙八味”面积萎缩，产值总体稳定，“新浙八味”2022 年种植面积 27.61 万亩、总产量 1.92 万吨、总产值 37.16 亿元，2022 年山区 26 县种植面积达 61.20 万亩，产值 42.13 亿元。建成磐安县新渥镇、淳安县临岐镇、武义县白姆乡、象山县贤庠镇等 4 个省级以上中药材特色强镇。打造了乐清铁皮石斛、龙泉灵芝等一批产业集聚区，创建了 73 个省级“道地药园”示范基地。

2022 年中药产业实现工业总产值 234.7 亿元，同比增长 11.4%，其中中成药全年工业总产值 179.6 亿元，同比增长 7.7%，中药饮片工业总产值 55.1 亿元，同比增长 25.4%，配方颗粒饮片产值 6.9 亿元。康恩贝、永宁药业、万邦德制药、佐力药业、维康药业 5 家企业入选全国中药企业百强榜，7 家中药企业成功上市。康莱特注射液、百令胶囊、铁皮枫斗晶、银杏叶片、参麦注射液、青春宝片、黄芪生脉饮、胃复春等知名度高。“江南药镇”市场总交易额达 50.5 亿元，临岐中药材特色小镇市场总交易额达 3.5 亿元。打造了 121 个中医药文化养生旅游示范基地。2021 年组织实施国家“浙八味”道地药材优势特色产业集群项目，经两年实施，集群内全产业链总产值达 134.30 亿元，比实施前增长 15.78%。省属国企省中医药健康产业集团成立运营。

八、安徽省

（一）中药材资源概况

安徽省中药材资源达 3 578 种，其中植物类药材 2 904 种，动物类药材 526 种，矿物类药材 92 种，其他类 56 种。全省现有商品药材 3 000 余种，常用大宗药材 300 余种。野生药材以皖南低山丘陵和大别山区较多，栽培药材较集中于淮北平原区，以亳州、阜阳区域为最多。

(二) 特色及优势药材品种

霍山石斛、灵芝、亳白芍、黄精、茯苓、宣木瓜、菊花、牡丹皮、断血流、桔梗、天麻、太子参、前胡、葛根、百蕊草等15种药材为“十大皖药”，主要药材还有白芷、白术、半夏、秋石、辛夷、贝母(皖贝母)、苍术、栝楼、天花粉、厚朴、菘蓝(板蓝根、大青叶)蕲蛇、蜈蚣、鳖甲等30多种。

霍山石斛、滁州贡菊、金寨灵芝、金寨茯苓、旌德灵芝、九华黄精获批国家地理标志产品注册商标，“金玉牌滁菊”被评为“中国名牌产品”。霍山石斛、霍山灵芝、亳白芍、九华黄精、滁菊、黄山贡菊、铜陵凤丹皮、李兴桔梗、金寨茯苓、金寨天麻等品种被评为国家地理标志产品，产品年产值达45.39亿元。霍山石斛连续4年跻身国家地理标志产品区域品牌价值百强榜，亳丹皮进入2020年中国区域品牌(地理标志产品)价值评价百强榜。

(三) 中药材产业发展概况

全省中药材种植约90万亩，“十大皖药”12万亩以上。形成了以亳州、阜阳为重点的皖北家种中药材种植生产区域，以六安、安庆为重点的皖西大别山特色中药材生产区域，以黄山、宣城、池州、芜湖、铜陵等地为重点的皖南山区中药材生产区域。亳州市种植面积约15万亩，宣城市种植面积10万亩左右。六安市中药材种植面积约3万亩，特色药材如天麻、茯苓、杜仲、厚朴、灵芝等；黄山市发展药材种植面积2万多亩，主要有黄山贡菊、半夏、蕲蛇等。产量1 000吨以上有板蓝根、丹参、白术、桔梗、牡丹皮、白芍、茯苓、栝楼、葛根、夏枯草、活血藤、香附子、虎杖、莪术等。

中国(亳州)中药材交易中心是国内最大中药材交易市场，占地400余亩，建筑面积24万平方米，摊位6 000个，固定门店1 000家；每天上市品种达2 600余种，日上市量达6 000吨；日客流量近6万人；市场内建有中华药材网和药通网等中药专业信息网站，国内大多数植物药材品种价格基本取决于亳州市场价格。日上市量达6 000吨左右，上市品种2 600余种。亳州市集聚了200多家中药生产企业，是全国最大的中药饮片生产基地之一。

九、福建省

(一) 中药材资源概况

福建植物种类达5 000多种，常见药用植物2 024种。野生动物资源有835种。在20世纪90年代末的中药资源普查中发现福建药材品种有2 678种，收入《福建省中药资源名录》的有2 468种。

(二) 特色及优势药材品种

福建特色药材有建莲子、建泽泻、太子参、青黛、厚朴、黄栀子、乌梅、葛根、薏苡仁、穿心莲、金线莲、巴戟天、铁皮石斛、枇杷叶、黄精、灵芝、绞股蓝、栝楼、绿衣枳实、陈皮、使君子、桂圆肉、银耳、金边地鳖虫、蕲蛇、金钱白花蛇、海螵蛸、海金沙等。

福建省中药材产业协会于2016年1月正式评选出了“福九味”药材品种:建莲子、太子参、金线莲、铁皮石斛、薏苡仁、巴戟天、黄精、灵芝、绞股蓝。这9种中药材品种为福建特色的道地药材,是福建重点推广的主导品种,通过宣传推广“福九味”品牌,塑造福建省中药材产业的整体形象,以整体组团形式推动“福九味”等中药材产业的快速发展。发展闽产药材“福九味”列入了中共福建省委、福建省人民政府《“健康福建2030”行动规划》,通过打造闽产药材“福九味”品牌,提升闽产中药材在全国的影响力,提高经济效益和社会效益。

(三)中药材产业发展概况

2022年全省中药材种植面积约92.3万亩,农业产值约78亿元,中药工业产值150.6亿元,中药材全产业链超过591亿元;以闽产药材“福九味”为代表享誉中药材行业,种植面积占全省41%左右,农业产值占63%,“福九味”中药材生产已形成了区域特色。其他闽产特色药材仙草、七叶一枝花、玫瑰茄、青黛(马蓝)、黄栀子、春砂仁、厚朴等稳定发展,其中太子参、建莲子、黄栀子、金线莲等特色品种在种植规模、产量上居全国前列,已形成了柘荣太子参、建宁莲子、浦城薏苡仁、南靖金线莲、福鼎黄栀子等特色产业区域发展集聚,福建中药材种植业处于稳步发展的态势。

2022年福建中药规模以上企业56家,中药产值150.6亿元,中药材种植企业、中药材专业合社、家庭农场及种植大户共有1万多家。

十、山东省

(一)中药材资源概况

山东省中药材资源1900多种,其中药用植物1700余种,药用动物140多种。常年种植药材约110种,其中万亩以上规模品种23个,千亩以上不足万亩规模品种29个。药用动物养殖10多种,包括蝎子、地鳖、蟾蜍、水蛭、蛴螬、驴、蛇、斑蝥、蜂、僵蚕等。野生采集药材主要有柏子仁、酸枣仁、连翘、茵陈、香附和蝉蜕等。加工类药材有阿胶等。

(二)特色及优势药材品种

2022年山东省七部门发布了山东省“80种道地药材和15种特色药材名录”,并遴选出金银花、阿胶、丹参、西洋参、全蝎、蟾酥、黄芩、北沙参、栝楼、山楂等10味组成“鲁十味”。

金银花、丹参、西洋参、银杏、山楂、玫瑰、牡丹皮、阿胶、柏子仁、酸枣仁、徐长卿、黄芩、阿胶、全蝎、蟾酥等在全国市场占有率较高,菊花、虎杖、山药、桔梗、无花果、灵芝、栝楼、生姜、芍药、山麦冬等也具优势。平邑金银花、文登西洋参等16个品种获得中国地理标志证明商标、中国地理标志保护产品、中国地理标志农产品认证。其中“平邑金银花”品牌价值达到258.1亿元,“文登西洋参”品牌价值达到116.43亿。

（三）中药材产业发展概况

山东省中药材种植面积 385 万亩以上，农业总产值近 200 亿元。全省 16 个市中，临沂 116 万亩、菏泽 46 万亩、潍坊 32 万亩、烟台 26 万亩、济南 21 万亩、日照 14 万亩、威海 12 万亩、济宁 11 万亩、泰安 9 万亩、青岛 7 万亩、枣庄 6 万亩、淄博 5 万亩，滨州、聊城、德州、东营 1 万亩以上。

金银花 86 万亩、丹参 28 万亩、银杏 20 万亩、牡丹 12 万亩、西洋参 11 万亩、玫瑰 11 万亩。金银花主产地为平邑，丹参主产临沂、济南、泰安、潍坊、淄博等地，银杏主产郯城，牡丹主产菏泽，西洋参主产文登，玫瑰主产平阴。全蝎主产临沂、淄博、潍坊等地，年产量 5 万～10 万千克。蟾酥主产临沂等地，年产量 5 000～8 000 千克，占全国产量一半以上。水蛭主产微山湖等地，全省年产量约 5 万千克，约占全国 10%的产量。阿胶主产聊城、济南等地，占全国市场的 90%。

国家级中药材市场“舜王城中药材市场”占地 700 亩，拥有固定门店 460 个，摊位 1 000 多个，市场散户 1 200 多家，经营品种 1 400 多个，年经销各类中药材 4 万余吨，有地产中药材如牡丹皮、白芍、白芷、板蓝根、草红花、黄芪、半夏、生地、天花粉、桔梗等。平邑县拥有规模较大的金银花产地交易市场 2 处，文登区有西洋参交易中心。

山东省规模以上中药工业企业 88 家，实现营业收入 318 亿元，利润总额 65.2 亿元。产业规模占全省医药工业 11%，占全国中药工业的 5%。山东省海洋生物医药研发能力位居全国前列，产业规模占全国的 50%以上。

十一、河南省

（一）中药材资源概况

河南省有中药资源 2 700 余种，其中植物类 2 000 多种，动物类 365 种，矿物类 69 种，其他 25 种。家种药材 99 种，60 多种为大宗中药材，如四大怀药、山茱萸、艾叶等。常年养殖的动物药材 10 余种，如土鳖虫、全蝎、麝、蟾蜍、斑蝥、鳖等。常年野生采集的药材有 30 余种，如连翘、酸枣、野菊花、紫花地丁、南五味子、葛根、虎杖、茜草、白头翁、白茅根等。

（二）特色及优势药材品种

河南省道地药材有四大怀药、艾叶、夏枯草、冬凌草、山茱萸、山楂、连翘、金银花、丹参、柴胡、黄芩、杜仲、辛夷、玄参等。小规模优势药材有牛至、青蒿、土鳖虫、鹅不食草、猫爪草、百蕊草、白花蛇舌草、茜草、白头翁、天南星、南五味子、千金子、皂角刺、全蝎等。南召鲁山辛夷和信阳淮滨猫爪草产量占全国总产量的 90%以上，确山夏枯草产量占 70%以上，济源冬凌草产量和嵩县九店皂角刺集散量占 60%以上。

河南省人民政府办公厅 2022 年 12 月 7 日发布《关于加快中药材产业高质量发展的意

见》，将艾、山药、地黄、连翘、金银花、牛至、丹参、夏枯草、杜仲、山茱萸列为“十大豫药”。河南省中药材获中国地理标志保护产品 58 个，如洛阳牡丹、开封菊花、怀山药、怀地黄、怀牛膝、怀菊花、封丘金银花、确山夏枯草、西峡山茱萸、卢氏连翘、灵宝杜仲、辉县山楂、南召辛夷、济源冬凌草、方城丹参、汝阳杜仲、禹南星、禹白芷、禹半夏、禹白芷、卫辉卫红花、夏邑何首乌、鹿邑蒲公英、凤泉薄荷、嵩县柴胡、嵩县银杏等。

(三) 中药产业发展概况

2020 年，河南省中药材种植面积达 650 万亩。2021 年，受艾叶、金银花、山茱萸、连翘等价格大涨的影响，种植面积较 2020 年增长了 53.6%。

年产量超过 100 吨的药材有 77 种，其中年销售量超过 1 000 吨的有 20 种，艾叶 50 000 吨、地黄 30 000 吨、夏枯草 11 000 吨、牛膝 5 000 吨、冬凌草 4 000 吨、山茱萸 4 000 吨、山楂 4 000 吨、金银花 4 000 吨、山药 3 500 吨、丹参 3 000 吨、连翘 2 500 吨、黄芩 2 000 吨、柴胡 2 000 吨、白花蛇舌草 2 000 吨、益母草 2 000 吨、玄参 2 000 吨、玉米须 2 000 吨、辛夷 1 200 吨、白术 1 000 吨、半枝莲 1 000 吨。土鳖虫常年产量约 300 吨、全蝎和蝉蜕各约 100 吨以上、斑蝥数吨。

卢氏、灵宝、陕州、渑池、嵩县、温县、辉县、虞城、淅川、南召为河南省中药材十大强县(市)。

河南省现有规模以上的中药企业 107 家、饮片企业 45 家。拥有宛西、羚锐、辅仁、太龙等知名中药企业，培育了六味地黄丸、羚锐通络祛痛膏、双黄连口服液、双黄连针剂、月月舒冲剂、柴胡口服液、补骨脂针剂等中药大品种，2020 年中药工业产值超 250 亿元。

十二、湖北省

(一) 中药材资源概况

湖北省有鄂西北秦巴山区、鄂西南武陵山区、鄂北桐柏山区、鄂中江汉平原、鄂东北大别山区、鄂东南幕阜山区等六大中药资源分布区，处武陵山区的恩施地区素有“华中药库”之称，处秦巴山东脉的神农架片区被誉为“中草药王国”。据第三次全国中药资源普查，湖北省中药资源种类为 3 974 种。湖北省动物药材重点品种有龟板、鳖甲、蜈蚣、水蛭等，除此之外，还有麝香、熊胆、白花蛇、蕲蛇、僵蚕、土鳖虫、牛黄等常用动物类药材。

(二) 特色及优势药材品种

湖北省地处华中腹地，荆楚地域文化特色鲜明，常用大宗药材 60 余个，包括艾叶、黄连、茯苓、天麻、厚朴、苍术、黄柏、福白菊、白芍、柴胡、杜仲、玄参、独活、续断、党参、贝母、山麦冬、野菊花等。获国家地理标志产品保护或国家地理标志证明商标的中药材有 50 个，包括九资河茯苓、英山茯苓、巴东玄参、东沟珍珠、房县白及、房县北柴胡、房县绞股蓝、伏龙山七叶一枝花、洪湖莲子、宜昌百合、京山乌龟、团风射干、咸丰白术、罗田苍术、蕲艾、蕲春夏枯草、黄梅荷叶茶、隐水枇杷、枣阳半枝莲、竹山肚倍、郧阳木瓜、资丘木瓜、英山桔梗、板桥党参、恩施紫油厚朴、建始厚朴、巴东独活、罗田金银花、柏树湾金银花、襄麦冬、襄阳杜仲、郧西杜仲、蕲春薏苡仁、泗流山薏苡仁、麻城福白菊、安陆银杏、随州银杏、襄半夏、潜半夏、竹溪黄连、利川黄连、利川山药、广济佛手山药、襄阳山药、蕲山药、宜昌天麻、罗田天麻、郧阳天麻、张广河天麻、利川大黄。

湖北省政府十分重视中药材品牌建设，先后多次以省政府名义发文，着力构建具荆楚地域特色的"荆楚药材"地方品牌体系，围绕"荆楚药材"品牌工程，加强中医药原创性研究与开发。

2022 年湖北省人民政府公布了蕲艾、半夏、天麻、黄连、茯苓、福白菊、苍术、龟鳖甲、银杏、紫油厚朴和黄精作为"十大楚药"，资丘木瓜、野菊花、虎杖、金刚藤(菝葜)、马蹄大黄作为"五大特色药材"，合称"鄂优十六味"，予以重点支持发展。

(三) 中药材产业发展状况

湖北省全省中药材人工种植面积稳定在 505 万亩左右，产量 71.7 万吨，农业产值 135 亿元，产业链品牌价值达 138 亿元，人工种植面积达 10 万亩及以上的市州有 7 个，黄冈市人工种植面积超过 96 万亩，产量超过 17 万吨，产值 36.3 亿元，恩施州人工种植面积达 140 万亩，木本药材约占 64%。全省规模以上中药企业 162 家，营业收入 375.2 亿元。2021 年，湖北省中药材出口达 5.1 亿元，同比增长 8.4%。

京山市建成国家级乌龟原种场，产值超 11 亿元，盛老汉牌中华草龟为中国驰名商标。全省年鳖总产量达 47 620 吨，占全国产量的 14.32%，产量产值还在上升中，常年稚鳖数量约 6 500 万只。蜈蚣蕴藏量 50 亿条，常年产商品蜈蚣近 5 亿条，产值占全国 70%以上。

湖北省中药饮片加工企业 449 家。2020 年以来，湖北新增中药材市场主体 480 家。

十三、湖南省

(一) 中药材资源概况

据第四次全国中药资源普查统计，湖南省中药资源共计 4 667 种，其中药用植物 4 254 种，药用动物 344 种，药用矿物 69 种；2020 版《中国药典》(包括《中国兽药典》)收载的 600 余种常用中药材品种中，湖南常产供应品种达 240 余种，主产湘莲、玉竹、百合、茯苓、黄精等。

(二) 特色及优势药材品种

湖南产湘莲、玉竹、百合、茯苓、吴茱萸、山银花、栀子、厚朴、杜仲等药材为全国优势品种。根据《道地药材标准汇编》湖南省共有 6 味药材列入，分别为湘莲子、湘玉竹、龙牙百合、鳖甲、朱砂、常吴萸。根据湖南省中医药管理局发布的湖南省道地药材目录(第一批)共有湘玉竹、湘莲子、常吴萸、湘黄精等35种中药材。由湖南省8部门指导，湖南省中药材产业协会推动遴选出湘莲子、百合、玉竹、枳壳(实)、杜仲、黄精、茯苓、山银花、博落回9味药材，作为“湘九味”品牌予以重点培育扶持。

近年来，以“湘九味”品牌为引领，片区特色品牌、“一县一特”品牌、企业品牌等“湘九味”子品牌多层次齐发展。通过“湘九味”品牌带动，全省中药材产业地理标志实现“湘九味”品牌药材品种全覆盖；怀化市“怀六味”、安化县“安五味”等地方品牌的发布进一步壮大了全省县域特色品牌。截至2022年底，全省中药材产业“两品一标”有效总数达到133个，其中，农产品地理标志25个。

(三) 中药材产业发展概况

2022年，湖南省中药材种植面积已近478.6万亩(含林木类、菌类药材)，较上年增长2.13%；规模化种植基地超110万亩；“湘九味”中药材中黄精、博落回等品种种植面积增幅较大；中药材生态种植与林下种植发展较快，林下种植面积较上年增长约19%；全省中药材年产量近177万吨。中药材百合设施栽培取得突破，有望为百合科连作障碍问题提出解决方案。

全省中药材种植相关企业(专业合作社)数量约3 000家；现有从事中药材种植加工的农户超过50万人。认定完成三批中药材种植基地示范县21个；目前，湖南省现有中药材相关国家重点龙头企业5家，省级龙头企业85家，市级龙头企业168家。加工销售收入约570亿元，加工转化率为90%。在初加工方面，湘莲子、山银花、百合、茯苓等“湘九味”品牌药材产地初加工已基本实现全过程机械化与标准化。特色品种的产地初加工优势区域也在培育集散地，交易额过百亿元。在精深加工领域，有8家中药材相关上市企业及多家全国医药工业百强企业；涌现一批植物提取物及农业投入品代表性企业。

廉桥和高桥市场有药商经营户1 400多家，年交易额近120亿元，交易品种2 000多个。长沙高桥市场正着力打造中非医药产业园，建设“一县一馆”，打造湘产药材的对外窗口。湘潭湘莲、龙山百合、隆回山银花、隆回百合、靖州茯苓等中药材集散地在全国的影响日益提升。全省中药材流通呈现点面结合发展状态。

十四、广东省

(一) 中药材资源概况

广东省中药材资源现有2 600多种，其中，药用植物2 500种，药用动物120种，药用矿物25种。编入《广东省中药资源名录》的有药用植物1 170种，药用动物109种，药用矿物24种。全省中药材规模化种植种类达60余种，其中特色南药有40余种。

(二) 特色及优势药材品种

广东省南药品种有阳春砂、巴戟天、广藿香、广陈皮、广佛手、化橘红、何首乌、沉香、肉桂、高良姜、益智、肇实(肇庆产的芡实)、广香附、穿心莲、广金钱草、溪黄草、玉竹、山柰(沙姜)、龙眼肉、广地龙等,其中前 8 种已被列为《广东省岭南中药材保护条例》首批受保护品种。

除了化橘红、广陈皮、高良姜、广香附、肇实以及高州龙眼一直保持在道地产区规模化种植外,巴戟天、广藿香、阳春砂、沉香、穿心莲等道地南药省内的种植产地则在不断扩大。

(三) 中药材产业发展概况

目前,全省道地药材种植面积约 282 万亩,年产量约 71.7 万吨,总产值约 113.6 亿元。其中,全省的肉桂、沉香和巴戟天药材的种植面积和总产值分别位居前 3 位,种植面积均在 13 万亩以上,总产值均在 14 亿元以上。广陈皮、化橘红、何首乌以及益智等药材均已具有 5 万亩以上种植面积。阳春砂、广藿香、高良姜和龙眼肉的种植面积均达 4 万余亩,肇实、玉竹、山柰、广金钱草和溪黄草的种植面积则在万亩以下。

全省非道地药材种植总面积约 26.4 万亩,总产量达 22.6 万吨,总产值约 40.5 亿。具有万亩以上种植面积的药材有牛大力、凉粉草、银杏叶、百部、药用桑、八角和山药,其中牛大力的种植面积最大,达 12.5 万亩以上,年产量约 17.7 万吨,总产值约 36.9 亿元。种植面积较大的还有百部、灵芝、吴茱萸和杜仲等。

野生转家种或野生抚育已实现规模化家栽的药材主要有五指毛桃、岗梅、三叉苦、九里香、两面针、山苍子、冰片、草珊瑚、虎杖、黄花倒水莲、火炭母等,种植面积均在千亩以上,其中三叉苦、梅片树均具有 2 万亩的种植规模,两面针种植面积达 1 万亩,岗梅、五指毛桃、草珊瑚和石斛的种植面积在 5 000 亩以上。五指毛桃和石斛的产值达 1 亿元以上。此外,檀香、降香及南肉桂等引种的南药虽保持了一定规模的种植,但由于药材生产周期长,药材较少,甚至尚无药材产出。

十五、广西壮族自治区

(一) 中药资源概况

第四次全国中药资源普查显示,广西中药资源为 7 512 种,其中植物类 6 397 种、动物类(包括海洋动物)1 066 种、矿物类 49 种。有壮药 2 210 多种、瑶药 958 种、侗药 478 种、仫佬药 246 种、苗药 312 种、毛南药 102 种、京药 24 种、彝药 21 种。广西的湿地药用植物共有 402 种,其中,两栖植物有 35 种、半湿生植物有 112 种、湿生植物有 166 种、水生植物 89 种。

(二) 特色及优势药材品种

广西常用药材 70 多种,10 多种占全国总产量的 50%~80%,其中,罗汉果、鸡血藤、山豆根、蛤蚧、八角占 90%以上,桂莪术和桂郁金占 80%以上,广西肉桂占 60%以上。

2021 年 1 月,《自治区中医药局等八部门关于公布“桂十味”道地药材及区域特色药材品种的通知》确定了10种道地药材作为“桂十味”品种及31种区域特色中药材品种。“桂十味”道地药材包括肉桂(含桂枝)、罗汉果、八角、广西莪术(含桂郁金)、龙眼肉(桂圆)、山豆根、鸡血藤、鸡骨草、两面针、广地龙。广西区域特色药材包括穿心莲、肿节风(草珊瑚)、青蒿、粉葛、五指毛桃、山银花、砂仁、槐米、广金钱草、田七、天冬、钩藤、合浦珍珠、化橘红、厚朴、灵芝、何首乌、铁皮石斛、金花茶、绞股蓝、杜仲、扶芳藤、金樱子(根)、功劳木、百部、滑石粉、广山药、茉莉花、姜黄、益智、蛤蚧。

(三) 中药材产业发展概况

2021年,广西全区中药材种植面积达680万亩,其中林木药材约478万亩,其他药材约为200万亩。形成了以桂北高山药材道地产区、桂西喀斯特药材道地产区、桂南近海药材道地产区、桂东南药材道地产区、桂中民族药材道地产区为重点的五大传统道地中药园区。2021年广西龙眼果园面积达到148万亩,鸡血藤种植面积超过15万亩,山豆根全区种植面积1.5万亩。此外,鸡骨草、两面针、地龙等种植养殖规模不断增加。

越南、沙特阿拉伯、巴基斯坦、美国、阿联酋、德国、孟加拉国、阿尔及利亚、日本和中国香港位居2021年广西出口中药材及饮片数量前10,越南占广西出口总量的57.47%。姜、丁香、枸杞、当归、茯苓、黄芪、杜仲、地黄、党参、白术位居2021年出口量前10。肉桂及肉桂花2021年出口额最大,达19141.8万美元。越南、印度、美国、阿根廷、尼日利亚是广西进口中药类产品数量前5的国家,进口15986.5吨。松脂、姜、大海子、姜黄、丁香、乳香、没药、血竭为进口的主要药材。

自治区共有医药生产企业221家,中药民族药生产企业109家,中药饮片生产企业63家,全年主营业务收入240亿元,占全区医药工业的68.2%。全区共有医疗机构制剂1196个,其中中药制剂541个,民族药制剂13个。

十六、海南省

(一) 中药材资源概况

海南省现有高等植物约4689种,其中有药用植物多达2500多种,常用中药资源500余种。药用植物主要有槟榔、益智、沉香、降香黄檀、龙血树、巴戟天、见血封喉等。动物药材和海产药材资源有鹿茸、牛黄、海龙、海马、海蛇、琥珀、珍珠、海参、珊瑚、蛤壳、牡蛎、石决明、鱼翅和海龟板等近50种。药食同源植物约37种。

(二) 特色及优势药材品种

海南是我国唯一具有岛屿型热带雨林的物种基因库,分布着特殊的植被类型和独特的珍稀植物种类,海南特有植物491种,主要包括单叶贯众、七指蕨、海南苏铁、海南油杉、华南五针松、驼峰藤、伯乐树、铁凌、青皮、药用野稻、山铜材、半枫荷、油丹、缘毛红豆、油楠、石碌含笑、海南风吹楠、海南紫荆木、海南梧桐、蝴蝶树、海南椴、海南石梓、珊瑚菜等。海南独有药用植物137种，其中最著名的四大南药为槟榔、益智、砂仁和巴戟天。

建有槟榔、益智、广藿香、长春花、砂仁等大宗南药药材生产基地；香茅、罗勒、白豆蔻、高良姜、胡椒等芳香药材基地；丁香、白豆蔻、肉豆蔻、马钱子、海巴戟、牛大力等进口南药种植基地；裸花紫珠、胆木、牛耳枫、鸦胆子等原料药材基地；降香黄檀、白木香、海南龙血树、海南灵芝、海南粗榧等珍稀濒危南药种植基地。特色南药槟榔、益智、广藿香、长春花、胆木、裸花紫珠、降香黄檀、沉香、牛耳枫等。

（三）中药材产业发展状况

海南中药总种植面积超220万亩，拥有种植（或养殖）面积达3000亩以上的大宗药材品种有11种，如槟榔、益智、沉香、降香黄檀、胆木、裸花紫珠、莪术等；拥有4家中药饮片厂，251个中成药品种批准文号，33个医疗机构中药制剂品种。2021年中成药及中药饮片类总产值为35.04亿元，约占全省工业总产值的14.05%。4家饮片生产企业为满足医疗集中采购的需求，2020版《中国药典》收载的600余种品种皆能生产，但产量较小。2021年饮片产值未超2亿元，以南药为原料的饮片品种如槟榔、益智、青葙子、沉香等44种，近三年的年平均产值维持在2000万元左右。全省目前有96家药品生产企业，251个中成药品种分散在30家生产企业中，近1/3品种正常生产，产值过亿的品种有保妇康栓、枫蓼肠胃康系列、小儿肺热咳喘颗粒、胆木浸膏糖浆等品种。总体看来，2021年度海南全省中药产值还非常低，远远未达到海南省南药资源大省的基本要求。

十七、四川省

（一）中药资源概况

据第四次全国中药资源普查初步统计，四川省中药资源物种数超9000种，16个县级行政区域中药资源物种数量超1000种，蕴藏量50万吨以上的药材有16种。

（二）特色及优势药材品种

四川种植药材种类众多，道地药材86种，优势中药材品种有：川芎，占全国产量90%以上；附子，江油附子有1300多年的种植历史，全国附子的加工90%以上在江油；川麦冬，占全国产量的60%以上，常年种植面积6万亩以上；川贝母，野生资源破坏严重，省内恩威、新荷花、国青等公司大量投入开展人工种植；川牛膝，占全国总量的90%以上；泽泻、羌活、秦艽、川明参、桑椹等亦为四川优势药材品种。

（三）中药材产业发展概况

2022年，全省中药材生产面积850余万亩，产量近300万吨。全省林草中药材达367.8万亩，包括木本药材268.6万亩、林下种植药材95.8万亩、草原（高原）植物药材3.4万亩、人工驯养动物药材 24 万只。丹参、黄连等 9 个品种种植面积达到 10 万亩以上；单品 53 种达到上万亩，其中川芎等 7 个大宗药材人工种植面积全国第一。目前已形成四川盆地药材生产区、盆地边缘山地药材生产区、川西高原及川西高山峡谷药材生产区、攀西地区药材生产区四大药材生产集中区。打造了彭州、三台、松潘等 32 个中药材重点县，在道地产区建立了定制药园、中药材扶贫基地，开展标准化、规范化中药材种植。

四川省积极围绕“川药”全产业链，以园区建设为抓手，着力打造一批融合中药材种植、加工、销售，及中医药养生(老)、膳食、文化创意与生态旅游为一体的特色片区(园区)。目前，全省已有三台麦冬、南江金银花 2 个以中医药为主题的国家级农业园区，有麦冬、丹参、川佛手等 9 个以中药材为主题的省级农业园区，有广元市昭化区林下中药材现代林业园区等 5 个以中医药为主题的省级林业园区。

省内知名中药企业好医生药业、雅安三九药业、新荷花中药饮片公司、四川省中药饮片公司等均在道地产区建立了定制药园或药材基地。品牌企业以标准规范为抓手，实施川产道地药材全产业链管理规范及质量标准提升示范工程，建立单品种药材的“两体系、三标准、五规范”。以溯源建设为抓手，建设“省级—县级”中药材溯源体系，制定中药材追溯标准，持续推进中药材溯源试点建设，逐步建立中药材质量追溯体系。

十八、云南省

(一) 中药材资源概况

第四次全国中药资源普查显示，云南省共有中药资源 8 875 种，包括植物药 8 456 种，动物药 380 种，矿物药 39 种，与第三次普查相比增加了 2 316 种，中药资源种类占到了 60%以上。云南省目前有中药材栽培品种达 140 多个，主产三七、天麻、滇重楼、灯盏花、铁皮石斛、云木香、砂仁、云茯苓、云当归、滇龙胆、滇黄精、草果等。动物药养殖主要有熊、美洲大蠊、水蛭等。

(二) 特色及优势药材品种

2021 年，云南省农业农村厅联合云南省中药材种植养殖行业协会(云南联络站)选出三七、滇重楼、滇龙胆、砂仁、云茯苓、云木香、云当归、铁皮石斛、天麻、灯盏花 10 个优势品种，形成“十大云药”区域公共品牌。云南特色品种有草果、魔芋、薏苡仁、滇黄精、紫皮石斛、微藻、八角、姜、红花、白及、余甘子、秦艽、白扁豆、花椒、诃子、白果、山银花、火麻仁、党参等。

地理标志特色品种有文山三七、红河灯盏花、昭通天麻、罗平小黄姜、广南铁皮石斛、龙陵紫皮石斛、福贡草果、维西当归等。“文山三七”地理标志证明商标在 99 个国家和地区获得注册。

（三）中药材产业发展概况

2022 年，中药材种植面积 903 万亩，较 2021 年 901.6 万亩增加 1.4 万亩；产量 127 万吨，同比增长 10.3%；农业产值 445 亿元，同比增长 4.7%；综合产值达 1 621 亿元，同比增长 35.7%。种植规模连续 5 年稳居全国首位。

文山州、红河州、怒江州、曲靖市、普洱市 5 个州市药材总面积 553.9 万亩，占全省的 61.4%。中药材产量超过 20 万吨的有曲靖市、文山州，超过 5 万吨有红河州、大理州、普洱市、楚雄市、玉溪市、昭通市。

三七、天麻、重楼、木香、红花、薏苡仁、砂仁、草果、续断、黄精、龙胆、生姜、红豆杉、银杏、八角等种植超 10 万亩，三七、天麻、重楼、铁皮石斛、石斛、白及、砂仁、草果、茯苓、黄精、生姜、八角等超 10 亿元。年产熊胆粉约 10 吨，产值超 10 亿元；美洲大蠊年产 350 吨，综合产值 3.5 亿元；水蛭养殖近 3 000 亩，产值约 200 万元。

菊花园中药材专业市场面积 77 876.06 m^2，商户 1 000 多家，经营药材 4 000 多种，年交易总额 10 亿元左右。文山三七市场为最大的三七交易中心，交易占比超 90%。三七流通企业和个体工商户共计 663 户，文山三七流通业实现批发零售额 91.40 亿元。小草坝天麻国际交易中心位于彝良县小草坝镇金竹村，占地 89 亩，是最大的天麻交易集散中心和交易枢纽。每个交易日成交鲜天麻约 150 吨。

十九、甘肃省

（一）中药资源概况

甘肃省中药资源 3 626 种，人工种植中药材有 350 余种，分布面积较大的野生药用植物资源 200 余种。家种药材 350 多种，主要有当归、黄芪、党参、大黄（掌叶大黄、唐古特大黄）、甘草、柴胡、枸杞、板蓝根、黄芩、款冬花、牛蒡子、半夏、红花、天麻、肉苁蓉、金银花、防风、独活等。野生药材主要有秦艽、羌活、淫羊藿、锁阳、独一味等。

（二）特色及优势药材品种

“十大陇药”有当归、党参、黄芪、甘草、大黄（掌叶大黄、唐古特大黄）、柴胡、板蓝根、枸杞、黄芩、款冬花。优势品种还有牛蒡子、半夏、红花、天麻、肉苁蓉、金银花、玫瑰花等。半夏、淫羊藿、羌活、秦艽、金银花、牛蒡、防风、独活、红花、肉苁蓉、川赤芍、天麻、银杏、杜仲等已形成生产优势。当归、党参、黄芪、大黄、甘草、柴胡和板蓝根等年产量分别约占该品种全国总产量 85%、60%、50%、60%、25%、40%和 65%。

岷县、陇西、渭源、礼县、西和、民乐分别被命名为“中国当归之乡”“中国黄芪之乡”“中国党参之乡”“中国大黄之乡”“中国半夏之乡”“中国板蓝根之乡”。岷县当归、陇西黄芪、陇西白条党、礼县大黄、渭源党参、西河半夏、苦水玫瑰、合作唐古特大黄、华亭大黄、华亭独活、瓜州枸杞、靖远枸杞、民勤甘草、临潭大黄、卓尼当归、文县纹党、武都红芪、武都纹党参、卓尼柴胡等获得地理标志认定。

（三）中药材产业发展概况

2022年全省中药材种植面积447.8万亩，比2021年增加10.4万亩，实现产值186.3亿元，比2021年增加21.4亿元，同比增长12.98%。

2022年，甘肃省规模以上中医药生产企业89户，实现工业总产值103.56亿元，同比增长16.1%；实现工业增加值25.81亿元，同比增长14.0%。其中，中药饮片加工企业60户，实现工业总产值37.57亿元，同比增长11.0%，实现工业增加值6.89亿元，同比增长1.5%；中成药生产企业29户，实现工业总产值65.99亿元，同比增长19.1%，实现工业增加值18.92亿元，同比增长18.8%。

甘肃省定西市为我国西北中药材储运中心。全省已建成陇西文峰、首阳，渭源渭水源、会川和岷县当归城等5个规模较大的中药材专业交易市场，临洮、武都、文县、礼县、民乐、瓜州、民勤、康乐、甘谷、卓尼重点产区10个产地市场。建成“西部中药材网”等专业网站20个，已经成为我国北方中药材主要集散地之一。

二十、宁夏回族自治区

（一）中药材资源概况

宁夏现有植物资源1268种，其中药用植物约994种，含全国重点野生物种153种，全国重点药材品种155种。

（二）特色优势中药材品种情况

宁夏特色优势品种有枸杞子、甘草、银柴胡、麻黄、小茴香、黄芪、菟丝子、柴胡、秦艽、苦杏仁、桃仁、锁阳、肉苁蓉、蒲黄等。中宁枸杞、盐池甘草、同心银柴胡、海源小茴香、六盘山黄芪、六盘山秦艽、平罗菟丝子等药材为公认的优势药材。

“宁夏枸杞”为地理标志产品保护品种，“宁夏枸杞”商标是全国第一个以省域名称注册成功的证明商标，2022年“宁夏枸杞”喜获“中国农产品区域公用品牌·年度市场竞争力品牌”荣誉，“盐池甘草”“同心银柴胡”“六盘山黄芪”“六盘山秦艽”“海原小茴香”等也获得了国家农产品地理认证，平罗菟丝子、彭阳苦杏仁、彭阳桃仁的地理认证正在申请之中。同时，盐池甘草获批为国家驰名商标。

（三）中药材产业发展概况

截至2022年底，宁夏中药材种植面积约186万亩，其中枸杞子约38万亩，山桃、山杏约75万亩，林药间作仿野生栽培约20万亩。中药材产业总产值约266.61亿元，其中枸杞子产业产值约250亿元。

中药材主要基地有以中宁县为核心的枸杞生态种植基地，以隆德县、彭阳县为优势核心区域的黄芪、党参、秦艽、黄芩等种植基地，以隆德县、彭阳县、西吉县移民迁出区和退耕还林地为核心的柴胡、秦艽、黄芩林下仿野生种植基地，以彭阳县为核心的苦杏仁、桃仁种植基地，以中部干旱带盐池县、红寺堡区、同心县为核心的甘草种植基地，同心县预旺镇及周边地区的银柴胡、黄芩种植基地，海原县西安镇及周边地区的小茴香规范化种植基地，以平罗县、惠农区等为主的菟丝子种植基地。

全区注册的中药材法人企业 504 家，其中枸杞法人企业 245 家。中药制剂企业 5 家，年总产值约 3 亿元，年消耗中药材原料约 3 500 吨。中药饮片企业 16 家，年总产值约 3.2 亿元，年消耗中药材原料约 3 500 吨。产地初加工企业能力达到 2 000 吨以上的 2 家，1 000～2 000 吨的有 3 家，500～1 000 吨的 7 家。

第三章
中药材市场需求概况

当前，随着我国经济持续快速发展，大众对中医药服务的需求不断增加，中药材市场也呈现稳步增长的趋势，我国中药材产业发展正朝向良好趋势发展。随着政策支持体系的不断强化，中药材市场逐渐规范化国际化，中药材种植规模不断扩大，中药材质量评价体系逐步完善，中药材人才队伍逐渐壮大，中药材产业区域布局将更加合理，品种结构更加丰富，规模化、标准化、品牌化水平进一步提高，种植机械的改良，加工工艺技术创新，中药材种植面积持续扩大、市场规模稳定增长趋势将继续保持。

第一节
产 业 需 求

一、中药材整体产需情况

从我国中药材整体供需方面分析，根据天地网提供的数据，近十年来，我国常用中药材品种的供给量与需求量总体水平在起伏中有增加的趋势。2012 年出现供不应求的情况，此后产量逐年增加，涨幅超过需求量。截至 2022 年，以产量大于需求为主。但自 2021 年以来，受到疫情等方面因素，需求量大幅上升，明显大于产量。

具体分析，在供给方面，2021 年，白芷、桔梗、北沙参等品种因为之前多年价格较低，可采收面积下降造成减产；而地黄、山药、牛膝等品种因为产区受灾，也有减产情况，2021 年常用中药材的总产量少于 2020 年，低于 400 万吨。进入 2022 年，因 2021 年中药材普遍涨价行情背景对农户下种积极性的刺激，地黄、枳实、佛手、茯苓、荆芥等品种出现了明显扩种的情况，2022 年常用中药材的总产量多于 2021 年，初步估计已增长至 430 万吨左右。

在需求方面，近年来，常用中药材的整体需求处于持续的上升通道，仅 2020 年有所滑落，在 2020 年新冠疫情暴发时，我国部分区域封锁、部分成药企业停工，加之外出人群减少的综合影响，2020 年常用中药材的需求总量出现了较大滑落，2022 年 12 月疫情防控政策调整后，大规模感染又带来了用药需求的激增。

纵观近几年国家卫健委公布的相关数据，在中药材的整体需求方面，因为国家对中医药的认可及政策持续扶持，近年来中药材需求的整体环境持续向好。

综合来看，初步估计 2022 年常用中药材的需求总量已经达到 500 万吨（图 3 - 1）。

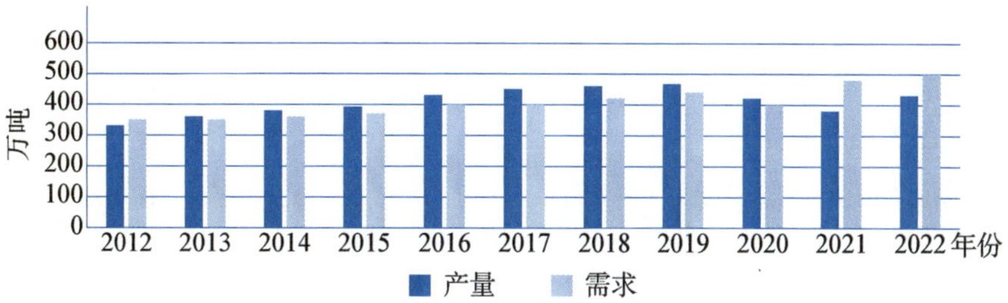

图 3-1　常用中药材产需对比示意

数据来源：中药材天地网（常用中药材：流通市场常见的年流通量千吨级中药材）

二、2022 年代表性中药材品种供需分析

（一）供大于求代表品种

1. 重楼　重楼目前产地库存雄厚，除药企尚有库存外，分散在各地种植户和中间加工商、经销商手中的存货量不少于 2 000 吨。从需求方面的统计数据看，滇重楼近年的需求小幅萎缩，而在地面积依然较大（图 3-2）。

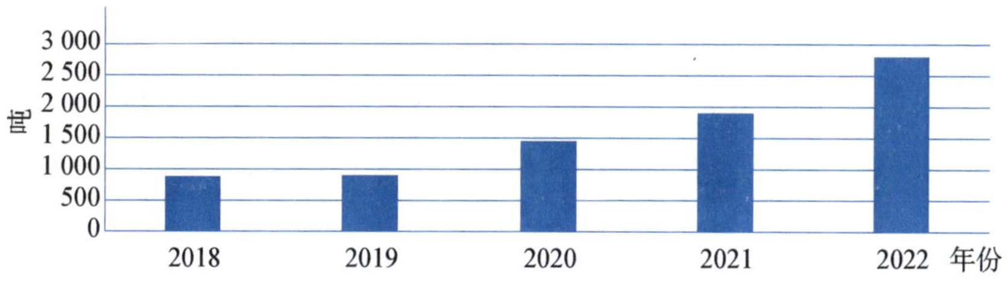

图 3-2　重楼年产量变化

数据来源：中药材天地网

随着家种品的批量上市，重楼的行情在 2018 年产新后发生逆转，走向了明显下滑的道路，2020 年底跌至 650 元[①]，两年时间跌去一半，但这仍未结束，2021 年以来价格仍然呈阶梯式下降，第四季度降至 500 元以下，有的产区仅 400 元左右，截至 2022 年底，价格已降至 200 元左右，与种植户的初衷相去甚远。可以预判，2023 年的滇重楼将持续走跌，当前价格尚未触底，投资者须谨慎，未来较长时间内，滇重楼难以恢复到高价状态（图 3-3）。

2. 郁金　郁金的生长周期很短，从种植到收获不足一年，加之主产区集中，生产情况容易观察掌握，销量较大，所以历史上常为商家所关注，行情也常出现明显波动。最近四年，每年价格波动的幅度均超过 50%，2019 和 2022 年的涨幅甚至达到 100%，也正是这种大幅波动的行情变化，使得郁金近几年在市场中积聚了较高人气。

---

① 本章对价格的表述均为：元/kg。

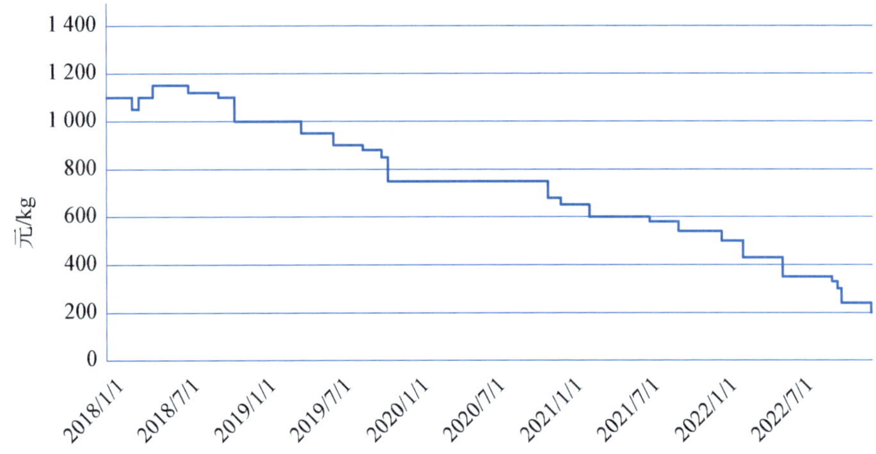

图 3-3　重楼年平均单价变化

数据来源：中药材天地网

2020 年郁金的产量不高，又因库存得到有效消化，使得 2021 年其行情一路稳步攀升，年初的价格在 20 元左右，春节后不久即上升至 30 元，随后行情继续走高，7 月份上涨至 40 元的历史高峰，一直维持到产新。

2021 年郁金的产量增加明显，产新后空虚的市场库存得到补充，行情也回落至 30 元左右。2022 年以来，市场以正常的需求消化为主，充足的货源供应使得其行情继续向合理价位回归，产新前价格回落到 20 元上下(图 3-4、3-5)。

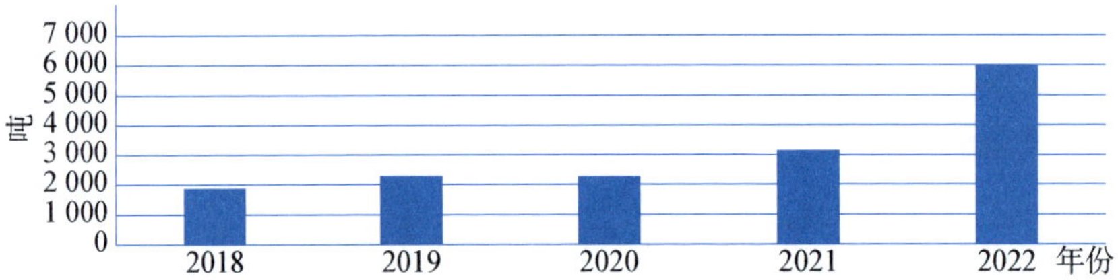

图 3-4　郁金年产量变化

数据来源：中药材天地网

连续两年的高行情，使得 2022 年广西产区的种植户继续保持着较高的生产积极性，主产区 2022 年的种植面积比去年翻倍。虽然受天气影响部分地方单产有所下降，但是总体产量得到了明显的增加。2022 年 9 月下旬产区开始零星采挖，早期货折干率低，开盘收购价在 2.4～2.5 元之间。由于近年郁金的加工户获利不少，所以产新后购进生果的积极性较高，随着时间的推移，产区货源走动加快，进入 10 月份随着折干成数的提高，收购价格也逐渐回升，生果价格在 10 月中旬上涨至 3.4～3.5 元，最高 3.7～3.8 元，但时间不长，商贩种植户积极出售，商家停手，下旬又回落至 3 元附近，生果 2022 年底继续下跌至 2.7～2.8 元(干货

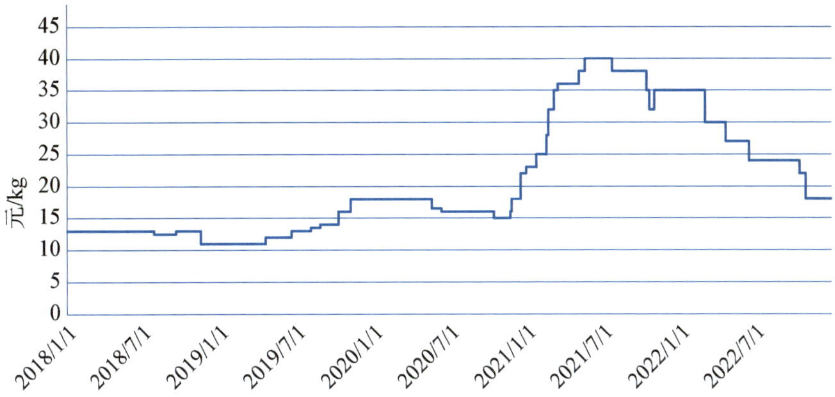

图 3-5 郁金年平均单价变化

数据来源：中药材天地网

价格约 18 元)，农户采挖意愿减弱。

(二) 供小于求代表品种

1. 射干 2022 年，射干产新提前结束，由于在地面积大量减少、价格上涨等因素导致包地商提前采挖。据河北、山西射干相关商家评估，2022 年秋冬新货产出量折干后在 150 吨左右，与 2021 年相比减少 3/4，减种减产十分严重。

射干既是常用药，又是疫情处方用药，正常年份用量在 1 200 吨左右，但随着年用量的增加，2022 年新货产出量杯水车薪，只能依靠陈货补充(图 3-6)。

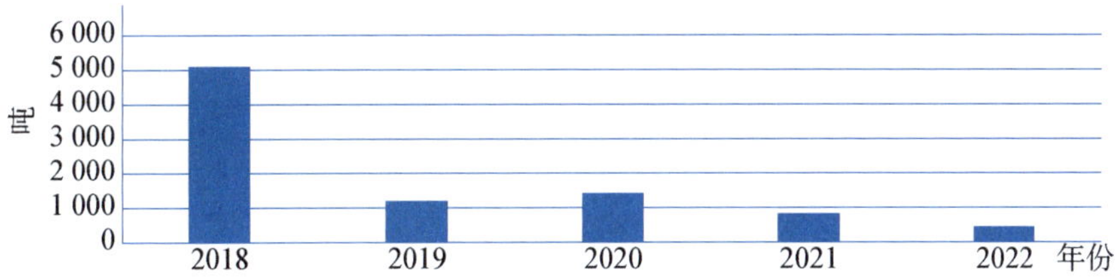

图 3-6 射干年产量变化

数据来源：中药材天地网

2022 年随着供需矛盾进一步凸显，价格呈现持续攀升(图 3-7)。

2. 款冬花 款冬花自 2017 年高价后，生产一直处于调减状态，尤其是 2020—2022 年连续三年的减产，在货源产出不能满足需求的时候，会以陈货库存做补充。2022 年的疫情变化，使得陈货库存得到大量消化。目前产区与市场可供货源量明显减少。据产区商家介绍，目前产区商家手中存有大货者少，货源供应偏紧(图 3-8)。

在 2017 年高价刺激下，产区农户种植积极性提高，2018—2019 年连续丰产，出现产能过剩，行情一路下滑。从 2020 年款冬花生产就出现明显调减，且 2020 年后甘肃产区每年都有

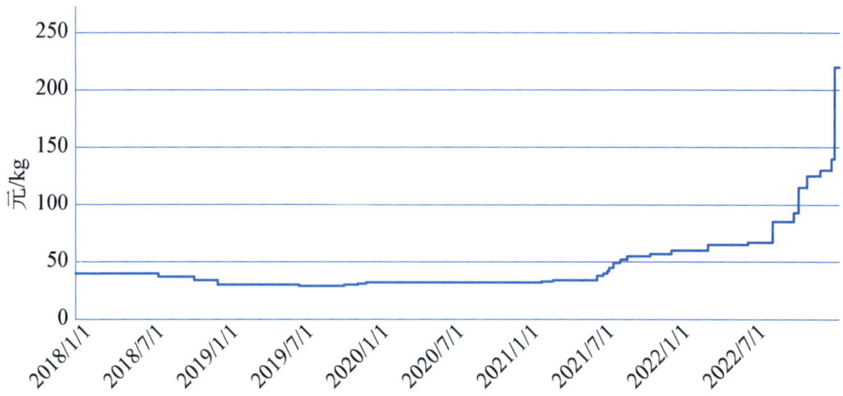

图 3-7　射干年平均单价变化

数据来源：中药材天地网

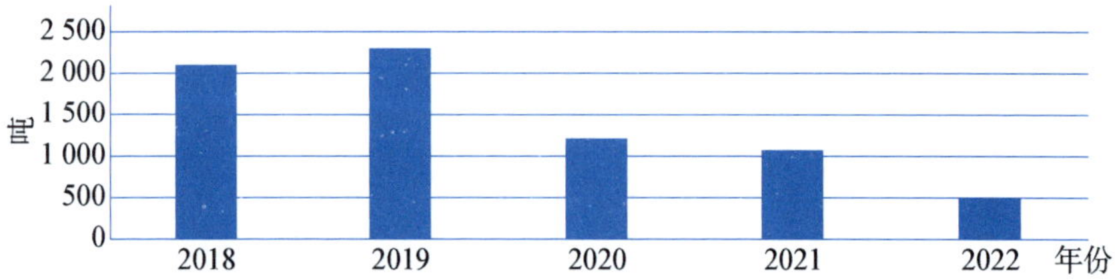

图 3-8　款冬花年产量变化

数据来源：中药材天地网

异常天气，年年减产，其中 2020 年受降雨导致的根茎腐烂影响，单产与质量均有所下降，2021—2022 年又连续遭受干旱影响导致减产（图 3-9）。

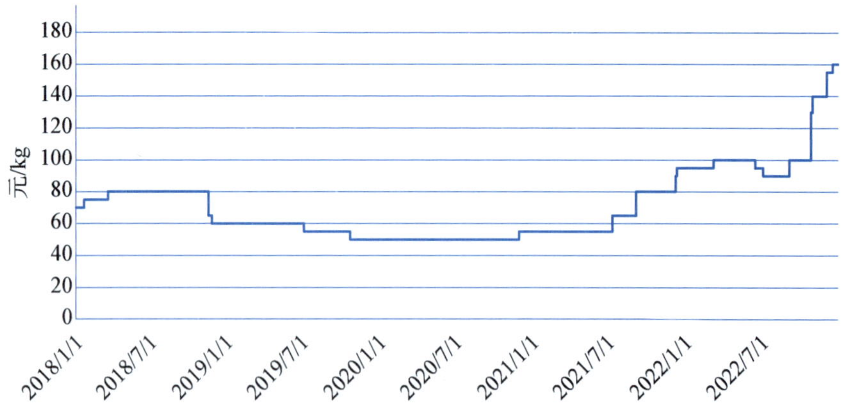

图 3-9　款冬花年平均单价变化

数据来源：中药材天地网

第二节
市 场 价 格

一、中药材整体价格走势分析

中药材价格变化具有一定周期性。2016—2018 年，中药材市场的整体周期性显示，多年低价使得农户减种，会使得资本减少，而在中药材减产、流通降温后，供需情况的变化又会拉动中药材的价格上升，中药材价格上升后，农户再次进行扩种、资本再度涌入流通市场进行套利后离场，又将中药材的价格进行下拉，使得中药材价格综合 200 指数在 2018 年底回到了 2 200 点左右。

2019 年中药材市场价格再度回升，但因支撑因素不强，综合 200 指数只回升了 20 多点。

2020 年发生新冠疫情，中药材价格出现短暂上涨，随后在国家价格管控及各地封锁、流通受阻后，中药材价格又短暂回落。2020 年第四季度，我国新冠疫情防控取得阶段性胜利后，各地生产持续恢复，流通加快，中药材需求再度释放，中药材价格整体上涨延续至 2021 年底。

2022 年二季度后，我国中药材整体价格出现向下回调，回调的原因一是 2021 年中药材整体处于牛市，多品种价格上涨导致部分新种中药材面积扩大，产量上升过快；二是在 2021 年进场的行业内外资本，2022 年陆续套现离场；三是 2022 年上半年我国多地疫情反复，中药材流通与市场需求出现一定受限。

2022 年三季度后，在党参、地黄和辛夷等受干旱、雨水等天气因素干扰导致品种价格上涨的影响下，综合 200 指数出现了小幅回升。

2022 年第四季度，特别是 12 月，在疫情防控政策调整后，全民对药物需求旺盛，以退烧药、感冒药尤为畅销，其中以连花清瘟等为代表的清热解毒中成药更是供应偏紧。在此背景下，映射至中药材的相关抗疫原材料货源走畅，各大市场交易火爆，以板蓝根、连翘、金银花等品种为代表，相关品种行情在 12 月都出现较大上涨。一些库存偏少的品种在多方的积极购进之下行情大涨，交易市场有时价格变动不是以天计，而是以时计，不少品种短期行情翻倍。12 月，部分物流运输从业者也被感染，也使得物流运输的人工成本和租车成本增加，发货延迟等情况时有发生，也是推动该时期价格上涨的原因之一(图 3-10、3-11)。

图 3-10　中药材价格 2011—2022 年走势

数据来源：中药材天地网

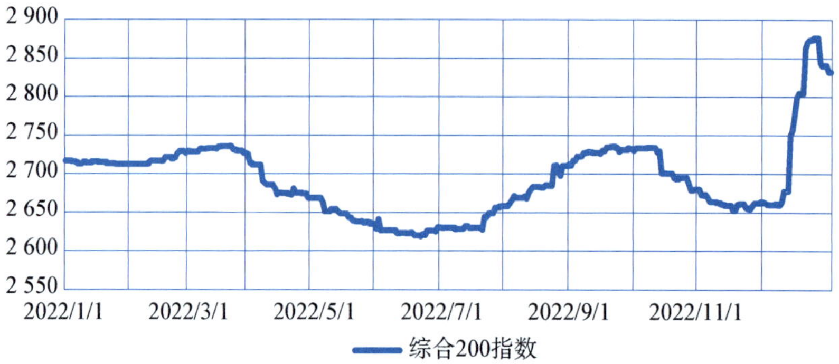

图 3-11　中药材价格 2022 年走势

数据来源：中药材天地网

二、价格涨跌分析

从大范围来看，2022 年中药材天地网监控内的 1 445 个品规，2022 年 12 月同比 2022 年 1 月，涨价品规 253 个，占比 17.5%，平均涨幅 45%；降价品规 211 个，占比 14.6%，平均降幅−18%；价格持平品规 981 个，占比 67.9%。就占比而言，2022 年，涨价品种数量多于跌价(图 3-12)。

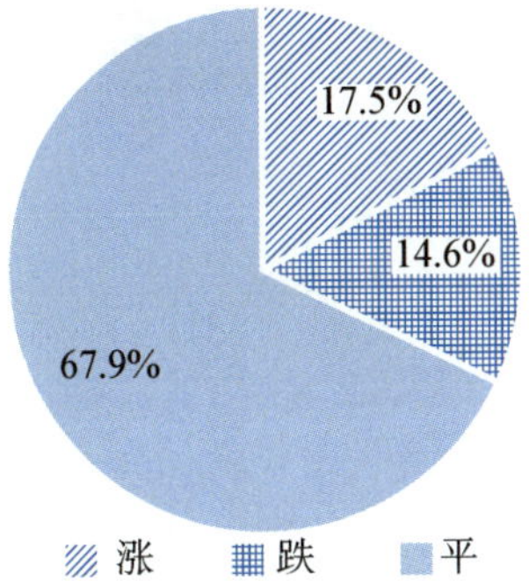

图 3-12　2022 年监控内的 1 445 个品规涨跌平占比

数据来源：中药材天地网

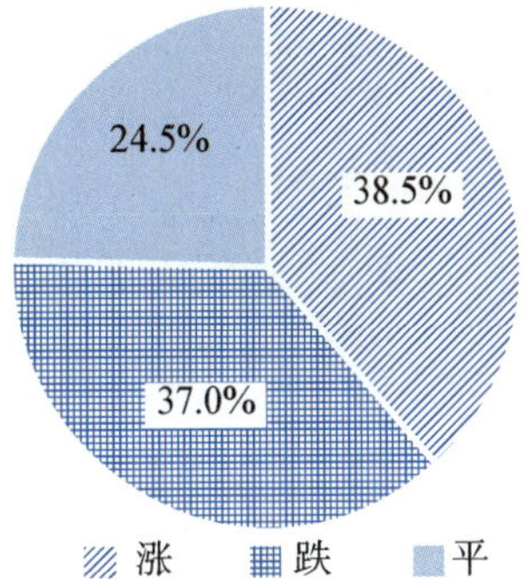

图 3-13　2022 年 200 个常用大宗品种涨跌平占比

数据来源：中药材天地网

从常用的 200 个大宗中药材品种来看，2022 年中药材天地网综合 200 价格指数的 200 个构成品种，2022 年 12 月同比 2022 年 1 月，涨价品种 77 个，占比 38.5%，平均涨幅 42%；降价品规 74 个，占比 37%，平均降幅 −18%；价格持平品种 49 个，占比 24.5%。就 200 个常用的大宗品种而言，在 2022 年间，涨跌品种数量差别不大(图 3-13)。

三、涨跌代表品种分析

(一) 总监控品规涨价代表

2022 年监控内的 1 445 个品规，涨幅最大的品规为马鞭草(规格为统货)，高达 640%。分析价格上涨原因，有些受疫情影响，有些受供需关系变化和行业关注度的影响。例如马鞭草，多商寻货，市场货源供应薄弱，随着货源的持续走动，库存走空，行情大幅上扬；芦根，货源继续走畅，加之持货商惜售，受此影响，价格涨幅较大；射干，由于产地价格继续走高，市场行情随之上扬，且持货者有惜售心理导致行情坚挺(表 3-1)。

表 3-1　2022 年 1—12 月监控内的 1 445 个品规中涨价前 10 位中药材

序号	品名	规格	2022.1.1 价格(元)	2022.12.31 价格(元)	上涨数额(元)	上涨幅度(%)
1	马鞭草	统 较广	5	37	32	640
2	芦根	统片 河北	10	45	35	350
3	射干	统片 河北	60	220	160	267
4	龙骨	土龙骨 较广	80	280	200	250
5	水牛角	统个 广西	13	45	32	246
6	蒲公英	家种全草 安徽	3	10	7	233
7	射干	统个 河北	55	180	125	227
8	水牛角	丝 广西	11	35	24	218

续 表

序号	品名	规格	2022.1.1 价格(元)	2022.12.31 价格(元)	上涨数额(元)	上涨幅度(%)
9	柠檬	统片 四川	18	55	37	206
10	前胡	家种统个 较广	25	70	45	180

注:本表所示数据仅为两个时间点的价格,并未体现期间中药材品种价格波动情况
数据来源:中药材天地网

(二) 常用大宗中药材品种涨价代表

常用的 200 个大宗中药材品种中,2022 年 1—12 月涨幅最大的品种是蒲公英。分析其原因,这些品种涨价,大多存在疫情、供需关系、自然灾害等多方面原因。如蒲公英,商家购进比较积极,市场货源量不丰,行情也有不小的涨幅;紫苏叶,市场货源本来偏少,经过 12 月商家的大力购进,库存进一步走低,行情继续上涨;广藿香,12 月疫情防控调整后,需求不断放大,行情升势明显(表 3-2)。

表 3-2 2022 年 1—12 月常用的 200 个大宗中药材品种中涨价前 10 位中药材

序号	品名	2022.1.1 价格(元)	2022.12.31 价格(元)	上涨数额(元)	上涨幅度(%)
1	蒲公英 家种全草 安徽	3	10	7	233
2	射干 统个 河北	55	180	125	227
3	紫苏叶 两面青 较广	9	25	16	178
4	芦根 统 安徽	4.5	12	7.5	167
5	广藿香 统个 广东	11	24	13	118
6	甘草 毛草统 新疆	9	19	10	111
7	连翘 青翘水煮 统 河南	110	230	120	109
8	麦冬 统 湖北	35	72	37	106
9	防风 秧播 河北	26	53	27	104
10	半枝莲 二茬全草 河南	10.5	19.5	9	86

注:本表所示数据仅为两个时间点的价格,并未体现期间中药材品种价格波动情况
数据来源:中药材天地网

(三) 总监控品规跌价代表

从总监控的 1445 个品规来看,萹蓄是跌幅最大的品种。受到高价刺激,产能扩大等影响,部分品种价格明显下跌,如萹蓄,2022 年受高价刺激影响,货源产出量增多,产新后行情一直呈下滑趋势,且跌幅明显;石见穿,本是小品种,在 2021 年行情较高,使得 2022 年新货产出量明显增加,价格不断下滑;墨旱莲,属于小品种,同样是受高价后可供货源充足的影响,2022 年行情在低迷中运行(表 3-3)。

表 3-3　2022 年 1—12 月监控内的 1445 个品规中跌价前 10 位中药材

序号	品名	规格	2022.1.1 价格(元)	2022.12.31 价格(元)	上涨数额(元)	上涨幅度(%)
1	萹蓄	统个 较广	14	4	−10	−71
2	石见穿	统 河南	28	8	−20	−71
3	墨旱莲	全草统 河北	15	5	−10	−67
4	重楼	统个 西南	540	200	−340	−63
5	地黄	三四五混级 河南	51	20	−31	−61
6	蛇莓	统 较广	12	5	−7	−58
7	熟地黄	三四五混级 河南	54	23	−31	−57
8	豆蔻	统 进口	70	34	−36	−51
9	楮实子	统 安徽	48	24	−24	−50
10	郁金	统个 广西	35	18	−17	−49

注:本表所示数据仅为两个时间点的价格,并未体现期间中药材品种价格波动情况

数据来源:中药材天地网

(四) 大宗中药材品种跌价代表

常用的 200 个大宗中药材品种中,2022 年 1—12 月跌幅最大的品种是重楼。受高价刺激,产能扩大,导致部分品种跌价。例如重楼,除正常需求外,商家很难有购货的积极性,市场货源继续走疲,加之家种驯化过度,行情表现不佳;地黄,产新后货源产出量增多,货源走销不快,行情疲软下滑;郁金,受高价刺激,今年新货产出有量,大量货源冲击市场,产新后行情走低(表 3-4)。

表 3-4　2022 年 1—12 月常用的 200 个大宗中药材品种中跌价前 10 位中药材

序号	品名	2022.1.1 价格(元)	2022.12.31 价格(元)	上涨数额(元)	上涨幅度(%)
1	重楼 统个 西南	540	200	−340	−63
2	地黄 三四五混级 河南	51	20	−31	−61
3	豆蔻 统 进口	70	34	−36	−51
4	郁金 统个 广西	35	18	−17	−49
5	槐花 花蕾统 山东	55	30	−25	−45
6	川明参 统个 四川	75	45	−30	−40
7	狗脊 统片 广西	30	18	−12	−40
8	砂仁 壳砂统 国产	140	85	−55	−39
9	木瓜 皱统 湖北	26	16	−10	−38
10	佛手 统片 广东	85	56	−29	−34

注:本表所示数据仅为两个时间点的价格,并未体现期间中药材品种价格波动情况

数据来源:中药材天地网

四、传统中药材市场流通参与群体分析

1. 产地中药材商家 中药材产地具有货源集中、好组织、中间流通环节少，加上切制加工经验丰富和货源掺杂风险小的突出优势，近年来一直处于强势，中药材流通市场的前移十分明显。近年，中药材产地交易的持续扩大，不仅带来了产地从业人群的增加，也带来了产地商家资金实力的增加。

2. 传统中药材集散市场商家 过去，因为信息不畅和物流阻隔，中药材的流通极为依靠传统中药材集散市场商家进行组织和调配。近年来，随着互联网和移动互联网打破过去中药材流通信息的不畅，药企采购逐渐下沉到产地，同时伴随着物流、仓储的不断发展，导致市场商家的经营成本上升、大宗业务减少、企业回款压力巨大，行业竞争更加剧烈。市场商家业务正逐渐下沉到产地，并开始由大宗供货转向批发零售及其他业务，如高端精品中药材等高毛利业务。

3. 中药材种植户及合作社、基地 中药材种植户及合作社、基地是中药材供给的直接力量。近年来，在我国中医药事业不断发展的背景下，中药材作为经济作物，在农户中的受欢迎程度有着明显的增长，中药材种植合作社遍地开花，加上土地确权后更具有流动性和规模性，中药材种植基地持续发展。中药材种植户及合作社、基地有一个很重要的特征，就是具有较强的价格弹性，当生产的品种有较大价格变化时，往往会导致其对种植面积的积极调整。

4. 饮片厂和中成药企业 饮片厂和中成药企业为中药材产业链的后端。在传统意义上，其承接中药材价格的变化，是中药材流通渠道行情的最终接受者。药品关乎人民健康，国家近年来对饮片厂和中成药企业的监管逐渐加强，在集采、新版《药典》、新版《药品管理法》等管控政策密集出台下，饮片厂和中成药企业整合普遍，强监管下，规模化体量药企拥有的人力、技术、市场、渠道等基础较好，应对监管与变化的能力强，小企业则因为先天不足而屡屡暴露问题，经营困难，未来迷茫。

5. 影响流通行情变化因素分析 影响中药材价格因素除了基础的供需、成本因素以外，近年来疫情、天气、炒作和政策等因素也会对中药材价格行情产生较大的影响。

（1）疫情因素分析：2022 年 12 月，在防控调整后，全民开始备药，以退烧药、感冒药尤为畅销，根据新型冠状病毒感染诊疗方案及治疗感冒常用品种整理出的 100 种疫情防控中药材品种，其中涨价品种 49 个，占监控总数的 49%，没有跌价品种。马鞭草、紫苏叶、芦根、广藿香、佩兰、石膏等品种价格同比 11 月底，涨幅超过 100%。之后随着各地物流运输能力得到一定缓解，药企也在 12 月份补充性采购，供需矛盾压力得到一定释放。

2022 年 11 月 30 日至 12 月 31 日，代表中药材价格整体走势的中药材天地网综合 200 价格指数整体呈上扬坚挺状态，11 月 30 日起始点位为 2 670.46 点，12 月 31 日收尾点位为

2 832.48 点，该时期上涨点位为 162.02 点，涨幅为 6%(图 3－14)。

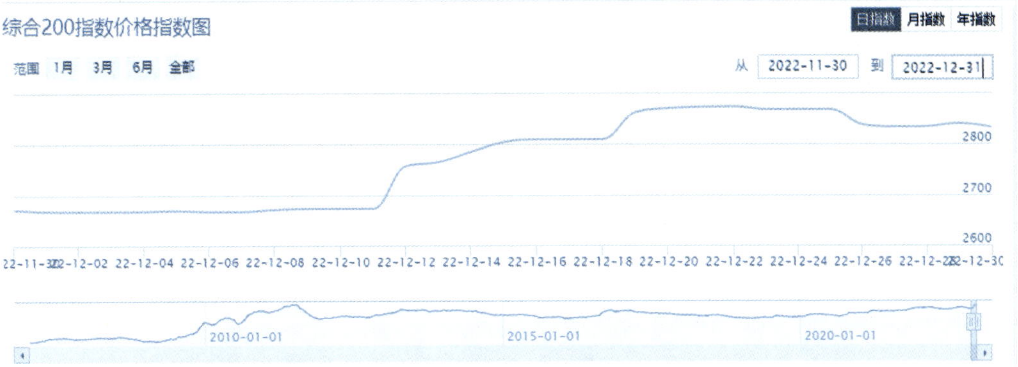

图 3－14　2022 年 11—12 月中药材天地网综合 200 指数走动

2022 年 12 月 31 日环比 11 月 30 日，100 个疫情防控中药材原料品种中，涨价品种共 49 个，占监控总数的 49%，平均涨幅为 45%(图 3－15)。

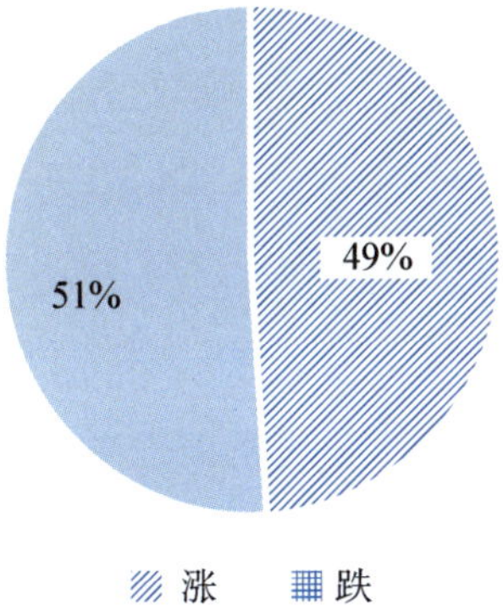

图 3－15　100 个疫情防控中药材原料品种 11—12 月涨跌平占比

2022 年 12 月，疫情防控调整后，国内新冠感染人数增加，11—12 月 100 个疫情防控中药材品种的价格行情监控情况(表 3－5)。

表 3－5　2022 年 11—12 月 100 个疫情防控中药材品种的价格行情监控情况

序号	品种	天地网规格	2022.11.30 价格(元)	2022.12.31 价格(元)	上涨数额(元)	上涨幅度(%)
1	马鞭草	统 较广	10	37	27	270
2	紫苏叶	两面青 较广	9	25	16	178
3	芦根	饮片货 河北	13.5	30	16.5	122
4	广藿香	统片 广东	12	25	13	108

续 表

序号	品种	天地网规格	2022.11.30 价格(元)	2022.12.31 价格(元)	上涨数额(元)	上涨幅度(%)
5	佩兰	统 较广	9	18	9	100
6	石膏	统 较广	3.5	7	3.5	100
7	防风	籽播 河北	28	55	27	96
8	绵马贯众	统片 东北	12	23	11	92
9	连翘	青翘水煮统 河南	125	230	105	84
10	荆芥	全草 河北	10	18	8	80
11	甘草	毛草统 新疆	11	19	8	73
12	射干	统个 河北	110	180	70	64
13	枇杷叶	青统 较广	4.5	7	2.5	56
14	金银花	色白花无杆 山东	145	220	75	52
15	鱼腥草	家统 四川	5	7.5	2.5	50
16	板蓝根	统个 较广	13.5	20	6.5	48
17	牛蒡子	统 甘肃	21	30	9	43
18	紫菀	水洗个 安徽	25	35	10	40
19	黄芩	家种统个 甘肃	16.5	22	5.5	33
20	南沙参	未刮皮统 东北	60	80	20	33
21	麻黄	色青统片 内蒙古	14	18	4	29
22	白芷	统个 四川	18	23	5	28
23	苦杏仁	统 甘肃	24	30	6	25
24	桔梗	去皮统个 安徽	32	40	8	25
25	桑白皮	带皮统个 广西	20	25	5	25
26	红景天	大花统 西藏	60	75	15	25
27	竹叶	淡竹叶	16	20	4	25
28	知母	家种统片 安徽	26	32	6	23
29	款冬花	统 甘肃	130	160	30	23
30	薄荷	全草统 较广	9	11	2	22
31	葶苈子	净统 较广	10	12	2	20
32	淡竹叶	统 较广	15	18	3	20
33	麦冬	统 四川	75	90	15	20
34	厚朴	板皮统 四川	11	13	2	18

续 表

序号	品种	天地网规格	2022.11.30 价格(元)	2022.12.31 价格(元)	上涨数额(元)	上涨幅度(%)
35	桑叶	青统 较广	6	7	1	17
36	虎杖	砍片 较广	8	9	1	13
37	浙贝母	统个 浙江	52	58	6	12
38	干姜	粉统片 云南	18	20	2	11
39	大青叶	统 黑龙江	4.5	5	0.5	11
40	栀子	统 江西	18	20	2	11
41	黄连	鸡爪统 重庆	190	210	20	11
42	薏苡仁	统 贵州	10.5	11.5	1	10
43	草果	带柄统 云南	32	35	3	9
44	陈皮	统个 较广	11	12	1	9
45	山楂	手工统片 山东	13	14	1	8
46	柴胡	统根 山西	72	75	3	4
47	蝉蜕	水洗 较广	480	500	20	4
48	升麻	统个 东北	66	68	2	3
49	川贝母	松统 四川	3 900	4 000	100	3
50	地黄	三四五混级 河南	25	25	0	0
51	丹参	统个 山东	17	17	0	0
52	党参	中条 甘肃	68	68	0	0
53	白术	统个 浙江	27	27	0	0
54	半夏	家统 甘肃	78	78	0	0
55	槟榔	统片 进口	17	17	0	0
56	苍术	光统个 内蒙古	175	175	0	0
57	大黄	家种马蹄 甘肃	28	28	0	0
58	茯苓	统块 安徽	19	19	0	0
59	附子	清水白附片 云南	48	48	0	0
60	桂枝	大粒 广西	4	4	0	0
61	化橘红	丝 广东	13	13	0	0
62	黄芪	统片 甘肃	20	20	0	0
63	羌活	条羌统 四川	140	140	0	0
64	青蒿	全草 较广	3	3	0	0

续　表

序号	品种	天地网规格	2022.11.30 价格(元)	2022.12.31 价格(元)	上涨数额(元)	上涨幅度(%)
65	人参	生晒 80 支 东北	240	240	0	0
66	山茱萸	陈统货 河南	48	48	0	0
67	神曲	箱装 四川	8	8	0	0
68	水牛角	丝 广西	35	35	0	0
69	西洋参	大片	500	500	0	0
70	细辛	统根 辽宁	100	100	0	0
71	徐长卿	净根 山东	40	40	0	0
72	枳实	统个 江西	38	38	0	0
73	猪苓	统个 较广	57	57	0	0
74	牡丹皮	刮丹抽芯 70～80 安徽	37	37	0	0
75	五味子	统 辽宁	63	63	0	0
76	玄参	无芦头统个 湖北	11	11	0	0
77	赤芍	京统 内蒙古	45	45	0	0
78	泽泻	统个 四川	23	23	0	0
79	败酱	南统 较广	6	6	0	0
80	冰片	统	140	140	0	0
81	川芎	炕统个 四川	36	36	0	0
82	穿心莲	全草 广西	7.5	7.5	0	0
83	大枣	小个 新疆	12	12	0	0
84	当归	草把 甘肃	56	56	0	0
85	红参	无糖小抄 东北	170	170	0	0
86	郁金	统个 广西	18	18	0	0
87	葛根	柴统块 较广	7.5	7.5	0	0
88	地龙	全开 广西	260	260	0	0
89	栝楼	统个 河北	60	60	0	0
90	茅苍术	统个	95	95	0	0
91	北沙参	统条 河北	30	30	0	0
92	桃仁	家统 较广	46	46	0	0
93	山药	毛条 河南	18	18	0	0
94	麦芽	生统 较广	4.5	4.5	0	0

续　表

序号	品种	天地网规格	2022.11.30 价格(元)	2022.12.31 价格(元)	上涨数额(元)	上涨幅度(%)
95	砂仁	壳砂统 国产	85	85	0	0
96	人工牛黄	合成 上海	800	800	0	0
97	人工麝香	人工 北京	60 000	60 000	0	0
98	熊胆	粉 东北	8 000	8 000	0	0
99	山羊角	统	8	8	0	0
100	红花	统 新疆	155	155	0	0

注：本表所示数据仅为两个时间点的价格，并未体现期间中药材品种价格波动情况

虽然疫情防控中药材在 12 月涨幅明显，但在 2022 年 12 月底时，物流开始畅通、需求也有所下降，如防风、广藿香、绵马贯众、金银花、大青叶等热门品种走动开始放缓，价格同比月中开始出现小幅下滑，各中药材用药需求也在发生变化(图 3-16、3-17、3-18、3-19)。

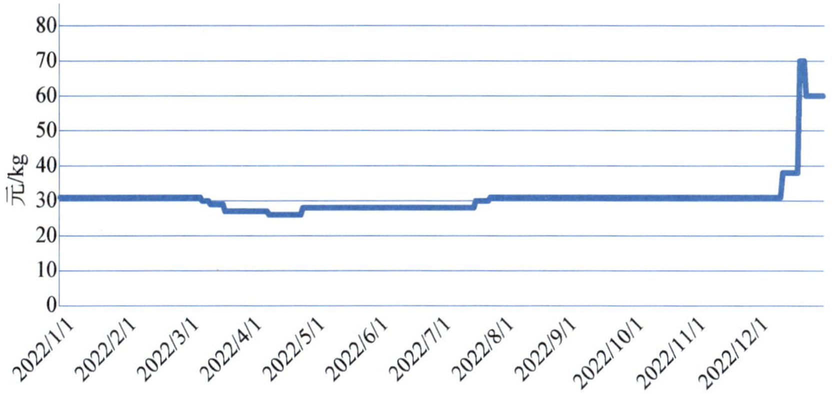

图 3-16　防风价格 2022 年走势

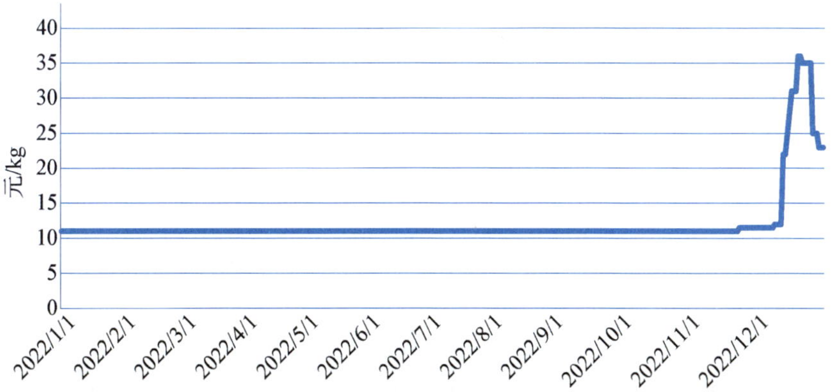

图 3-17　广藿香价格 2022 年走势

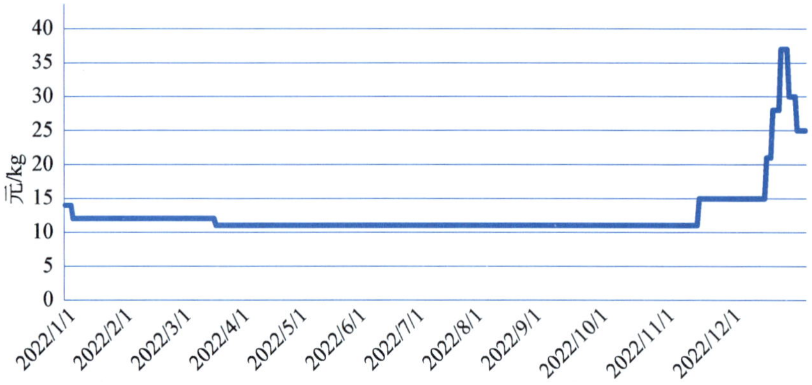

图 3-18　绵马贯众价格 2022 年走势

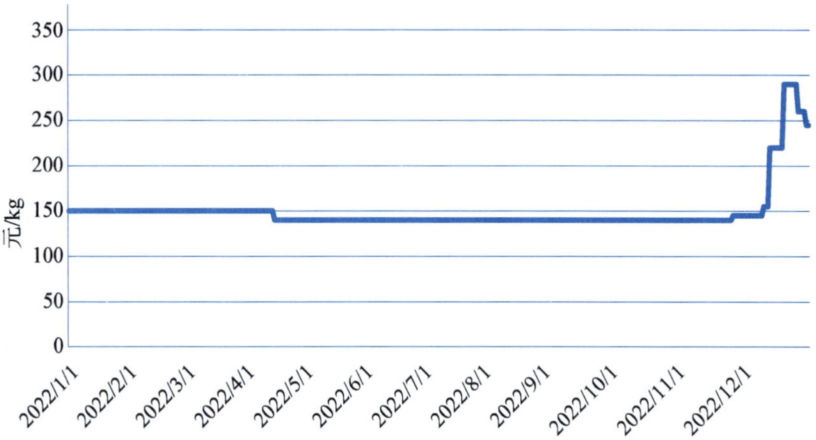

图 3-19　金银花价格 2022 年走势

疫情防控中药材中，对于供大于求的品种，如板蓝根、广藿香等若恢复正常需求，行情将会逐步回落，但对于库存薄弱的品种，如连翘、防风等虽短期行情小幅回落，但长期行情可能依旧会价格坚挺。随着新冠病毒对人体健康的长期影响持续存在，以及通过中药对身体调理的需求，部分中药材后期行情会持续坚挺。

（2）天气因素分析：根据 2021—2022 年中药材天地网各产地信息站反馈情况汇总，相比往年，2021—2022 年雨水及干旱灾害较为突出，其中河南和山西在 2021 年都遭遇了历史罕见的洪涝灾害，带动主产于该区域的地黄、山药、墨旱莲等品种价格高涨。

另外，西北地区“十年九旱”，甘肃作为党参、当归、黄芪等大宗品种的产区，2021—2022 年已有一定的干旱发生，当地品种生产受到了一定程度影响，但农户和经营者多有预案（图 3-20）。

（3）资本炒作因素分析

1）炒作资本总量变化的分析：中药材市场总体进行炒作的资金是动态的，是根据市场情况和品种情况时进时出的，这一数据无从测算，但从市场、品种整体振幅来看，随着疫情的结束，公众对中医药的认可以及对中药材需求的增长，警惕有资本炒作的可能。

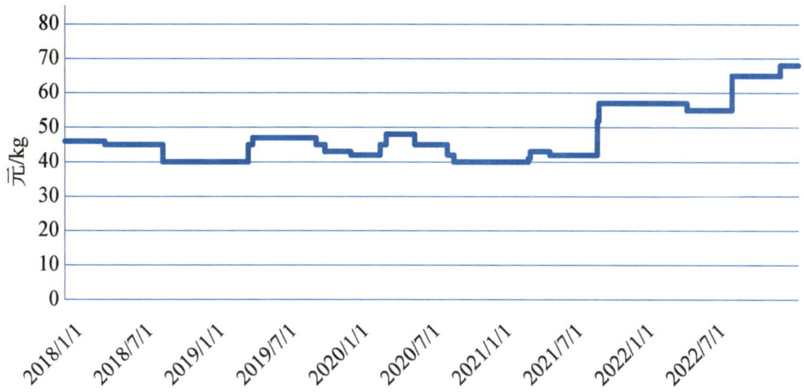

图 3－20　党参价格 2018—2022 年走势

数据来源：中药材天地网

2）炒作资本来源的分析：根据电话调查市场及产地商家结果简析，当前参与中药材炒作的既有行业内资本也有行业外资本。

行业内资本占主要方面，行业内资本比较分散，有产地收货商也有流通市场大型专营商，这类人群聚集货源容易，出手变现速度快；有饮片及成药等工业企业，其有专门的熟悉产地的采购人员，有一定的资金实力。

行业外资本占次要方面，多为专业游资团队，其炒作农产品等多年，有一定的炒作经验，有比较成熟的收货模式、仓储条件及变现渠道。

3）资本炒作的特点：

行业外资本尽量在规避抗疫相关品种。新冠疫情暴发后，抗疫相关中药材一直是国家监测和管控的重点，行业外炒作资本为防止查处，尽量在规避抗疫相关品种。

产地收货商规模大于市场经销商规模。在中药材大宗交易从传统市场向产地转移后，当前产地收货商整体的资金实力和流通能力已经大于了传统市场的专营商，且传统集散市场专营商为了更高的毛利，其业务也在向批零业务转型。

4）易受资本炒作的中药材特征分析

◇ 生长年限长且易存储的品种。例如黄连、白芍等，该类品种从下种到采收往往需要少则 3～5 年，生产不易恢复，加上该类品种挥发性成分少，裹上泥沙后易长期存储，是资本炒作比较青睐的品种之一（图 3－21）。

◇ 整体规模小且产区集中的品种。例如墨旱莲、车前子等，该类品种的整体生产流通规模并不大，控制资源的资金占用较少，而且产区集中，利于进行集中采购和仓储（图 3－22）。

◇ 对气候敏感的品种。例如连翘、胡椒等，该类品种对气候变化非常敏感，有较好的预判及价格触发条件，如连翘一遇倒春寒就会减产，胡椒一遇台风就会减产，该类品种有着较为明确的敏感因素，利于预期判断（图 3－23）。

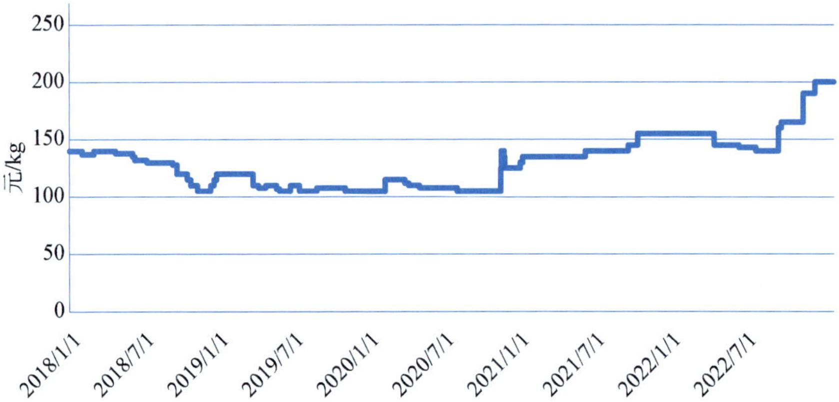

图 3-21 黄连价格 2018—2022 年走势

数据来源：中药材天地网

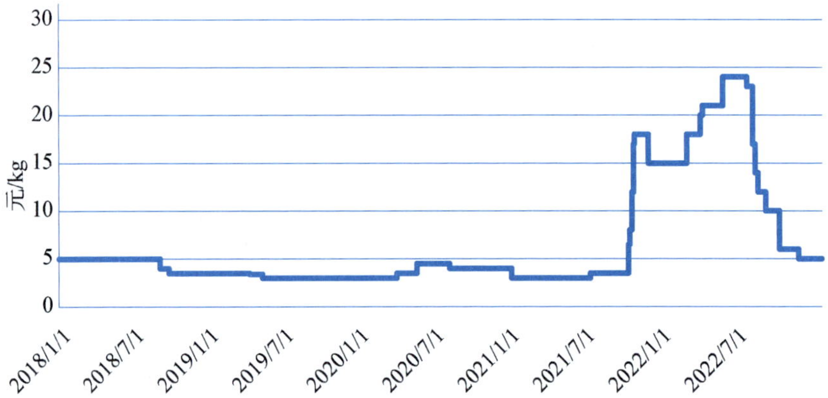

图 3-22 墨旱莲价格 2018—2022 年走势

数据来源：中药材天地网

图 3-23 连翘价格 2018—2022 年走势

数据来源：中药材天地网

◇ 产地集中又受较大灾害影响的品种。例如地黄、山药等，这类品种其主产区明确，遭受较大灾害，产量减少非常明显，库存货源成为资本关注的重点(图 3-24)。

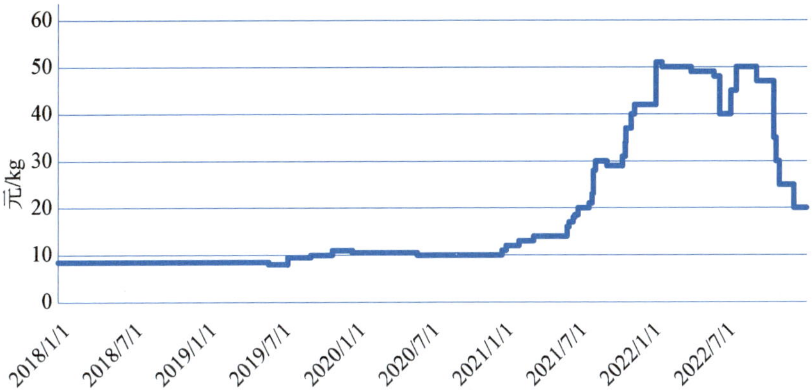

图 3-24　地黄价格 2018—2022 年走势

数据来源：中药材天地网

◇ 长期低价且明显减产的品种。例如白芷、荆芥等，该类品种之前出现多年低价，农户种植积极性受挫，资本往往会关注该类品种，适时进仓进行炒作(图 3-25)。

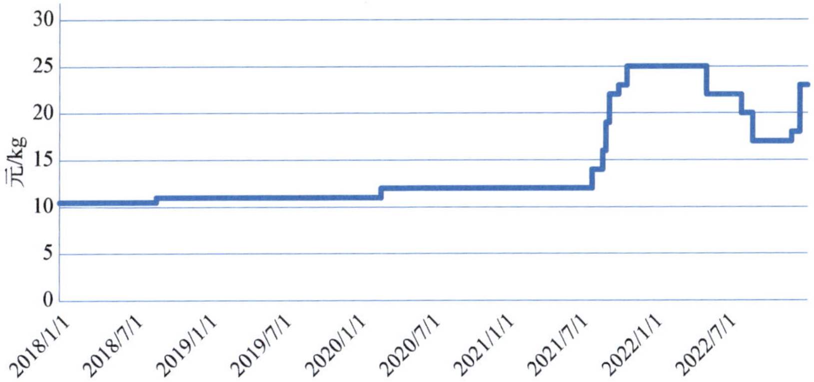

图 3-25　白芷价格 2018—2022 年走势

数据来源：中药材天地网

◇ 库存薄弱且青黄不接的品种。例如川芎、泽泻等，该类品种不仅前些年低价农户减种，而且近年库存量消耗量大，加上产地青黄不接，新货还需一定时间，资本会趁产新前进入(图 3-26)。

6. 行业政策因素分析

(1) 新版《中国药典》实施：2020 年版《中国药典》提升了 33 种农残及重金属的测定标准要求，在 2021 年落地实施以后，中药材过检货(即药效含量≥新药典标准的货)与非过检货

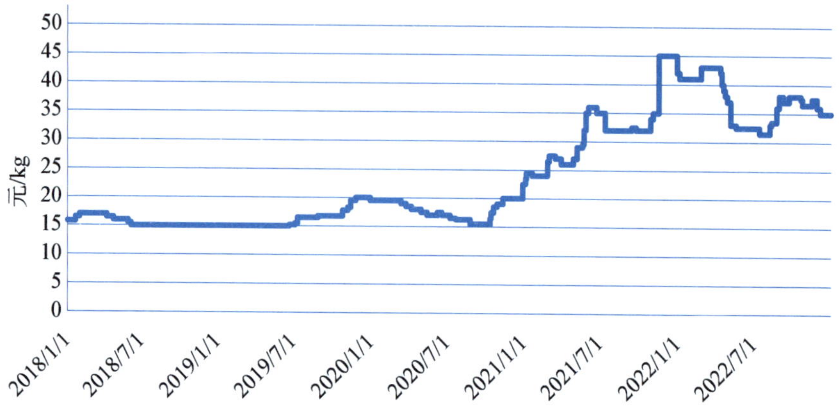

图 3-26 川芎价格 2018—2022 年走势

数据来源：中药材天地网

的价差进一步扩大，两极分化加大。

(2) 扶贫政策影响：在“十三五”时期，部分地区过于将中药材栽种作为地方扶贫的依靠，加速了该时期的中药材种植热。“十四五”开启后虽然有减速，但相关地区前期对扶贫政策的执行确实对重楼、猪苓、铁皮石斛、黄精等品种扩种有较大的刺激(图 3-27)。

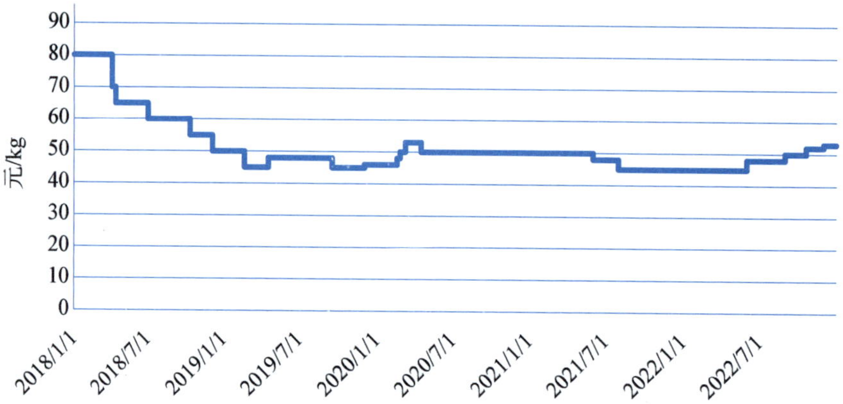

图 3-27 猪苓价格 2018—2022 年走势

数据来源：中药材天地网

(3) 带量采购政策限制：近年推进中成药带量采购的集采模式稳定，产品最高价的滑落使得中成药厂家对于原料成本的把控日益重视，中药材作为工业企业重要的原料之一，价格也存在一定限制因素。

(4) 趁鲜加工扶持政策：2021 年，国家药监局对“关于中药饮片生产企业采购产地加工(趁鲜切制)中药材有关问题”进行了复函，复函中明确表示支持中药材产地进行趁鲜加工。产地趁鲜加工对产地中药材贸易的加持，对中药材产地相关资源的聚集，具有明显的推进作用。

7. 中药材流通市场未来政策发力点展望

(1) 中药材源头建设,中药材产地溯源体系。中药材产地作为重要的源头前端,虽然溯源建设提出多年,但目前各地溯源体系建设仍然处于试验阶段,覆盖范围小,覆盖品种少。预计政策面后期会加强建设力度,进一步实现各地中药材从种子种苗培育→种植全过程→田间地头作业→气候气象土壤→采收→产地加工→进入成药企业的全过程监控可追溯。

(2) 中药材科学种植管理,限制盲目引种。大部分中药材具有道地性,预计后期会进一步加强优化全国的中药材生产区位布局,进行标准化种植与采收,把控好适宜产区大力发展优势品种,严格限制盲目引种造成种源退化。

(3) 中药材分类质量标准建设,提高中药材资源使用效率。《中国药典》作为国家级中药材质量标准法典,在产业发展中起着巨大作用,但中药材的食用领域较多,如药食两用品种,部分品种其食用量远超药用量。在质量标准上预计会再单独探索出建立食用方面质量标准,以提高中药材资源的使用效率。

(4) 野生中药材的驯化,做好按需发展。野生中药材价格之所以高企不下,原因就是野生资源的有限性,对于野生中药材资源,预计政策面后期会加强驯化培育的扶持,但把握政策也一定要做好按需发展,近年如白及、重楼等品种过度家种化发展,导致价格下滑明显,进而挫伤了种植户的生产积极性。

第三节
中药材进出口贸易分析

一、中药材进出口贸易概况

作为全球最大的传统医药市场,我国一向重视中医药的发展,近年来中医药在中国医药健康产业中的地位得到提升,市场需求旺盛,进口药材数量和进口金额呈现快速增长势头,即使在全球疫情蔓延的2020年至2022年,进口药材规模仍然保持强劲增长势头。从2015年到2022年,我国中药材进口数量从4.87万吨增长至22.54万吨,增加了3.6倍,复合年均增长率为24%,进口金额从1.87亿美元增长至6.14亿美元,增加了2.2倍,复合年均增长率达19%(图3-28)。

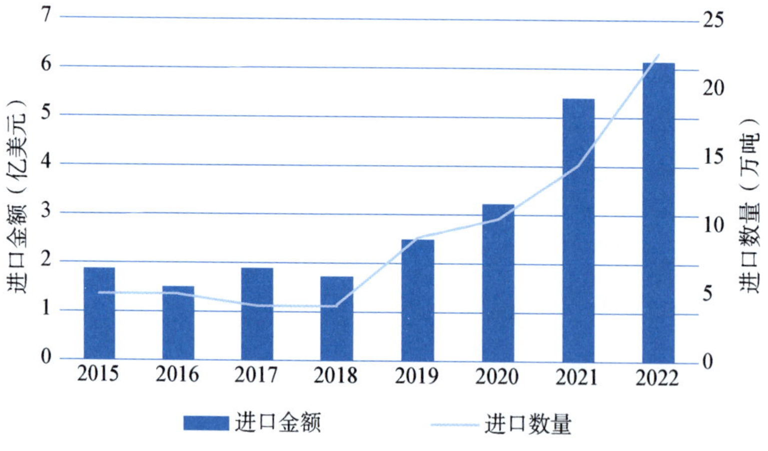

图3-28 2015—2022年进口药材规模变化情况

我国中药材出口贸易规模多年来变化不大。从2015年到2022年,我国每年中药材出口数量在20万吨上下浮动,出口金额在12亿美元上下浮动(图3-29)。

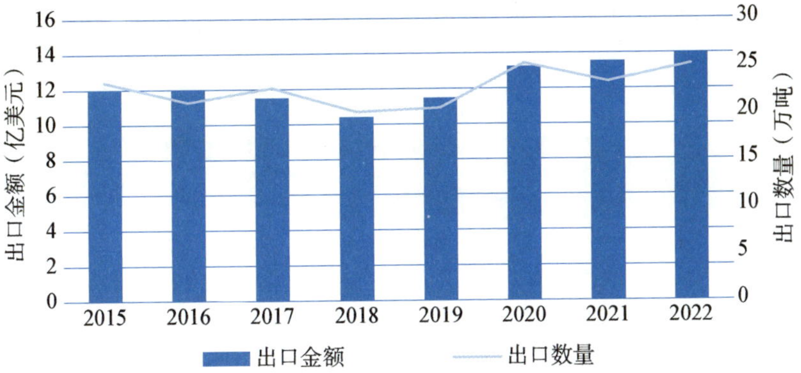

图 3-29　2015—2022 年期间中药材出口数量和金额变化情况

二、主要品种和货源地

(一) 进口方面

我国大部分中药材基本可以实现本国自给供应，还有部分品种需要进口。我国进口药材品种约 110 种，进口药材品种和产地相对稳定。我国每年从全球约 70 个国家和地区进口药材，这些国家和地区多数位于亚洲，从亚洲进口药材数量占我国进口药材总量的 90%以上（表 3-6）。

表 3-6　我国进口药材主要货源地分布情况

货源地	主要进口药材品种	主要进口货源地
亚洲	人参、升麻、威灵仙、仙茅、玉竹、木贼、南沙参、白鲜皮、关黄柏、五味子、金银花、细辛、防风、穿山龙、甘草、红花、伊贝母、肉苁蓉、姜黄、石斛、血竭、肉桂、槟榔、儿茶、方儿茶、番泻叶、丁香、砂仁、草果、小茴香、八角茴香、荜茇、天然冰片、槐米、天竺黄、车前子、补骨脂、骨碎补、阿魏、决明子、毛诃子、余甘子、大腹皮、胖大海、西红花、没食子、介子、木蝴蝶、鸡骨草、猴枣、马钱子、胖大海、诃子、海马、海龙、蛤蚧、沉香、苏合香、檀香、紫草、大风子、地龙、西青果、冬虫夏草、黄精、广枣、印度獐牙菜、宽筋草、大托叶云实、安息香、藤黄、广天仙子、胡黄连、玳瑁、石决明、蔓荆子等	泰国、缅甸、印度、越南、哈萨克斯坦、乌兹别克斯坦、印度尼西亚、土库曼斯坦、吉尔吉斯斯坦等
非洲	乳香、没药、芦荟、加纳籽、苏合香、檀香、番泻叶、丁香、茯苓、辣木籽等	苏丹、肯尼亚、埃塞俄比亚、索马里、加纳、尼日利亚、埃及、桑给巴尔、阿律巴、博内尔、马达加斯加等
欧洲	西红花、苏合香、安息香、乳香、赤芍、防风等	俄罗斯、希腊、荷兰、比利时、德国、英国、法国等
大洋洲	鹿茸、鹿鞭、檀香、石决明等	澳大利亚、新西兰等
美洲	西洋参、苏合香、海狗肾、丁香、苏合香等	美国、加拿大、洪都拉斯等

2022 年，我国从 68 个国家或地区进口各种中药材共计 22.5 万吨，进口金额 6.14 亿美元，同比增长 14%。其中，进口中药材前十品种（以进口金额计）为西洋参、鹿茸、人参、姜黄、

番红花、甘草、血竭、乳香、没药、大海子，前十进口品种进口额占我国药材进口总额的 36%（表 3-7）。

表 3-7　2022 年中药材进口十大品种（以进口金额计）

品种	进口金额（万美元）	进口数量（吨）	进口金额同比（%）	进口数量同比（%）
西洋参	6876	3610	23.5	89.7
鹿茸	5227	781	−4.3	−9.1
人参	3672	83	14.7	12.4
姜黄	1616	21022	171.1	137.0
番红花	1304	32	−58.8	−69.0
甘草	958	11292	376.2	349.5
血竭	762	96	0.1	0.3
乳香	623	2306	−0.3	−0.1
没药	620	2200	−0.3	−0.4
大海子	262	610	−26.7	34.6

2022 年，我国进口药材的前十大货源地（以进口金额计）为印度尼西亚、缅甸、加拿大、新西兰、韩国、印度、泰国、越南、俄罗斯、美国，占我国中药材进口总数量的 85%，进口总金额的 87%（表 3-8）。

表 3-8　2022 年中药材进口十大货源地（以进口金额计）

国家	进口金额（万美元）	进口数量（吨）	重点品种
印度尼西亚	15609	44753	槟榔、血竭、丁香等
缅甸	9939	78177	姜黄、槟榔、肉桂等
加拿大	5656	3484	西洋参等
新西兰	5221	815	鹿茸、鹿角等
韩国	3674	227	人参等
印度	3275	32474	小茴香、芫荽子、姜黄等
泰国	3190	5907	龙眼、槟榔、胖大海等
越南	2768	22534	茯苓、槟榔、姜黄等
俄罗斯	2506	2790	防风、赤芍、苍术等
美国	1430	319	西洋参等

(二) 出口方面

由于不同国家文化和医药政策的差异，我国的中药材出口后，仅在少数国家和地区作为传统药原料使用(如日本、韩国以及中国香港、中国台湾地区等)，在大多数国家和地区，中药材更多地被作为普通食品或膳食补充剂使用。所以，我国出口的中药材多数是药食两用的滋补性品种，如桂皮、人参、枸杞、大枣、黄芪、地黄、甘草、当归、党参、菊花等。

我国的中药材已出口至全球5大洲约120个国家或地区。其中近90%的中药材出口至亚洲，主要贸易伙伴有日本、越南、韩国、新加坡、马来西亚、泰国以及中国香港、中国台湾地区等；约9%的出口中药材出口至欧美市场，主要出口贸易伙伴为欧盟和美国等；出口至大洋洲和非洲的中药材很少，数量占比仅1%左右。

2022年，我国中药材出口量增价减，出口额基本稳定。2022年，我国向114个国家和地区出口中药材25.1万吨，同比增长8%，出口总额14.0亿美元，同比增长4%，出口均价5.58美元/kg，同比下降4%，出口均价下降与国内部分药材产能过剩和国际运费回落等因素紧密相关。

2022年，我国出口中药材前十大品种(以出口金额计)为肉桂、枸杞、人参、茯苓、当归、黄芪、冬虫夏草、半夏、罂粟子、鹿茸。出口十大品种中，只有半夏为纯粹的药用品种，其他均为药食两用品种。我国半夏95%以上出口至日本、韩国以及中国香港和中国台湾地区，主要用作中药原料(表3-9)。

表3-9　2022年中药材出口十大品种(以出口金额计)

品种	出口金额(万美元)	出口数量(吨)	平均单价(美元/kg)
肉桂	26712	69482	3.8
枸杞	9202	11932	7.7
人参	6261	1463	42.8
茯苓	3768	5832	6.5
当归	3309	3952	8.4
黄芪	2982	4695	6.4
冬虫夏草	2658	2	15435.8
半夏	2561	1513	16.9
罂粟子	2361	9033	2.6
鹿茸	2355	103	229.3

2022年，我国中药材出口前十大市场(以出口金额计)为越南、日本、中国香港、韩国、中

国台湾、马来西亚、美国、新加坡、印度、德国，前十大市场占我国中药材出口总额的81%（表3-10）。

表3-10　2022年中药材出口前十大市场（以出口金额计）

国家/地区	出口金额（万美元）	出口数量（吨）	出口额前三品种
越南	24 937	39 796	肉桂、大枣、当归
日本	24 856	24 087	人参、半夏、茯苓
中国香港特区	15 403	24 257	冬虫夏草、枸杞、人参
韩国	15 291	26 165	鹿茸、沙参、当归
中国台湾地区	12 419	20 863	人参、枸杞、苦杏仁
马来西亚	6 653	12 774	大枣、枸杞、菊花
美国	5 250	8 254	枸杞、山药、西洋参
新加坡	3 545	4 581	枸杞、大枣、菊花
印度	3 228	11 959	罂粟子、肉桂、枸杞
德国	2 638	4 834	枸杞、人参、肉桂

三、中药材进出口贸易存在问题及对策

（一）检疫准入难度较高

我国对中药材进口实行检疫准入管理，这需要我国海关对国外药材生产情况进行风险评估，最终由进口药材的货源国政府与我国政府签订检疫议定书等文件。这对中药材进口企业来说，难度很大。2015年以来，极少有新的药材品种及对应完成我国检疫准入程序，一些国外药材品种进口困难，国外资源不能很好地为我国所用。海关总署正在对《进境动植物检疫审批管理办法》等相关法规进行修订，有望为解决这一问题带来一线曙光。

（二）法规体系有待完善

进出口药材涉及的法规体系存在不协调的情况，还有一些历史法规未及时更新或废止，这对中药材国际贸易带来了阻碍。比如药品监管法规和动植物检验检疫法规对部分药材的准入国规定不一致，导致部分药材进口困难；牛黄因为历史政策等限制无法进口，天花粉及其制剂因为历史政策原因无法出口；还有部分人工种植或养殖的药材，在办理物种证明或许可证过程中，存在办证难的问题。这些问题，需要通过深入改革、制度创新来打破其中的堵点和难点，为中药材贸易创造更为适合的监管环境。

（三）贸易壁垒

中医药阴阳五行、四气五味等理论，是富有中国古典哲学底蕴的传统医药理论，与西方

主流的现代医学理论属于两种完全不同的理论体系，二者存在较大差异，各个国家和地区与中药材相关的法规标准各不相同。所以，以中医药理论为指导的中药材，在出口时，一直遭遇到法规、标准和文化差异等一系列障碍，形成了中药材出口贸易的壁垒。一些药材因为不符合出口目的国或地区的技术标准而遭遇退货或销毁，即使出口到海外市场后，也很难获得合法的“药品”身份，不能充分发挥“药”的作用。这需要我国积极主动与海外目标市场在监管合作、标准制定、人文交流等方面开展多层次的交流，逐步消除中药材贸易壁垒。

第四章
植物类中药材生产技术

众所周知，植物类中药材是我国最大的药材类别，历代中医药典籍，尽管收有动物类药材、菌物类药材和矿物类药材，但无一不以植物类药材为主，植物类药材是我国中医药学的主要组成部分。最早的中药学专著《神农本草经》收载药味 365 种，其中植物药 252 种。明代李时珍编著的中医药巨著《本草纲目》，被世界称为"东方的百科全书"，共收载药物 1 892 种，其中植物药 1 094 种。清代编著的《本草纲目拾遗》作为《本草纲目》续篇，新增《本草纲目》未收载 706 种药物及附药 205 种，补订 161 种药物内容，其中草部增加 191 种及附药 37 种，藤部增加 25 种及附药 1 种等。历版《中国药典》也占较大比例，其中 2020 版收载植物类药占收载中药材及饮片总数的 90%。因此，加强植物类中药材的研究与开发，对我国中药材产业发展至关重要。

第一节
植物类中药材的保护与科学利用

中药资源是中医药事业传承和发展的物质基础,是关系国计民生的战略性资源,中药资源的合理开发与利用是中医药产业发展的重要支撑,也是保障中药临床疗效,支撑整个中药产业健康有序发展的关键环节。中药材科学开发与质量保障涵盖中药资源保护、优质种苗培育、生态栽培、绿色加工与开发的全链条体系构建。近年来,在政府、科研机构及企业的共同推动下,中药资源保护与科学利用取得较好进展。

一、我国药用植物种质资源保护体系建设

药用植物种质资源主要包括活体材料(种子、种苗等繁殖材料)、离体材料(悬浮细胞、原生质体、愈伤组织、分生组织、芽、花粉、胚、器官等)、药材、植物标本、DNA 及片段信息、基因及基因组信息等植物活体资源、药材、DNA 实体资源及基因组和基因数据资源。在资源保护形式上主要为就地保护和迁地保护,就地保护主要以自然保护区为主,迁地保护有种质资源圃、植物园、种子低温保存库、离体库、药材库、植物标本、DNA 库等多种方式。

(一) 就地保护

党的十八大以来,以习近平新时代中国特色社会主义思想为指导,以及党的十九大和十九届二中、三中、四中、五中、六中、七中全会指示精神,坚持保护优先、自然恢复为主,遵循自然生态系统演替和地带性分布规律,充分发挥生态系统自我修复能力,避免人类对生态系统的过度干预,对重要生态系统、生物物种和生物遗传资源实施有效保护,保障生态安全。牢固树立尊重自然、顺应自然、保护自然的生态文明理念已深入人心。立足新发展阶段,构建新发展格局,坚持生态优先、绿色发展,以有效应对生物多样性面临的挑战、全面提升生物多样性保护水平为目标,扎实推进生物多样性保护重大工程,持续加大监督和执法力度,进一步提高保护能力和管理水平,确保重要生态系统、生物物种和生物遗传资源得到全面保护,将生物多样性保护理念融入生态文明建设全过程,积极参与全球生物多样性治理,共建万物

和谐的美丽家园。

在中共中央、国务院领导下，各级政府在生物多样性保护中起到了主导作用，加大管理、投入和监督力度，建立健全企事业单位、社会组织和公众参与生物多样性保护的长效机制，提高社会各界保护生物多样性的自觉性和参与度，营造全社会共同参与生物多样性保护的良好氛围。建立了以国家公园为主体的自然保护地体系，推进自然保护地体系改革、优化生物多样性就地保护体系。

2021年10月，在昆明举行的《生物多样性公约》第十五次缔约方大会第一阶段会议上，中国宣布正式设立首批5个国家公园，涵盖近30%的陆域国家重点保护野生动植物种类，大大提升了生物多样性就地保护的系统性，进一步完善了自然保护地管理的体制机制，2022年又确定建立了两家国家植物园（北京）和华南国家植物园。而在《生物多样性公约》第十五次缔约方大会第二阶段会议上，全球18处自然保护地跻身世界自然保护联盟绿色名录，其中11处来自中国，黄果树、长白山、神农架等风景名胜赫然在列，以“生态名片”的姿态再度享誉世界。目前我国各类自然保护地已达1.18万个。

2022年10月，中共中央办公厅、国务院办公厅印发的《关于进一步加强生物多样性保护的意见》提出，到2025年，持续推进生物多样性保护优先区域和国家战略区域的本底调查与评估，构建国家生物多样性监测网络和相对稳定的生物多样性保护空间格局，以国家公园为主体的自然保护地占陆域国土面积的18%左右，森林覆盖率提高到24.1%，草原综合植被盖度达到57%左右，湿地保护率达到55%，自然海岸线保有率不低于35%，国家重点保护野生动植物物种数保护率达到77%，92%的陆地生态系统类型得到有效保护，长江水生生物完整性指数有所改善，生物遗传资源收集保藏量保持在世界前列，初步形成生物多样性可持续利用机制，基本建立生物多样性保护相关政策、法规、制度、标准和监测体系。到2035年，生物多样性保护政策、法规、制度、标准和监测体系全面完善，形成统一有序的全国生物多样性保护空间格局，全国森林、草原、荒漠、河湖、湿地、海洋等自然生态系统状况实现根本好转，森林覆盖率达到26%，草原综合植被盖度达到60%，湿地保护率提高到60%左右，以国家公园为主体的自然保护地占陆域国土面积的18%以上，典型生态系统、国家重点保护野生动植物物种、濒危野生动植物及其栖息地得到全面保护，长江水生生物完整性指数显著改善，生物遗传资源获取与惠益分享、可持续利用机制全面建立，保护生物多样性成为公民自觉行动，形成生物多样性保护推动绿色发展和人与自然和谐共生的良好局面，努力建设美丽中国。

（二）迁地保护

1. 植物园及资源圃 全国中药植物园或药用植物园已引种保存全国本土药用植物约7000余种，约占我国药用植物资源的63%，其中珍稀濒危物种200多种，如中国医学科学院药用植物研究所及其分所体系药用植物园。其中中国科学院植物园体系已收集保育药用植物超过6 000种，并建立了淫羊藿属、白及属、甘草属、枸杞属等核心种质库。同时，我国还建立了国家重点林木良种基地294处，包括沙棘、枸杞、木姜子、山苍子、山茱萸、黄菠椤、刺五加、龙牙楤木等药用植物良种基地。

2. 种质库 2006年依托中国医学科学院药用植物研究所建立并运行了我国第一个国家药用植物种质资源库，截至2016年，国家药用植物种质资源库共入库193个科1 017个属，2万余份材料，收集了12 112份种质资源。根据2023年国务院办公厅发布的《中医药振兴发展重大工程实施方案》，将进一步加大对国家药用植物种质资源库建设的支持。国家南药基因资源库（国家基本药物所需中药材种质资源库），除保存基本药物所需外，还是我国唯一一个收集保存顽拗性植物种质的种质资源库，可保存20万份顽拗性药用植物种子、植物离体材料、DNA材料。目前，中国共有3座药用植物种质资源库，分别是由中国医学科学院药用植物研究所建设的国家药用植物种质资源库（北京）和国家南药基因资源库（海口），成都中医药大学建设的国家中药种质资源库（成都），其中国家药用植物种质资源库（北京）建设最早，保存资源最多，近4 000种（含种以下分类单位）；国家中药种质资源库（四川）已建成短期库、中期库、长期库三类中药种子活体保存核心库，长期库保存期限为50年，具有20万份中药种质资源保存的能力。同时建有DNA库、化合物库等多维保存体系及配套功能实验室和基因测序平台。截至2022年，已入库保存第四次全国中药资源普查收集的中药种质资源3万余份。国家中药种质资源库也是国家野生生物种质资源库的成员单位。

2016开始建设国家中药基因实体库，2019年左右已完成123种3 735个批次药材实体及DNA实体收集，保存了人参、三七、黄花蒿、红豆杉、银杏、虫草等重要药用植物基因组数据以及转录组数据。深圳国家基因库是继美国、欧洲、日本之后的第4个国家级基因库，合样本库、数据库和信息网络三者为一。同时，建立的中药材DNA条形码数据库已成为全球最大药用植物DNA条形码分子身份证数据库，包含100万余条DNA分子序列，涵盖中国、日本、韩国、印度、欧盟和美国等药典收载的95%以上的药用植物品种。

二、药用植物种子种苗繁育技术

（一）药用植物优良品种选育

1. 药用植物品种选育概况 优良品种与优质种源作为中药材质量保障的基础，药用植物新品种选育是促进中药材规范化生产和“三品一标”发展的重要途径，为中药材产业的“源头工程”。品种是人类在一定的生态和经济条件下，根据自己的需要所选育的某种植物的特定群体。该群体具有相对稳定的遗传特性，在生物学、形态学及经济性状上具有相对一致性，同时与同一植物的其他群体在特征、特性上有所区别。这种群体在相应的地区和耕作条件下，在产量、品质和抗性等方面符合生产需要。优良品种是在一定地区和耕作条件下，能符合生产发展要求，并具有较高经济价值的品种。近年来，随着中药材产业的蓬勃发展，药用植物优良品种选育取得了一定进展。据不完全统计，我国已选育北柴胡、贝母、丹参、紫苏、桔梗等优良品种超过 280 个。

2. 药用植物优良品种培育技术 药用植物品种选育技术包括资源收集驯化、常规选育、倍性育种、诱变育种以及分子辅助育种等。

(1) 资源驯化：基于核心种质库构建的野生资源与栽培品种系统调查收集，开展潜在的优异种质筛选与驯化，是药用植物优良品种培育的有效捷径。

1) 野生资源收集与驯化。根据中药材目标品种生产需求，结合生物多样性分布及中药材资源普查结果，对目标品种全分布区，特别是核心分布区或道地药材产区，开展野生药用植物资源系统普查，经过基原物种鉴定与表型初步评价，从中发现新类型、新品种，在此基础上再加以繁殖、推广。目前较多药用植物人工栽培种源获取采取这种方式，特别是对栽培历史较短或刚野生变家种的药用植物有着重要的意义，如红花种质筛选中得到枯萎病免疫、耐蚜虫、耐湿、耐旱等基因型，为选育多抗高效品种提供了条件。

2) 栽培品种引进与驯化。基于药用植物种质资源调查与物种分布，开展种质资源的系统收集，包括国内外栽培品、地方品种、地方居群、栽培品种的近缘野生种、具有特殊或潜在价值与用途的种质等，通过引种栽培与系统性评价，包括生物学性状变异、物候特征、药用植物主要活性成分表达，以及表型对环境因子的响应等系统分析，从中选出适合本地自然栽培条件，性状表现稳定并优于当地品种的适宜栽培新种质，或从中挖掘尚未被人们重视或没有充分利用的优良品种，加以繁育推广。如云南丽江引种人参，北京引种穿心莲、浙贝母、延胡索等，从国外引进西洋参、番红花等。栽培种质资源筛查与引种对栽培历史长、分布面积较大的药用植物，较易快速获得优异新种质，如人参、地黄、牡丹皮、薏苡仁等。

(2) 常规选育：传统育种包括选种、杂交育种等手段。药用植物由于其天然野生种以及自然形成的农家品种、优异单株较为丰富，在此基础上开展株系选育安全有效，目前我国药用植物育种以常规育种为主。据统计，目前已有的优良新品种，主要通过系统选育(54.5%)、集团选育(16.7%)、杂交育种(10.1%)等常规育种方法。

1) 选种：在现有的栽培群体中选择出优良的变异个体，经过人工选择、培育，最后形成一个新品种的过程就是选种。根据育种目标，选择育种的方法包括单株选择、混合选择、混合选择、改良混合选择、集团选择等。如浙贝母新品种"新岭 1 号"从栽培群体中选育而来，地黄新品种"金状元""大黑英""小黑英""银状元"等选自农家品种。定向选择方面，沙棘经选择育种已育出具有果粒大、无刺或少刺、产量高等特点的优良品种，黄花蒿通过选择育种已审定品种包括"桂蒿 1 号"等新品种，青蒿素含量均在 1%左右，短葶飞蓬已选育了灯盏乙素含量较原栽培种源提高150%以上的“千山1号”等7个新品种。同构系统选育方法，桔梗已获得根部药材产量和桔梗皂苷含量均高、抗立枯病的新品种“中梗白花1号”和“中梗粉花1号”等。

2）杂交育种：杂交育种是遗传组成不同类型或品种杂交，将不同亲本优良性状组合到杂种中，对后代进行多代选择、培育和比较鉴定，获得纯合基因型新品种的育种途径。常规杂交育种一般指不存在生殖隔离的同一物种内不同品种或变种间的杂交；远缘杂交育种通常指植物分类学上的不同属、种间的杂交。杂交育种是目前植物育种应用最广泛、成效最显著的育种途径。如用薄荷“68－7”和“409”2个品种杂交育成薄荷新品种“海香1号”，每公顷产鲜草5万千克；地黄品种“小黑英”和“大黑英”杂交育成“北京2号”，每公顷产鲜品高产可达2.25万～3万千克；天麻不同变型间正反交培育出3个高产新品种(系)，商品品质比红天麻有较大提高，产量比乌天麻高。而利用不同桔梗雄性不育株进行杂交培育的“中梗1号”等杂种品种，实现国内首次利用细胞质雄性不育系选育药用植物杂种一代新品种，其桔梗多糖含量比山东对照种质增加了30%。由于遗传基础解析的理论局限及传统用药基础等，目前杂交育种主要认可种内杂交。

(3) 倍性育种和诱变育种：倍性育种和诱变育种都是人工创造变异的有效手段。倍性育种是通过改变染色体组的数量，产生性状变异个体，进而选择和培育新品种的育种方法。宁夏农林科学院枸杞研究所采用的四倍体与二倍体杂交选育的三倍体枸杞表现不育而无籽，果实质量得到大幅度地提高。

诱变育种是人为采用物理、化学等因素，诱导生物发生遗传变异，然后按照育种目标进行选择和鉴定，进而培育新品种/新种质的育种方法，包括航天诱变、离子注入诱变等。与常规育种相比，航天育种具有变异幅度大、变异频率高、有益变异高、植株损伤轻、育种周期短及稳定等特点，最重要的是可以获得一些在陆地常规育种中难以实现的稀有突变。自1987年我国开始药用植物航天育种研究以来，已对丹参、柴胡、穿心莲、黄芩、人参等近百种药用植物开展航天诱变育种工作。如通过航天诱变筛选出了3个橙黄决明素含量较高且产量稳定的决明株系，丹参种子航天诱变获得了有效成分含量超高的特殊变异材料，并已成功培育出株型紧凑的丹参新品系；板蓝根航天诱变选育长势好、根部主干粗的板蓝根新品种等。

(4) 分子辅助育种：药用植物遗传基础与生物学机制的持续深入解析，为药用植物以传统的驯化选育向现代育种发展提供了理论与技术支撑，以“高药效品质、高产量、高抗性”为目标的药用植物新品种选育与新种质创制将迎来快速发展。随着2010年世界上首个药用植物基因组框架图发布(丹参)，中药研究进入了基因组学时代，截至2022年，超过100种药用植物已完成全基因组分析。丹参、甘草、黄芪、黄花蒿、人参、小蔓长春花、颠茄、玄参、毛地黄、曼地亚红豆杉、唐松草、苦荞等已建立了基因转化体系。通过农杆菌介导法开展了黄芩的抗虫转基因研究，减少黄芩种植过程中的虫害，提高黄芩的产量。利用基因枪介导法转化获得了白术抗病新株系，缩短白术抗病品种的育种年限。采用DNA标记辅助育种结合系统选育，获得了首个三七抗病新品种“苗乡抗七1号”。

(二) 药用植物良种繁育

药用植物良种繁育指有性繁殖与无性繁殖的繁殖材料繁育与生产。包括有性繁殖的种子生产繁育，以及利用块茎、块根、枝条等无性繁殖材料进行种苗繁育。

1. 种子生产　种子生产是按照技术操作规程生产原种和大田用种的过程，是良种种苗产业化的基础。我国的种子生产程序主要为“育种家种子-原种-良种”三级程序。育种家种子指由育种家育成的遗传性状稳定的品种或亲本的最初一批种子，用于原种生产。原种是用育种家种子繁殖的第一至第三代，或按原种生产技术规程生产的达到原种质量标准的种子，用于良种生产。而良种是用常规原种繁殖的第一至第三代和杂交种达到良种质量标准的种子，用于大田生产，即生产用种或大田用种。

(1) 原种生产

1) 自花授粉植物或者常异花授粉植物的原种生产。对于自花授粉植物或者常异花授粉植物，原种种子生产我国常用循环选择法、株系循环法及自交混繁法。

循环选择法：当一个品种混杂退化后或者在新品种推广应用后通过“单株选择、分系比较、混系繁殖”生产原种，然后扩大繁殖生产用种，如此循环提纯生产原种。该原种生产程序，自花授粉植物或者常异花授粉植物均可用。

株系循环法：把引进或最初选择的符合品种典型性状的单株或株行种子分系种于株系循环圃，收获时种子分为株系种和核心种。株系种次季仍分系种于株系循环圃，循环收获。核心种次季种于基础种子田，从基础种子田混收的种子称为基础种子。该法常用于自花授粉植物。从核心种到原种，只繁殖两代，进入稳定循环后，每季只需在株系循环圃中维持一定数量的株系，就能源源不断提供遗传纯度高的原种供生产应用。这种方法实行“大群体，小循环”，产种量大。

自交混繁法：常异花授粉植物群体中有一定比例的异质基因型。采取“分系自交留种，隔离混系繁殖”的方法，即自交混繁法生产原种。

2) 异花授粉植物原种生产。异花授粉植物原种生产采用表型混合选择隔离繁殖。首先按品种典型性选择大量表型优良的个体，将其种子混合起来在隔离区种植，让这些单株随机交配，从隔离区收获的种子为基础种子(原原种)，然后再在隔离条件下种植原原种，任其自由授粉，收获的种子为原种。入选的表型优良个体的数量要以百计甚至更多，而不能以十计，以保持大群体遗传平衡。

(2) 大田用种生产

1) 常规品种大田用种生产。常规品种获得原种后，繁殖 1～3 代即为大田用种。大田用种因为种子使用数量很大，需要由县级种子公司建立的种子繁育基地来生产。大田用种种子生产程序要比原种生产简单，就是直接繁殖、防杂保纯，提供大田生产用种。

2) 杂交种品种大田用种生产。生产上所用的杂交种品种种子是用两个纯合亲本杂交产生的 F1 代种子，必须年年生产 F1 种子，同时也必须年年繁殖杂种的亲本种子，因此配套的杂交种种子生产包括亲本繁殖和 F1 制种。亲本繁殖方法同纯系品种种子生产，只是作为亲本要求纯度更高。杂交种品种种子生产技术分为两部分，一是常规的种植技术，包括选地、播前精细整地、保证墒情、一播全苗、肥水管理、病虫害防治等，种子生产比大田生产种植技术要求更高；二是特殊技术，主要包括隔离区的设置、父母本间种行比、调节播期确保花期相遇、田间去杂、母本去雄、辅助授粉等。

(3) 种子种苗快繁。指采收种子后，利用组织培养等现代生物技术的方式，提高药用植物的繁殖系数和繁殖速度，组培车间工厂化快速高效生产优质种苗。目前多数草本药用植物已经实现种苗组培生产，超过 50 种以上已实现工厂化规模育苗。

(4) 无性繁殖材料繁育。包括草本药用植物块茎或鳞茎(假鳞茎)分蘖繁殖、多年生木本药用植物枝条扦插繁殖、良种采穗圃生产良种优质穗条，以及建立专业生产苗圃等，目前均以生产容器苗为主。利用药用植物叶芽、枝条、根系等无性繁殖材料，多数草本药用植物及少量木本药用植物也已经建立了完善的组培快繁体系，如铁皮石斛、金线莲、淫羊藿等已经实现无性繁殖材料规模组培育苗。

三、药用植物栽培技术

(一) 药用植物栽培的定位与特点

药用植物栽培是根据药用植物种类和品种的要求，提供适宜的环境条件，采取与之相配套的栽培技术措施，探讨并建立稳产、优质、高效栽培的基本理论和技术体系，实现中药材品质“安全、有效、稳定、可控”的生产目标。由于药用植物的特殊用途，具有异于大田作物栽培的特色。包括中药材种类繁多，栽培技术涉及学科范围广；驯化历史较短，多数药用植物栽培技术的研究处于初级阶段；需兼顾品质、抗性与产量，药用植物栽培技术具有特殊性；药用植物栽培具有明显的地域性等。

(二) 药用植物栽培关键技术

1. 药用植物栽培品种和栽培地区选择技术 药用植物栽培最为关键的一个问题就是选择适宜的地区栽培合适的药用植物品种。需要考虑药用植物的适生性、道地性、安全性及栽培的可操作性。

（1）适生性。药用植物中活性成分及次生代谢产物的生成不仅决定于植物本身的遗传因素，而且在很大程度上依赖于其生存的外界环境，不同的植物品种对生境的要求不同，因此，只有选择适合当地生长的品种，才能保证栽培药用植物品种的成功率。

（2）道地性。该产区所产的中药材经过中医临床长期应用优选，与其他地区所产同种中药材相比，品质和疗效更好，且质量稳定，具有较高知名度。如四川的川连、山西的党参、陕西的山茱萸、广东的藿香等。在道地产区开展人工栽培，研究其繁殖与生产方式，有利于保护其品质，保证资源的可持续利用。中药材道地性在实践中形成以后，并不是一成不变，如三七原以广西为好，称广三七或田七，而云南所产的滇三七后来居上，成为三七新的道地产区。

（3）安全性。选择安全、符合环境质量标准的产地是进行药用植物栽培和中药材生产的必备条件。国家对中药材规范化生产基地的环境有着明确的要求：空气应符合大气环境质量二级标准；土壤应符合土壤质量二级标准；灌溉水应符合农田灌溉水质量标准。

（4）可操作性。药用植物栽培需要集成自然条件与社会需求，需选择具有良好市场效益的品种，切实带动栽培地经济发展，才能够促进药用植物栽培的长期发展。

2. 肥水管理技术　肥料大体可分为两类，即农家肥料（有机肥料）和化学肥料（无机肥料），前者含有丰富的有机质，营养全面，肥力持久，但需要经过土壤微生物缓慢分解，故肥效较化学肥料迟缓。合理施肥是保证药用植物生长发育的关键，施肥应根据植物不同发育期、土壤养分供应状况、肥料性质与种类、气候特征等情况，因时因地因种施肥。

水分是植物进行光合作用的主要原料，也是植物对物质的吸收和输送的溶剂，是药用植物生存、发展的必要条件。植物在不同生长时期对水分的需求量不同，只能在一定的水分范围内正常生长发育，超过这一范围都不能正常生长，从而引发旱害和涝害，因此药用植物栽培过程中要做好灌溉排水管理。

3. 病虫害防治技术　药用植物病害主要分非侵染性病害与侵染性病害，前者的病原是不适宜的环境因素，包括温度、湿度、光照、土壤中或空气中的化学成分等因素，此类病害只要将不适宜的环境因素调整和改善，病害就可得到控制。后者是由病原生物侵染引起的，包括真菌、细菌、病毒、类菌原体、寄生性线虫及寄生性种子植物等。虫害则是由农业害虫引起的植物灾害。药用植物病虫害防治应预防为主，综合防治，加强植物检疫，通过合理轮作、深耕清园、科学管理等栽培技术方法开展农业防治，同时通过生物防治与理化防治相结合的方法进行病虫害治理。

4. 间作、混作、套作技术

（1）技术原理

1）植物种类和品种搭配适宜。选择具有互相促进而较少抑制的植物或品种搭配是间、套作成败重要前提。株型方面要选择高秆与矮秆、垂直叶与水平叶、圆叶与尖叶、深根与浅根植物搭配;适应性方面,选择喜光与耐阴、喜温与喜凉、耗氮与固氮等植物搭配。根系分泌物要互利无害,注意植物间的竞争和化感作用等;在品种熟期上,间、套作中的主栽植物生育期可长些,副作物生育期要短些;在混作中生育期要求要一致。

2) 密度和田间结构合理。密度和田间结构是解决间、套作中植物间一系列矛盾,使复合群体发挥增产潜力的关键措施。密度上,主要植物应占较大比例,其密度可接近单作时密度;副栽植物占较小比例;总体疏密适当,既要通风透光良好,又要尽可能提高叶面积指数。副作栽培植物套作前,要为后播主作栽培植物留好空行。间作中主作栽培植物应占较大播种面积和更大利用空间。高、矮秆植物间作时,高要窄,矮要宽,使矮秆植物行的总宽度大致等于高秆植物的株高为宜。行向上,矮秆植物的东西行向比南北行向接受日光时间多。

3) 栽培管理措施得当。通常情况须实行精耕细作,因植物、地块不同进行增施肥料和合理灌水,因栽培植物品种特性和种植方式不同调整好播期,搞好间苗、定苗、中耕除草等共生期的管理。要区分植物的不同要求,分别进行追肥与田间管理。

(2) 主要类型

1) 间作、混作。间作、混作类型很多,除常规作物、蔬菜间、混作类型外,还包括粮药、菜药、果药、林药等间、混作类型。

粮药、菜药间作:如玉米+麦冬(芝麻、桔梗、山药、贝母、川乌);芍药(牡丹、山茱萸、枸杞)+豌豆(大豆、小豆、大蒜、菠菜、莴苣、芝麻);川乌+菠菜,杜仲(黄檗、厚朴、诃子、喜树、檀香、儿茶、安息香)+大豆(马铃薯、番薯),巴戟天+番薯(山姜、花生、木薯)等。

果药间作:幼龄果树行间间种红花、菘蓝、地黄、防风、苍术、穿心莲、知母、百合、长春花等;成龄果树内间种喜阴矮秆药用植物,如辛夷、福寿草、淫羊藿、白及等。

林药间作:人工营幼树阶段可间、混种龙胆、桔梗、柴胡、防风、穿心莲、苍术、补骨脂、地黄、当归、北沙参、藿香等,人工营成树阶段(天然次生林)可间种人参、西洋参、黄连、三七、细辛、天南星、淫羊藿、刺五加、石斛、砂仁、草果、天麻等。

2) 套作。以棉花为主的套作区,可用红花、芥子、王不留行、莨菪等代替小麦;以玉米为主的套作有玉米+郁金、川乌+玉米、玉米+半夏、玉米+远志等;以小麦为主的套作有小麦+半夏、小麦+柴胡等。

5. 轮作技术 连作障碍是药用植物栽培中面临的一个重要问题。应根据植物化感作用和茬口特性等实行轮作倒茬。

(1) 茬口顺序安排要考虑前、后茬作物、药用植物的病虫草害以及对耕地的用养关系。

1) 叶类、全草类药用植物,如菘蓝、毛花洋地黄、穿心莲、薄荷、北细辛、长春花、颠茄、荆芥、紫苏、泽兰等,要求土壤肥沃,需氮肥较多,宜选豆科或蔬菜作前作。

2) 小粒种子繁殖的药用植物,如桔梗、柴胡、党参、藿香、穿心莲、芝麻、紫苏、牛膝、白术、灯盏花等，播种覆土浅，易受草荒危害，宜选豆茬或收获期较早的中耕植物作前茬。

3）部分药用植物与作物、蔬菜等都属于某些病害的寄主范围或是某些害虫的同类取食植物，安排轮作时必须错开此类茬口。如地黄与大豆、花生有相同的孢囊线虫，枸杞与马铃薯有相同的疫病，红花、菊花、水飞蓟、牛蒡等易受蚜虫危害。

4）部分药用植物生长年限长，轮作周期长，可单独安排它的轮作顺序。如人参需轮作20年左右、黄连需轮作7～10年、大黄需轮作5年以上。

（2）化感作用规避。植物化感自毒作用正是植物产生连作障碍的重要因素之一，应尽量较少该类药用植物连作。如三七、人参、地黄、红花、薏苡仁、玄参、珊瑚菜、孩儿参、川乌、白术、天麻、当归、大黄、黄连等。

6. 设施栽培 随着设施农业的不断发展，设施栽培开始在药用植物栽培中应用。药用植物的设施栽培，包括无土栽培在内，可以克服露地栽培的弊端，缩短栽培周期，根据药用植物的生长发育特性提供适宜的生长环境条件，减轻病虫危害和减少农药施用，实现统一播种、育苗、移植、栽培和采收的工厂化生产流程，从而达到提高药材产量和质量的目的。

近年来，植物工厂在欧美、日本等国开始兴起，日本采用岩棉基质培养和毛管水培技术栽培柴胡，与传统露天栽培和土壤栽培相比，柴胡产量和质量均明显提高。我国是药用植物资源大国和生产大国，设施栽培技术药用植物栽培上的应用也越来越广泛，且朝着大型化、专业化和工厂化方向发展。目前，植物工厂种植铁皮石斛、西洋参、霍山石斛、金线莲等取得了较大突破。

（三）药用植物栽培的技术发展方向

1. 质量管理规范化 中药材作为一类以质量为核心生产目标的特殊农产品，生产质量管理规范化是其重要发展方向。2022年新颁布的《中药材生产质量管理规范》（简称中药材GAP），要求药用植物栽培技术应以中药材GAP的要求为基础。中药材生产要逐步改变落后、分散的药材种植、采集形式，建立规范化、现代化的中药精细农业。中药材规范化生产的核心理念就是标准化生产，此外需继续深入开展药用植物栽培学研究，建立和完善各类药用植物栽培技术体系，从而满足中药行业快速发展中对中药材质与量的各种新需求。

2. 生产过程生态化 药用植物栽培生态化一方面是以中药材质量为中心，保障质量基础上的产量，另一方面在产品收获的同时，关注药用植物栽培环境的生态与社会效益。无公害栽培、有机栽培等栽培模式都是药用植物栽培生态化的具体模式，有机中药材栽培技术应重点选择药食两用及产品价值较高的药用植物，而无公害中药材栽培技术则应重点选择大宗及工业原料类药用植物。

3. 信息管理智慧化 随着信息技术、智能装备的快速发展，药用植物栽培信息管理呈现以智慧农业模式的智慧化方向发展。药用植物栽培的智慧农业模式正处于产业技术发展的起步阶段，但其更具“智慧”的特征定将成为未来药用植物栽培发展的重要方向。

此外应加强实施中药材生产组织创新工程，培育现代中药材生产企业，运用企业模式对中药材生产进行组织管理，推进中药材基地共建共享，提高中药材生产组织化水平。

四、林草中药材生态种植

林草资源具有发展中药材产业的巨大潜力。2021 年由自然资源部、农业农村部、国家林草局联合印发的《关于严格耕地用途管制有关问题的通知》明确提出永久基本农田只能种植粮、棉、油、糖、蔬菜等作物。随着我国耕地“两非”要求的明确提出，利用林地、草地及边际土地发展中药材，是我国药用植物种植与中药材产业健康持续发展的趋势。同时，林草资源优越的生态环境条件，为具备培育绿色、有机中药材提供了天然保障。

（一）主要培育方式

1. 生态种植　生态种植是指在维护森林、草原生态功能的前提下，在已经郁闭成林的人工林等人为干预形成的较为稳定的生态系统内种植中药材，禁用化学农药和化学肥料，应用生态学原理和现代技术，培育绿色优质中药材。

生态种植较适合药用植物类型一般具有以下特性：区域内有适合生长的气候、土壤及人工林地、人工草地等资源；具有成熟的适度规模化生产技术；具有较高经济价值和较大社会需求。如黄河以南区域（青藏高原以外）基本均可种植的品种有黄精、玉竹、苍术、射干、菊花、野菊花、淫羊藿、鱼腥草、天麻、山茱萸、白及等。

2. 野生抚育　利用存有一定数量野生药用生物种群的原生自然生态群落，在维护其生态功能的前提下，根据药用植物的生物学和生态学特性及群落生态环境特点，采用科学技术措施对群落进行保护、抚育，使其种群恢复或壮大，资源量达到具有经济利用价值的水平，药材产量和品质明显提高。同时，确定合理利用周期、适宜采收方法和采集强度，保障中药材生产质量近似于野生药材。

野生抚育较适合药用植物类型一般具有以下特性：区域内有一定野生资源蕴藏量、适合进行野生抚育、具有经济价值和社会需求。如目前对其生长发育特性和生态条件认识尚不深入、生长条件较苛刻、种植成本相对较高的野生药用植物，如川贝母、雪莲、黄精、冬虫夏草等；人工栽培后药材性状和品质会发生明显改变的药用植物，如防风、黄芩（枯芩）、人参等；野生资源分布较集中，通过抚育能迅速收到成效的药用植物，如连翘、龙血树、淫羊藿、南五味子等。

目前药用植物野生抚育取得了系列进展，如采取人工撒播栽培繁育种子加强野生黄芪抚育，清除混生植物、灭茬更新抚育野生大叶白麻（罗布麻）等，川贝母、甘草等围栏养护取得较好成效。

3. 仿野生栽培 在适于目标药材生长的原生或类似环境中，采用适宜方法栽培目标药材，使原没有分布或较少分布的药用植物种群个体数量达到适合规模化生产药材的水平，并模仿野生药材的生长条件进行抚育管理，培育质量近似野生的药材。

仿野生栽培适合药用植物类型一般具有以下特性：区域内有自然分布，或具有适合生长的气候、土壤及林草土地资源；适合采用仿野生栽培技术进行适度规模化生产；具有一定经济价值和社会需求。如适合长江中下游仿野生栽培的包括三七、重楼、天麻、石斛、巴戟天、何首乌、淫羊藿、黄精、木通、防己、砂仁、益智仁、豆蔻、鸡血藤、八角茴香、肉桂、沉香、广金钱草、鸡骨草、积雪草、草豆蔻、降香、巴豆、胖大海、肉豆蔻、檀香等。目前雪莲、冬虫夏草等仿野生栽培进展良好。

（二）主要培育模式

1. 林药混作 利用林下或树体及空间资源培植中药材。宜种植具有一定耐阴性的种类，可采用生态种植、野生抚育或仿野生栽培生产方式。

2. 林药间作 利用林下空间间作培植中药材。可用于经济林、用材林，幼林期林地光照充足，适宜间作多种药材，成林后林地光照减弱，宜间作具有一定耐阴性的种类，可采用生态种植或仿野生栽培生产方式。

3. 药草混生 在不开垦草原、不破坏原生植被前提下，增补或引种药用植物培育中药材，适于多种中生旱生阳性药用植物种植，可采用仿野生栽培或野生抚育生产技术方式。

4. 药草间作 药用植物与牧草等草本植物带状间作种植栽培中药材，适于绝大多数药用植物种类，可采用生态种植或仿野生栽培生产方式。

5. 药用林木栽培 利用林地资源培育乔木、灌木、竹子等药用植物生产药材，可一种单独栽培，也可多种间作种植。采用乔灌木复层种植，林冠上层为喜光的药用乔木，中下层为耐阴性药用小乔木、灌木或草本。可采用生态种植或仿野生栽培生产方式。

6. 资源综合利用 利用林木根、茎、枝、叶或废弃木料、树皮等材料培育中药材。适于培育寄生性药用植物、药用菌物，可采用仿野生栽培的生产方式。

五、植物类中药材加工技术

（一）各类药材加工原则

1. 根与根茎类药材 采后去净地上茎叶、泥土和须毛，而后根据药材性质迅速晒干、烘干或阴干。有些药材还应刮去或撞去外皮后晒干，如桔梗、黄芩等；有的应切片后晒干，如威灵仙、商陆等；有的在晒前须经蒸煮，如天麻、黄精等；半夏、附子等晒前还应水漂或加入其他药（如甘草或明矾）以去毒性；有的应去芦头，如人参、黄芪等；有的还应分头、身、尾，如当归、甘草；有的药材还应扎把，如防风、茜草等。

2. 叶、全草类药材 一般含挥发油较多，故采后宜阴干，忌堆积霉变。有的在干燥前须扎成小把，有的用线绳把叶片串起来阴干。

3. 花类药材 除保证有效成分不致损失外，还应保持花色鲜艳、花朵完整。一般在采收后须直接晒干或烘干，并应尽量缩短烘晒的时间。

4. 果实、种子类药材 果实采后须直接晒干。有的须经烘烤或略煮去核如山茱萸；有的为了加速干燥须用沸水微烫，捞出晒干如五味子等。种子一般在采收时多带果壳和茎秆，晒干后应除净，取出种子；有的种子还应去皮、去瓤、去心，如杏仁等；也有的要求留外壳，临用时再敲破取用种子。

5. 皮类药材 一般在采收后除去内部木心，晒干。有的应切成一定大小的片块，经过热焖、发汗等过程而后晒干，如杜仲、黄柏等；有的还应刮去外表粗皮，如牡丹皮、厚朴等；对一些含有挥发油的芳香皮类，宜采用阴干，勿暴晒干燥。

（二）中药材常见的传统加工干燥方法

产地加工是中药材生产与品质形成的重要环节。长期的生产实践和经验积累形成了独具特色、内容丰富、较为系统的中药材产地加工方法和技术体系。常见的传统加工方法包括拣选、清洗、切片、蒸、煮、烫、硫熏、撞、揉搓、剥皮、发汗、干燥等诸多方法，其中干燥是药材加工过程中的重要环节。除少数需要鲜用的植物、动物和矿物类中药材外，大多数中药材在除去泥沙及非药用部位后，均需经过一定的干燥技术和方法进行加工，在此过程中促使其中化学物质完成生物转化和化学转化，进而形成中药材的药性和品质，才能成为合格的中药材商品。传统的干燥方法通常有晒干、阴干和烘干等多种方法。

1. 晒干法 利用太阳光直接照射，将药用部位中的水分转移出来，直至达到经验干燥的程度，称之为晒干。在此过程中尚可利用紫外线杀灭附着或残存的虫卵、霉菌等微生物菌群。这是最常用、最为简便和经济的一种传统干燥方法。目前，多数中药材的干燥仍在采用此法进行，但对于一些富含挥发油类的全草类、花类等中药材，则不宜采用直接晒干的方法，否则容易使挥发油损失而影响药材品质，如薄荷、青蒿、西红花、玫瑰花等。另有一些中药材若长期暴露于日光条件下，则可导致变色、变质，影响内在品质和商品规格，如当归日晒皮色变红褐，麻黄日晒后发黄，白芍、厚朴、郁金等中药材暴晒后易发生爆裂等。

2. 阴干法 阴干是将中药材放置于室内或遮荫棚等阴凉通风处，避免太阳直射，利用流动空气使中药材自然干燥。适用于富含挥发油、油脂或其他挥发性成分的中药材，其所含的挥发性成分对日光及温度较敏感，易挥发和分解变质，或引起泛油等，如肉豆蔻、柏子仁、杏仁、桃仁等。富含色素类化学物质的花、叶类中药材，在日光下暴露照射易发生变色或褪色，如金银花、红花、菊花等花类中药材和侧柏叶、大青叶、艾叶等叶类中药材。

3. 烘干法 烘干也是常用的传统干燥方法之一。产地常采用火炕、火墙或直接燃烧农作物秸秆、树枝等提供热量，促使水分加快转移释放，达到快速干燥目的。由于温度可控，且不受天气的影响，加工效率高，适用于大多数中药材的干燥。一般的烘干温度需大于 60℃，此条件下可有效抑制中药材中酶或微生物的活性，有利于药效成分的保存和品质的稳定。但是对于富含淀粉类物质的根及根茎类中药材，烘干温度宜缓缓升高，以防淀粉遇高热糊化而呈角质样；对于多汁的果实类中药材，可用 70～90℃的温度迅速干燥，以免维生素类成分被大量破坏。

（三）中药材产地加工现代干燥技术

由于传统的干燥方法缺乏系统的、科学的干燥理论和严格的生产控制，且干燥周期长、生产效率低，已不能满足现代中药材加工生产的需要。为此，结合中药材的特性，选择先进、适宜的干燥设备及工艺方法是现代干燥技术的发展方向，以满足人们对干燥品质、能耗损失、操作可靠性及环境影响等方面更高的要求。目前，中药材产地加工现代干燥技术主要有热风干燥、太阳能干燥、微波干燥、真空冷冻干燥、远红外干燥等。

1. 热风干燥法 以煤、电或蒸气作为热源，热风由热风管输入室内，由于鼓风机的作用，使热风对流达到温度均匀，从而达到干燥物料的目的。中药材热风干燥常用的设备有厢式干燥机、热泵干燥系统、网带式干燥机、洞道式干燥机和振动流化床干燥机等。热风干燥设备干燥中药材成本较低，耗时少，效率高，不受天气限制，可起到杀虫防霉的作用，温度可控，适用于大多数中药材的干燥，但是对于不同药材在加工过程中的温、湿度变化和中药材在干燥过程中物质传导需要有针对性的工艺研究。否则会对某些中药材表观性状和品质影响较大。

2. 太阳能干燥法 太阳能干燥法是指待干燥物料直接吸收太阳能或通过太阳空气集热器所加热的空气，进行对流传热，使中药材逐步干燥。一般可分为温室型、集热器型、集热—温室型等不同类型。适合于中、低温干燥的中药材，是中药材干燥的理想方式之一。不足之处是升温慢、温度低、易受天气影响、不能持续稳定地进行干燥。实践表明，采用太阳能与其他干燥方法联合干燥，不仅能提高太阳能法的干燥效率，也有利于提高中药材的品质。

3. 微波干燥法 微波干燥法具有以下特点：①热穿透力强，干燥速度快。②加热均匀，因微波加热是在被加热物料内部直接产生热能，即使被加热物料形状复杂，加热也是均匀的，不会引起外干内湿、外焦内生、外硬内软的现象。③对中药材品质影响小，由于微波干燥所需时间短，物料本身吸热量小，有效成分破坏少，故能保持原有的色、香、味。④热效率高，热量在周围大气中损失极少。⑤工业化、自动化程度高。因此，微波干燥技术很适宜对人参、鹿茸、天麻等贵重中药材的干燥。但是，该技术不适于富含蛋白质类、多肽类、氨基酸类等热敏类化学成分的中药材的干燥加工。

4. 真空冷冻干燥法 真空冷冻干燥简称冻干，通过低温真空使冰晶升华，从而达到低温脱水干燥的目的。适合于富含植物蛋白、动物蛋白、微生物、挥发性成分等有效成分易受破坏的中药材的加工。真空冷冻干燥方法应用尚普及不够，主要是存在设备投资和运转费用高、冷冻干燥时长、易吸潮引湿等不足。

5. 远红外加热干燥法 适合于含水量大、有效成分对热不稳定、易腐烂变质或贵重中药材及中药饮片快速干燥。不足之处是其能量穿透力有一定限制，当中药材物料厚度超过10 mm时，干燥效果不佳。

除上述干燥技术外还有，高压电场干燥法、气体射流冲击干燥法、真空脉动干燥法等新型干燥技术在中药材加工里开始应用。不同干燥加工方法，直接影响着中药材的品质。传统干燥加工技术具有操作简便、设备简单、成本低等优点，但其具有干燥周期长、干燥不均匀、热效率低等缺点，导致中药材品质不稳定。现代干燥技术的应用，大大提升了干燥效率，也一定程度上保障了中药材的品质。但现代干燥技术的适宜应用范围及技术规范亟待规范化与标准化，以针对所干燥中药材的技术要求，选择适宜的现代干燥方法和技术。

（四）中药材加工方法的科学评价

1. 基于化学成分分析手段的评价 在干燥加工过程中发生着一系列复杂的生物转化与化学成分间的相互转化等变化过程，因此，科学评价是药材品质形成与保障的基础，从而确定适宜的干燥加工方法和技术。中药材产地加工的现代研究主要是通过化学成分分析手段对产地加工过程中的各影响因素进行分析，明确各个加工环节对中药材药效成分的影响，科学评价不同加工方法对中药材品质的影响，从而确定最佳的加工工艺。

为了在中药材加工过程中尽可能多地保留特定资源性化学成分，加工过程可以采用定向“保留”的加工方法，明确各个加工关键点对中药材活性成分的影响，采用合理的加工方法，从而获得高含量目标成分的中药材。

2. 基于生物活性的评价 不同的干燥方法对中药材的有效成分影响程度不同，进而对有效成分表征的生物活性影响有差异。因此，基于生物活性评价是确定加工方法合理性和加工工艺科学性的依据。中药材干燥的效果不仅仅需要考察其有效成分的变化，同时还需结合干燥后中药材的药效变化，才能得到最为真实可靠的信息，从而更加科学地评价中药材加工工艺。

3. 基于多因素综合的评价 适宜的中药材干燥加工方法，应该使加工过程投入少、加工产品的品质有保证，因此，采用不同干燥方法干燥中药材时需要综合考虑各项指标，加以选优。

六、植物类中药材生产主要问题与发展态势

（一）主要问题

由于驯化与栽培起步较晚，相对于大田作物而言，药用植物保护、品种培育、种苗繁育及

加工等全链条理论基础研究与关键技术开发均相对薄弱。

1. 药用植物资源保护形势依然严峻 药用植物保护一直受到我国政府与学者的高度重视，并取得了系列进展：2021 年修订并颁布了新的《国家重点保护野生植物名录》；完成第四次全国中药资源普查；推进了一批濒危稀缺药用植物人工繁育基地建设。但是，由于生态环境恶化以及长期以来利益驱动的无序开发，部分野生中药材资源流失枯竭。我国被列入国家重点保护名录、红皮书、限制进出口名录等珍稀濒危中药材资源已多达 280 多种。《中国植物红色名录》所载药用植物物种达 535 种。2022 年出版的《中国药用植物红皮书》收载的 464 种药用植物名录中，濒危、极危与野外灭绝的达到 117 种，药用植物资源保护形势依然严峻。

2. 药用植物基础研究相对薄弱 由于药用植物规模栽培及系统研究起步较晚，药用植物资源及植物药研究与开发在基础理论与关键技术方面依然相对薄弱，大部分药用植物缺乏生物学系统研究，遗传基础与道地性机理不明，育种基础理论缺乏，品种选育存在技术障碍。中药材药效物质基础系统解析与药材质量控制技术体系构建亟需完善。

3. 药用植物种业体系刚刚起步

(1) 新品种选育动能不足。目前药材栽培种源主要以野生驯化品种以及自种自繁种为主，部分为块茎、块根等无性繁殖材料，种源质量不确定性大且品质逐年退化。大部分中药材基原为草本植物，在目前环境下新品种及知识产权保护难度相对较大，选育投入收益与成果转化效益得不到保障，新品种选育产业支撑不足。

(2) 种子种苗产品化程度低。中药材种子种苗优良品种选育和生产加工技术应用进展缓慢，中药材种子种苗产品化程度低；种子种苗生产不规范，未形成产业链；种子存在无加工生产、无包装、无质量保障、质量参差不齐等一系列问题；种子种苗质量差异大，无统一质量要求。目前市售中药材种子种苗大多无包装且缺少统一质量标准，市场区分优劣主要凭经验，从外观、产地、干湿度、净度、发芽率、产量大小、纯度、饱满度、陈新度等方面判断，质量无从保障。

(3) 种子种苗商业化落后，品牌种子产品少。提供信息不对称，中药材种植品种多，种子种苗市场规模较农作物种小，且供需双方区域性强、分散，种子种苗供销信息不畅，大多数种子种苗的供销均依赖中间商和信息商，且差异化程度低，不能满足中药材市场对不同中药材种源的需求。

(4) 售后服务不成体系。中药材种子基本没有包装，销售的中药材种子没有经过必需的加工、分级和规范的包装，大包装散销现象在中药材种子交易市场普遍存在，品牌种子极少，产品的市场延展性弱。

4. 药材质量控制体系尚待完善 中药材生产全链条质量控制与追溯体系亟需完善。

中药材种子质量监管体系缺失，市售种子质量问题严重，掺假、掺杂、掺陈事件层出不穷。中药材种子种苗质量标准体系建设相关工作涉及的生产经营、质量控制、管理体系与规章制度等还较落后。目前，通过国家 CMA 认证的药用植物种子质量检测机构只有 2 家，通过 CNAS 认可的药用植物种子质量检测机构只有 1 家，建立了比较完善的质量管理体系的中药材种业公司更是屈指可数。虽然目前已经建立了中药材质量追溯体系，但是由于目前高质高价氛围尚未完全实现，且中药材全产业链运行规模化企业不足，追溯体系的运用亟需推广。

（二）发展态势

随着我国中医药战略的实施和多组学等现代科技的迅猛发展，药用植物及植物药的研究与开发将有望呈现全链条突破性发展。

1. 药用植物保育与利用的基础研究逐步深入 基于药用植物遗传多样性与分布格局、药用植物系统进化与基于大数据的药用植物现代亲缘学、药用植物遗传基础与环境互作等基础研究的药用植物科学保育与系统评价体系将日趋完善，主要栽培品种药材遗传本底与生物学机制解析有望取得重要进展，包括“千种本草基因组计划”实施等。截至 2022 年，超过 100 种药用植物已完成全基因组分析；根际微生物与药用植物微生物组的深入研究将为降低中药材栽培的连作障碍、深入解析药用植物次生代谢产物合成与代谢调控机理提供可能；药用植物成药研究的模式物种体系建立，将为推动药用植物有效成分合成与调控研究带来重大突破，如青蒿素、人参皂苷、紫杉醇、丹参酮、大黄素、淫羊藿素、大麻素等都不同程度上实现了细胞工厂合成；在基因组与泛基因组、转录组、代谢组、蛋白组等多组学技术的基础上，药用植物表型组学研究将为药用植物的精准筛选与高效育种带来变革性发展。

2. 药用植物新品种选育与种业创新能力不断提高 随着中药材质量控制与产业发展需求的日益迫切，以及分子标记与诊断等现代技术的快速发展，药用植物新品种选育与产业利用将迎来重大突破。

（1）育种理论与技术。药用植物遗传基础的持续深入解析，为药用植物以传统驯化选育向现代育种发展提供了理论与技术支撑，以“高品质、高产量、高抗性”为目标的药用植物新品种选育与新种质创制将迎来快速发展。目前，分子标记辅助选择提高黄花蒿中青蒿素的含量、四阶式分子育种选择提高三七耐连作障碍等方面已取得较好进展。

（2）优异新种质及选育新品种。随着药用植物育种理论与技术的快速突破，分子标记与诊断等现代技术的发展，中药材新品种/种质创制与利用的屏障将逐步解除，优异种质高效选育与推广将成为产业发展的主流。据不完全统计，截至 2019 年共选育出地黄、丹参、北柴胡、青蒿、薏苡仁、桔梗等药材的 537 个新品种。苍术、人参、三七、枸杞、淫羊藿、麦冬、半夏、重楼、铁皮石斛、金银花、乌头、柴胡、桔梗、黄芩、杜仲、独蒜兰等已获得国家级新品种审定。

（3）种业支撑与创新能力建设。随着我国《中医药振兴发展重大工程实施方案》的发布与实施，中药材种业体系将迎来快速发展，有望形成涵盖主要大品种的种子种苗专业化繁育基地网，并制定系列种子种苗标准。同时，出台中药材种子管理办法，逐步实现法规层面规范中药材种子种苗生产经营资质和经营行为，形成中药资源管理合力。

3. 中药材栽培与生态种植模式将持续优化

（1）种苗繁育与栽培技术将持续优化。随着珍稀濒危繁殖生态学及育种生物学等持续深入研究，结合组培等离体培养技术持续优化，药用植物综合繁育技术将形成完善体系；药用植物微生物组、作物-根际微生物互作研究将提高微生物在药用植物抗性等方面利用，改善中药材种植连作障碍，推动绿色防控。如灰黄青霉菌抑制附子中土传根病原菌尖孢镰刀菌和齐整小核菌生长、人参根际分离出的解淀粉芽孢杆菌抑制由人参锈腐病菌引起的根腐病等；综合栽培生态学、生态群落结构稳定性维护与种群复壮等研究，将有效推动生态种植、野生抚育和仿野生栽培的生态种植技术与模式研发，保障"中药材回家"，促进生态种植高产高值。

目前，我国在 20 个省区布局建设了 28 个中药材种子种苗繁育基地，分布于西北、西南、中部、东北、东南等地区，子基地合计近 180 个，繁育中药材种子种苗近 160 种。

（2）规模化栽培品种将大幅度提高。目前规模化人工种植 300 种左右，随着评价技术体系与筛选能力的持续提升，以及大健康产业发展，越来越多的野生资源会被挖掘并可持续利用，包括原有品种新药效发掘与功能拓展、综合利用技术优化、新的特色资源发掘等，部分小品种地位提升、大品种需求扩大、新开发资源涌现的现象会逐步增多，规模化栽培品种将每年至少增加 10 种。

（3）栽培模式及栽培主体逐步转变。随着土地"两非"政策的落实及中药材品质保障要求，林下中药材种植将越来越成为中药材产业模式的重要组成。生态栽培、野生抚育及仿野生栽培等中药材回归野生自然的栽培模式将逐步形成主流，部分重点品种的植物工厂生产也有望开始启动；栽培主体上，企业、合作社规模栽培及药企订单式基地建设将逐步成为中药材栽培的主体。据统计，截至 2021 年，全国已建成林下经济示范基地 526 个，总产值超过 1 300 亿元，人参、天麻、黄精、贝母、石斛、七叶一枝花、白及等林下生态栽培已逐步形成规模。

4. 新兴前沿技术的发展与运用 随着表型组学等多组学技术快速发展及野生植物快速从头驯化育种新策略突破，大规模、高通量、极精准的分子设计育种，以及"环境友好、智能高效，品种设计"的精准农业建设将获得快速发展；分子识别、分子对接、高通量筛选、计算机虚拟、生物芯片等技术持续优化，推动中药材药效物质基础的精准解析与高效筛选；"可编辑、可控制、可应用”的底盘细胞和细胞工厂开发，推动药用植物天然产物合成的自动化、规模化；“全球药用植物干细胞库”“药用植物复合功能元件库”等重大平台建设将进一步提升我国中医药研究的全球引领地位，促进中医药全球化发展。

5. 中药材加工向规范化标准化发展 中药材加工直接影响着中药材品质的形成。目前采用的中药材产地加工传统干燥方法是中医药工作者长期生产实践的经验集成。随着中药材生产过程工业化程度的不断提升，现代干燥技术逐渐被引入和推广应用，大大提升了中药材产地加工的干燥效率，保障了中药材品质。但由于中药材药用性质与功效的特殊性，如何针对不同中药材选择适宜的加工方法和技术，如何评价现代干燥技术适用范围，如何构建适宜于中药材生产加工需要的科学合理、集约高效适宜干燥技术方法和设备，是实现中药材产地加工标准化、规范化、规模化的关键问题。应针对中药材药性、功效、资源性物质的特点，建立规范、统一、标准的中药材加工方法及其操作规程。

第二节
植物类中药材病虫害防治技术

近20年来，随着《中药材生产质量管理规范》的推行，我国植物类中药材人工种植的种类已达300余种，由于不少品种在地生长时间较长或连作导致病虫害呈现高发频发之势，因病虫害发生和不合理的防控措施导致中药材出现质量问题屡有发生，不过，针对其开展的病虫害科学防控技术研究也随之有较快发展，特别是一些大宗农作物的病虫防控成果，应用到中药材病虫防控上后，对中药材病虫科学防控起到了事半功倍的作用，不但有效保障了人工栽培中药材的产量，促进中药材品质提升，对进一步开展中药材规范化生产也积累了不少经验。

一、中药材病虫害发生主要特点

（一）中药材在地生长时间长，病虫基数逐年加重

由于中药材多为多年生，在地生长时间长，病虫呈现世代积累、逐年循环，防治相对困难，不少品种随着种植面积的逐年扩大，不少过去零星发生或者不曾发生的病虫害，近年也有迅速蔓延之势，部分次要病虫害变成主要病虫害，危害程度逐年加重。

（二）根部病害尤为突出，染病严重会致绝产

中药材有很多以地下根茎为药用部位，由镰刀菌、丝核菌、白绢病菌等病原菌造成根腐或软腐，包括线虫造成的根肿、根结和根坏死腐烂等，致使根茎类药材的产量受到严重影响，甚至绝产。由于根部土壤环境复杂，用药难度大，药剂无法有效消除病原，导致根部病害的防治成为诸多药材的难题。

（三）病原虫源多而杂，无性繁殖材料是主要途径

中药材的病原或虫源往往有随土壤、残枝落叶和媒介昆虫等传播，但更多的是随着中药材的无性繁育方式即根茎、块茎、切芽、分蔸苗、蘖生苗、扦插苗等进行异地传播，形成新疫区。

二、病虫害高发主要原因

（一）中药材种植者缺乏基本植保理念

从事中药材种植的区域多为偏远山区，种植户很少能组织起来接受相关植保技术培训和指导，缺乏病虫识别技术和有效防控技术等基本植保概念，时有不顾防治对象的特殊要求，滥用农药的现象，且病虫害得不到有效防控。

（二）中药材病虫害相关基础研究不够

中药材野生状态下受病虫害，较少引人注意，进行人工栽培后，地里出现病虫害症状会显而易见，由于从事中药材植保研究的专业机构较少、专业人员相对缺乏，中药材病虫害防控的基础研究相对薄弱，专项研究投入不足，较多病虫种类、发生规律、适用防控方法均不清楚，特别是有针对性的防控措施和有效药剂，目前仍处于极为缺乏状态，与大宗农作物相比，无药可用的现象仍然十分突出。

（三）中药材种苗异地调运检疫措施缺失

中药材以无性繁育方式扩种和种苗异地调运现象较为常见，种子种苗规范化生产及统一调配使用的制度尚未形成，部分药材跨区域调运频繁，检疫措施跟进不力，导致染病的繁殖体随着种苗调运而传播至其他地方。

（四）病虫综合防治原则宣传贯彻不到位

大宗农作物病虫害“预防为主，综合防治”的植保方针，已经深入人心，但中药材植保上的“预防为主，综合防治”理念还需进一步宣传贯彻。中药材种类比较多，每一种药材上的多种病虫综合防治措施都会牵涉很多方面，具体措施运用不仅应符合《中药材生产质量管理规范》，还应符合《绿色食品农药使用准则》等相关规定，在研究病虫害流行规律及发生机制的基础上，确定防控策略，研究并应用关键防治技术，重视植物检疫，做好病虫害预测预报工作，抓好以农业防治、生物防治和物理防治为主，化学防治为辅的高效防控措施。

三、中药材病虫绿色防控要求

（一）国家对中药材农残高度重视

《中国药典》2020 版在通则项下，载明要求植物来源的药材 33 项禁用农药不得检出，不是品种项下的出厂检验项目。也就是说，除品种项下有要求检验 33 项禁用农药外，并未要求批批检验，只要生产企业严格履行质量主体责任，采取有效措施，确保中药材、中药饮片禁用农药不得检出（不得过定量限），是否批批检验可由企业根据实际情况掌握。

《食品安全国家标准 食品中农药最大残留限量》（GB 2763－2021）是由农业农村部、国家卫生健康委、市场监管总局三部门联合发布，此标准代替 GB 2763－2019，新标准涵盖了我国已批准使用的农药和居民日常消费的主要食品农产品，规定了564种农药的残留限量标准，包括批准登记农药428种、禁限用农药49种、我国禁用农药外的尚未登记农药87种，豁免制定残留限量的低风险农药44种，推荐194个配套的残留限量检测方法，规定用于制定农药最大残留限量的376种(类)食品。

2021年，农业农村部农产品质量安全中心(国家农安中心)经所在地及省级农产品质量安全与优质化工作机构审核，国家农安中心组织专家进行技术评审，向全国发布了37家植保产品生产单位和17家植保产品应用单位等纳入全国生态环保优质农业投入品生产与应用试点名录。

(二) 部门、行业和地方推荐绿色防控产品

新版《绿色食品 农药使用准则》正式实施。NY/T 393－2020《绿色食品 农药使用准则》于2020年11月1日正式实施，我国自2000年制定发布《绿色食品 农药使用准则》以来，曾于2013年修订过一次，本次已是第2次修订发布。本次修订从农药对健康和环境影响的综合风险控制出发，兼顾了绿色食品生产对农药品种的实际需求，重点对绿色食品生产的农药准许清单作了调整，使得《绿色食品 农药使用准则》的绿色导向更为明显，农药准许清单覆盖面更广，对生产更具指导意义。

中国农药工业协会发布“绿色高质量农药产品名单”。为了充分发挥绿色高质量农药产品的高端引领作用和优秀企业的示范带头作用，推动更多的生产/经营单位按照绿色高质量的标准和要求认真做好工作，助力我国农业绿色高质量发展，中国农药工业协会2022年先后2次审定发布了共计84个绿色高质量农药产品，这些产品名单是根据T/CCPIA 170－2021《绿色高质量农药产品评价规范》团体标准而审定的。

国家中药材标准化与质量评估创新联盟和生物农药与生物防治产业技术创新战略联盟根据联合制定《中药材有害生物绿色防控产品核定办法》。2021、2022年先后组织专家进行了2次核定，从54家(次)企业的144个申报产品中，通过核定的共有29家企业的90个产品，作为2023年度《中药材有害生物绿色防控产品目录》发布(见附表1)，为联盟开展“三无一全”品牌品种核定，为广大中药材生产企业实施新版中药材GAP基地建设提供了有力保障。

浙江省农作物病虫害绿色防控产品推荐名录发布。2021年8月25日，浙江省农业农村厅根据全国农技推广服务中心《水稻等农作物重大病虫害防控技术方案》《农田杂草科学防控技术方案》和农业行业标准《绿色食品 农药使用准则》等，结合浙江省农药田间药效试验和实际应用情况，经网上意见征询、专家论证等程序遴选了789种农药作为“浙江省农作物病虫害绿色防控产品推荐名录”发布，其中理化诱控和天敌生物类17种、生物源和矿物源类164种、化学农药类608种，其中化学农药绝大多数为高效低毒低残留品种，为浙江省农作物

病虫害绿色防控提供了保障。

四、中药材病虫防治相关技术及产品

化学农药具有诸多优点，但长期不规范使用会带来农药残留问题。因此，我国化学农药已朝低风险方向发展，并逐步发展生物农药、生物体农药及环境友好型生物调理剂。目前生物农药在中药材上已经广泛应用。生物农药包括植物源农药、微生物农药、抗生素和生物化学农药。生物农药因其副作用小，环境兼容性好而日益成为全球农药发展的一种趋势和方向。

（一）中药材用生物杀虫剂

生物杀虫剂正逐渐成为中药材生产者化学杀虫剂的首选替代品。生物杀虫剂具有控制期长，高效、经济、安全、无污染、与环境高度相容等特点，是生产无公害绿色中药材的最佳农药选择。

1. 苏云金杆菌 又称苏云金芽孢杆菌，是包括许多变种的一类产杀虫晶体蛋白的芽孢杆菌。该菌可产生内毒素（伴胞晶体）和外毒素，害虫取食后，在昆虫肠道的碱性消化液作用下，菌体释放毒素，害虫中毒并停止取食，最后害虫因饥饿、细胞壁破裂、败血或神经中毒而死亡。目前已有可用于防治直翅目、鞘翅目、双翅目、膜翅目的菌株。苏云金杆菌杀虫剂的内毒素为胃毒作用。外毒素作用相对缓慢，在昆虫蜕皮和变态时发挥作用，抑制 RNA 聚合酶。

2. 阿维菌素 杀虫、杀螨剂，由大环内酯类化合物组成，对螨类和昆虫具有胃毒和触杀作用。喷施叶表面可迅速分解消散，渗入植物薄壁组织内的活性成分可较长时间存在于植物组织中并传导，对取食植物组织和汁液的螨和其他昆虫有长残效性。

3. 白僵菌 是一种虫生真菌。常见种类主要有球孢白僵菌、小球孢白僵菌和布氏白僵菌，利用其活性孢子接触害虫后产生芽管，透过表皮进入体内长成菌丝，不断增殖使害虫新陈代谢紊乱而死亡，害虫体内水分被吸干呈僵状。白僵菌可以侵染 200 多种昆虫、螨类，以在虫体内大量繁殖并产生白僵素（非核糖体多肽类毒素）、卵孢霉素和草酸钙结晶等物质引起昆虫中毒，打乱新陈代谢以致死亡。可用于防治蛀果蛾、卷叶蛾、叶蝉、蛴螬等害虫。

4. 绿僵菌 是一种广谱的虫生真菌，可在昆虫种群内重复侵染。绿僵菌对寄主昆虫的感染一般以分生孢子附着于寄主昆虫的节间处，温湿度适宜，分生孢子萌发产生芽管并形成菌丝，菌丝分泌能溶解几丁质的酶，溶解体壁，使菌丝进入寄主的表皮，进而逐步向内侵入到昆虫的脂肪组织和肌肉，菌丝在昆虫大量繁殖至昆虫死亡。主要防治金龟甲、象甲、金针虫、鳞翅目幼虫和半翅目的蝽象等。

5. 灭幼脲 是一种昆虫激素类农药，属昆虫生长调节剂，也称特异性杀虫剂，主要是通过抑制昆虫表皮几丁质合成酶和尿核苷辅酶的活性，来抑制昆虫几丁质合成从而导致昆虫不能正常蜕皮而死亡。也可影响卵的呼吸代谢及胚胎发育过程中的DNA和蛋白质代谢，使卵内幼虫缺乏几丁质而不能孵化或孵化后随即死亡；在幼虫期施用，使害虫新表皮形成受阻，延缓发育，或缺乏硬度，不能正常蜕皮而导致死亡或形成畸形蛹死亡。主要作用机理为胃毒作用，有一定的触杀作用，无内吸性，对鳞翅目和双翅目幼虫有特效，毒性低，对人畜和天敌安全。防治刺蛾、天幕毛虫、舞毒蛾等害虫效果好。

6. 吡虫啉 为烟碱类杀虫剂，具有广谱、高效、低毒、低残留，对人、畜、植物和天敌安全等特点，有触杀、胃毒和内吸等多重作用。害虫接触药剂后，中枢神经正常传导受阻，使其麻痹死亡。药后1天即有较高的防效，残留期长达25天左右。主要用于防治刺吸式口器害虫。害虫接触药剂后中枢神经传导受阻而麻痹死亡。可用于防治药用植物蚜虫、木虱、卷叶蛾等害虫。

7. 烟碱（尼古丁） 属植物源神经毒剂，是从烟草中分离出的杀虫剂。害虫中毒有先短暂兴奋，后抑制麻痹的双相作用。对消化道有局部刺激作用。主要表现为触杀作用，有一定熏蒸和胃毒作用，对植物安全，残效期短，对人畜有一定毒性。防治中药材上的蚜虫、叶螨、叶蝉、卷叶虫、食心虫等较好。

8. 昆虫病毒 昆虫病毒是专以昆虫为宿主并对昆虫有致病性的病毒。是一类可供人类用来制成农药防治害虫的自然资源。这类昆虫病毒制剂具有高度特异性，寄生专一，不易引起生态平衡的破坏；如核型多角体病毒和颗粒体病毒，稳定性极好；对靶标昆虫具有高度的寄主选择性，能引起区域性的昆虫流行病；对植物没有任何药害，安全试验证明对人、家畜及水生生物等无害。昆虫病毒杀虫剂相对其他化学及生物杀虫剂，具有兼容性好，病毒没有细胞结构，在没被昆虫取食并感染昆虫时，只具有一般的蛋白质大分子的特征。因此，昆虫病毒能在害虫种群中水平传播，害虫相互多次感染，形成“虫瘟”。昆虫病毒也能垂直传播，当成虫取食含有病毒的食物时，其产下的卵不能正常孵化。当新孵化的幼虫取食带有病毒粒子的卵壳时，也能导致下一代幼虫的感染死亡。使用一次相当于使用化学农药两三次，大大降低人工成本和药物成本。昆虫病毒完全来自于自然界，其独特的传播方式和杀虫机理，可以反复多次使用，效果依然卓越，无抗性产生；昆虫病毒具有很强的寄生专一性，对非靶标昆虫安全，是真正的绿色农药。

我国利用昆虫病毒防治害虫较为成功。已商品化的有棉铃虫核型多角体病毒杀虫剂，可防治棉铃虫、油桐尺蠖、桑毛虫、茶毛虫、舞毒蛾、黏虫、斜纹夜蛾等，以颗粒体病毒可防治小菜蛾、菜青虫、黄地老虎、茶小卷叶蛾等，以质型多角体病毒防治松毛虫等。

（二）中药材用天敌生物

1. 捕食螨 捕食螨是一类专门对植食性害螨具有捕食功能的肉食性螨类，捕食螨已广泛应用于我国2000多个县市的无公害蔬菜上的害螨生物防治。捕食螨个头不大但对害螨性情凶猛、动作敏捷、食量大，繁殖力强。已商品化生产的代表性捕食螨有胡瓜新小绥螨、斯氏钝绥螨、加州新小绥螨、智利小植绥螨、剑毛帕厉螨等，捕食对象为各种中药材上的红蜘蛛、茶黄螨、蓟马、粉虱、根蚜、根螨、韭蛆、蕈蚊幼虫及跳虫等。

2. 瓢虫 瓢虫是鞘翅目瓢虫科成虫体背圆形突起的甲虫的通称，以食性分类有菌食性瓢虫、植食性瓢虫和肉食性瓢虫，植食性瓢虫多以植物叶片为食，属害虫，肉食性瓢虫以取食其他昆虫而维持种群繁衍，属害虫天敌。如异色瓢虫、七星瓢虫、龟纹瓢虫、澳洲瓢虫等，异色瓢虫已能商品化生产，用来释放到田间防治蚜虫、叶蝉、梨木虱、蚧壳虫、鳞翅目低龄幼虫等。

3. 寄生蜂 寄生蜂是专门靠寄生其他昆虫而完成自己的生活史繁衍后代的一类肉食性昆虫。主要是膜翅目细腰亚目中的金小蜂科、姬蜂科、小蜂科等，常见的有金小蜂、啮小蜂、黑青小蜂、姬蜂、蚜茧蜂、赤眼蜂等，已商品化生产的蚜茧蜂对防治棉蚜、烟蚜和桃蚜效果很好，赤眼蜂及夜蛾黑卵蜂等对螟蛾科、夜蛾科、弄蝶科、灯蛾科等幼虫有较好的防治作用，特别是对二化螟、稻纵卷叶螟、玉米螟、小菜蛾、印度谷螟、甜菜夜蛾、斜纹夜蛾等均为优良天敌产品。

4. 食虫蝽 食虫蝽是能捕食害虫的半翅目昆虫。我国食虫蝽种类已知的约有 2 000 多种，主要捕食软体昆虫、叶螨、叶蝉、蚜虫、木虱、粉虱、网蝽、跳甲、象甲、斑潜蝇、鳞翅目幼虫。已商品化生产的有烟盲蝽、叉角厉蝽等。

（三）中药材害虫物理防控技术

1. 声光智慧驱鸟系统 果实类中药材成熟采收前，常会遭到鸟类危害，为保护鸟类在维持生态平衡中的作用，采用网捕、诱捕或药物毒杀方式均不可取，惟有驱逐鸟类离开比较妥当，为避免驱鸟同时出现污染扰民现象，近年研发成功并投放市场使用的“声光智慧驱鸟系统”比较环保，该系统对鸟害区实行窄束发射，避免了对鸟害区及周边地区的声污染，符合环保理念；自动激光发驱鸟器发出的激光束等级是二级激光，对人眼睛 100%无伤害。

2. 智能信息素光源诱捕器 智能信息素光源诱捕器是一种害虫引诱装置，具有智能面板，配合相应害虫诱芯，可显著提高靶标害虫雄成虫的诱捕效果，如果设置特定波段光源则可大量诱捕雌雄成虫，一套装置可管 15 亩，根据靶标害虫选择相应的光源种类和诱芯，适用于不同中药材在靶标害虫成虫发生期诱捕防治，以降低虫口密度。商品化的性诱剂有棉铃虫性信息素、斜纹夜蛾性信息素、绿盲蝽性信息素等数十种。

（四）中药材用生物杀菌剂

杀菌剂通常是指能有效地控制或杀死细菌、真菌和藻类的化学制剂。生物杀菌剂是指利用天然生物资源研发的对植物病原细菌、真菌及病毒有毒杀或抑制作用的一类杀菌剂。据统计，目前国际上生物农药产品已超过 100 多种，但 90%以上是生物杀虫剂。我国生物杀菌剂的拳头产品和领军品种有井冈霉素、“农抗 120”、多抗霉素、中生菌素等，这些品种现有的市场规模已占到生物杀菌剂的 90%左右。

农用抗生素是生物杀菌剂中的重要一类，主要作用机制为微生物发酵过程中产生的次生代谢产物杀灭植物病原菌并调节作物生长发育。如春日霉素、灭瘟素、灭孢素、井冈霉素、“农抗 120”、春雷霉素、多抗霉素、公主岭霉素、中生菌素、武夷菌素等，农用抗生素类杀菌剂是我国生物杀菌剂的主导力量。

1. 井冈霉素 是一种放线菌产生的抗生素，有较强的内吸性，耐雨水冲刷，易被病原菌细胞吸收并在其体内传导，发挥干扰和抑制菌体细胞生长和发育的作用。是我国植物病害生物防治领域使用范围最广、使用时间最长的一款生物然杀菌剂。主要防治对象有纹枯病、立枯病、白绢病、根腐病等，使用方法可喷雾可灌溉，发病前或发病初使用均可表现出优异防效。

2. 嘧啶核苷类抗菌素(又称“农抗 120”) 是由中国农科院开发成功的一种广谱抗真菌农用抗生素，兼具预防和治疗作用。通过抑制病原菌的蛋白质合成而发挥杀菌作用。“农抗 120”主要用于农作物防治白粉病、炭疽病、纹枯病等病害，而且，“农抗 120”对作物还有显著的刺激生长作用。对人畜低毒，无残留，不污染环境，对植物和天敌安全，主要防治对象包括白粉病、炭疽病、枯萎病等。

3. 多抗霉素 由金色链霉菌所产生的代谢产物，属于广谱抗生类杀菌剂，具有较好的内吸传导作用，其作用机制主要是干扰病原菌细胞壁几丁质的生物合成，多抗霉素是一种对多种真菌病害有效、杀菌谱广、低毒无残留、不污染环境，对人畜、天敌和植物安全。防治对象有中药材斑点病、轮纹病、灰霉病、霜霉病、褐斑病等。

4. 武夷菌素 从链霉菌中分离的一种成分，内吸性强、广谱、高效、低毒，对病原真菌抑制活性强，对革兰阳性菌、阴性菌也能表现出抑制作用，对中药材白粉病、灰斑病、茎枯病及有致病性的假单孢菌类等有很好的防治效果。

5. 哈茨木霉菌 为真菌类生防菌，其菌体进入土壤能迅速于植物根部进行繁殖，在根部形成保护层，防止病原菌侵入；也可对病原菌进行重寄生，从病原菌的菌丝中吸取营养并杀死病原菌，还能分泌抗生素，抑制病原菌生长，有研究表明，哈茨木霉菌能与植物产生共生关系，为根系提供生长所需营养，进而促进作物生长，还有研究认为哈茨木霉菌能够诱导寄主植物体内产生一系列防御反应，提高植物抗病性。防治对象主要为立枯病、猝倒病、根腐病、菌核病、枯萎病、白绢病等。

6. 枯草芽孢杆菌 枯草芽孢杆菌生长速度快、对营养要求低，抗逆性强，在生长过程中产生的枯草菌素、多黏菌素、制霉菌素和短杆菌肽等活性物质对致病菌有抑制作用。枯草芽孢杆菌的作用机制一是竞争作用，即枯草芽孢杆菌在植物表面或体内或植物生长的土壤中快速、大量繁衍并于根际定植，较病原菌抢先争得有利空间位置，使病原菌无法侵染植物根系；二是溶菌作用，即吸附在病原菌的菌丝上，在伴随菌丝共同生长过程中产生溶菌物质，从而消解病原菌菌丝体；三是产生抗生素类菌物质，即产生一些能抑制细菌、真菌、病毒等生长的抗生素；四是生物夺氧，即以自身为革兰阳性需氧菌的特点，能迅速消耗环境中的特别是植物体内的游离氧。

7. 植物免疫诱导技术 植物免疫诱导技术为最近几年发展起来的一项提高植物抗病能力的新技术，其核心技术是将一种植物免疫蛋白施于植物体表，与植物细胞膜上的受体蛋白结合，并接受植物免疫蛋白的信号传导，迅速诱导植物的一系列代谢反应，首先激活植物1,5-二磷酸核酮糖羧化酶/加氧酶，提高植物对 CO_2 的利用率，增加植物叶绿素含量，从而提高植物光合作用效率，促进植物体内的水杨酸和茉莉酸的合成，并进一步合成植保素、抗病相关蛋白、蛋白酶抑制剂和乙烯等，使植株更健壮，免受病原菌侵染。此类植物免疫诱导技术可在大多数中药材上使用，使用方法包括拌种、浸种、喷施和滴灌等，苗期、营养生长期和生殖生长期均可使用。

第三节
植物类中药材规范化种植技术

中药材规范化种植是对中药材的生产全过程进行质量管理和控制，以确保中药质量的系统工程。当前野生中药资源的开发利用正向规模化人工栽培产品转变，逐渐暴露出种质不清或退化、野生资源破坏严重、种植加工粗放、农药残留与重金属严重超标、包装贮藏技术落后等系列严重制约产业发展的问题。为贯彻落实《中共中央 国务院关于促进中医药传承创新发展的意见》，推进中药材规范化生产，加强中药材质量控制，促进中药高质量发展，依据《中华人民共和国药品管理法》《中华人民共和国中医药法》，国家药监局、农业农村部、国家林草局、国家中医药局研究制定了《中药材生产质量管理规范》，于 2022 年颁布并施行。中药材 GAP 是《中药材生产质量管理规范》Good Agricultural Practice for Chinese Crude Drugs 的简称，其中 GAP 是 Good Agricultural Practice 的缩写。规范从保证中药材品质出发，控制中药材生产和品质的各种影响因子，如产地生态环境、农药化肥使用和产品运输及加工过程等，规范中药材生产全过程，以保证中药材真实、安全、有效及品质稳定可控的基本准则。实施中药材 GAP，有利于对中药材生产全过程进行有效的品质控制，是保证中药材品质“稳定、可控”，保障中医临床用药“安全、有效”的重要措施。因此，建立中药材规范化种植技术，发展规范化中药材生产，成为当前中药材生产发展和促进中药行业健康可持续发展的必然方向和迫切需要。

一、产地环境

中药材种类繁多，不同的中药材其栽培生产环境和入药部位又不尽相同。中药材规范化种植生产要根据每种药材的生物学特性，遵循地域性原则，因地制宜地选择生产基地，是实现中药材规范化种植的首要环节。

中药材规范化种植产地环境的区域生态因子（年生长均温、最冷季均温、最热季均温、年均相对湿度、年均降水量等）、空气环境质量、土壤环境质量、灌溉水的质量应达到相应的标准。其中，生产基地周围应当无污染源；生产基地环境应当持续符合国家标准：空气符合 GB 3095 国家《环境空气质量标准》二类区要求；土壤符合 GB 15168 国家《土壤环境质量农用地污染风险管控标准(试行)》的要求；灌溉水符合 GB 5084 国家《农田灌溉水质标准》，产地加工用水符合国家《生活饮用水卫生标准》。同时要求每 4 年检测 1 次土壤质量，每年检测 1 次水源质量。

(一) 生态环境

生态环境质量决定我国农业可持续发展的长期性和食物安全的稳定性。随着工业化、城市化、集约化农业的快速发展，化学农药、化学肥料等的大量应用和食品生产加工过程中合成添加剂的普遍使用，我国农业环境污染、质量退化、生态失衡日趋严重。无公害中药材产地区域生态因子范围包括年生长均温、最冷季均温、最热季均温、年均温、年均相对湿度、年均降水量、年均日照等 21 个生态因子。中药材规范化种植生产应选择在生态环境条件良好的地区，产地区域和灌溉上游无或不直接受工业“三废”、城镇生活、医疗废弃物等污染，避开公路主干线、土壤重金属含量高的地区，不能选择冶炼工业(工厂)下风向 3 km 内。空气环境质量应符合 GB/T 3095－2012 中一、二级标准值要求。

(二) 土壤环境质量标准

土壤环境是指地球表面能够生长植物，具有一定环境容量及动态环境过程的地表非疏松层连续体构成的环境。土壤是植物赖以生存的物质条件，植物从土壤中获取有机营养和矿物营养促进生长发育的同时，土壤中的农药残留和重金属物质也会随着植物生长进入到植物体内。我国土壤污染的主要来源是汞、镉、铅、砷、铜等无机物的残留，与中药材检验出重金属种类相符。

中药材规范化种植土壤环境的选择，需要针对具体中药材类型依据《中国药材产地生态适宜性区划(第二版)》对土壤类型的规定进行选址，种植地土壤必须符合 GB 15618 的要求。无公害中药材的生产，种植地土壤在符合 GB 15618 要求的同时必须符合 NY/T 391 的一级或二级土壤质量标准要求。《无公害农产品 种植业产地环境条件》(NY/T 5010－2016)的土壤标准将农产品生产基地分为水田、旱地、农田、果园、食用菌栽培基质 5 类，由于土壤 pH 值会影响土壤胶体和黏粒对金属离子的吸附能力，因此将每一项指标的限值分为了 pH＜6.5、pH 6.5～7.5 和 pH＞7.5 3 个级别。水生药用植物生产基地的土壤质量对应 NY/T 5010－2016 中的水田标准，陆生药用植物对应旱地标准，以种子、果实为入药部位的中药材的生产基地的标准应按照果园标准，故药用真菌类应对应食用菌类标准。中药材实行轮作、套种或与其他作物轮作、套种等种植的农田，执行其中较低标准值的一项。

(三) 灌溉水质量标准

水分作为植物吸收有机营养和无机营养进入体内的媒介，其污染程度对中药材的质量与安全的影响极其严重。若灌溉水中重金属含量超标，将通过污染土壤的方式污染中药材。无公害中药材种植生产，需要进行田间灌溉时，应根据不同中药材类型的需水规律及土壤墒情进行合理灌溉，灌溉水的水源质量必须符合 GB 5084－2005 的规定要求。水中总汞、总镉、总砷、六价铬、总铅、氟化物、氰化物、全盐量、总铜含量的限量、粪大肠杆菌群数含量限量参照标准规定。《无公害农产品 种植业产地环境条件》(NY/T 5010－2016)的灌溉水标准进一步将农作物生产基地分为了水田、旱地、蔬菜和食用菌 4 类，不同药用植物规范化种植生产应根据用地需求，与各项标准中的范围和限值相对应(表 4－1)。若中药材实行轮作、套种或与其他作物轮作、套种等种植的农田，执行其中较低标准值的一项。

表 4－1　中药材规范化种植生产基地灌溉水质量标准

项目	水生药用植物	陆生药用植物	药用真菌
pH	5.5～8.5	5.5～8.5	6.5～8.5
总汞(mg/L)	≤0.001	≤0.001	≤0.001
总镉(mg/L)	≤0.01	≤0.01	≤0.005
总砷(mg/L)	≤0.05	≤0.1	≤0.01
总铅(mg/L)	≤0.2	≤0.2	≤0.01
六价铬(mg/L)	≤0.1	≤0.1	≤0.05

(四) 空气质量标准

植物可通过滞留大气中的重金属导致自身污染，同时大气中的重金属可通过沉降作用影响土壤质量，间接导致中药材重金属含量超标。研究表明植物中部分重金属种类的富集量与大气中的重金属含量呈显著线性正相关，空气污染严重区域的植物中重金属含量明显高于非污染区域。中药材产区空气质量是影响药用植物品质的三大主要因素之一，二氧化氮、二氧化硫、总悬浮颗粒物、氟化物 4 项作为选测指标，限值需符合《环境空气质量标准》(GB 3095－2012)(表 4－2)，具体执行标准需结合种植基地所在地的实际情况，由当地产地认定责任部门进行认定。

表 4－2　中药材规范化种植生产基地空气质量的选测标准

项目	年平均	月平均	日平均	植物生长季平均
总悬浮颗粒物(标准状态)/(mg/m^3)	≤200	—	≤300	—
二氧化硫(标准状态)/(mg/m^3)	≤60	—	≤150	≤500
二氧化氮(标准状态)/(mg/m^3)	≤40	—	≤80	≤200
氟化物(动力法)/[μg/(dm^2・d)]	—	≤3	—	≤2

注：参照《环境空气质量标准》(GB 3095－2012)

（五）生态适宜性产地区划

生态环境与药材质量密切相关，是道地药材形成的重要因素，直接影响到道地药材的生长发育和有效成分的形成和积累。为提高药材种植成功率和品质，中国中医科学院中药研究所基于药用植物生长发育特点研发了药用植物全球产地生态适宜性区划信息系统（geographic information system for global medicinal plants，GMPGIS），提出并建立了基于GIS的中药材精准选址技术，创建了空间可视化和栅格空间聚类分析结合的系统区划。中国大宗、常用中药材的基原物种的产地生态适宜性分析，根据《中国药材产地生态适宜性区划（第2版）》一书，成功地将药用植物全球产地生态适宜性区划信息系统运用于人参、三七、刺五加等物种的引种栽培中，针对红豆杉、檀香、沉香、银杏、重楼、阳春砂、广陈皮、黄柏、杜仲、蕲艾、茯苓等物种进行详细产区规划分析，在全国多个贫困县开展了基于GIS技术的中药材栽培应用。

根据《药用植物全球产地生态适宜性区划信息系统》分析淫羊藿、麦冬、珠芽蓼和青牛胆的全球分布的生态因子值及产地生态适宜性。结果表明淫羊藿主要分布在海拔200～1 500 m，受年均日照和年均相对湿度的影响较大，在中国的主要适宜区为陕西、甘肃、河南、湖北、四川等省（区）。麦冬主要分布在海拔2 000 m以下，受年均日照和年均相对湿度的影响较大，麦冬在中国的生态适宜区域总面积约为3.218×10^{6} km^{2}，主要适宜区为云南、四川、广西、浙江等省（区）。珠芽蓼主要分布在海拔1 000～4 700 m的高山草原湿润地区，在中国范围内，珠芽蓼的生态适宜区域总面积约为$2.839\,2\times10^{6}$ km^{2}，主要适宜区为西藏、四川、内蒙古、新疆、甘肃等省（区）。青牛胆主要分布在海拔1 400 m以下，受年均日照和年均相对湿度的影响较大，在中国其主要适宜区为云南、四川、广西等省（区）。

根据引种地原产地气候、土壤等生态因子的相似性，获得其在全球范围内的适宜产地，是有效指导药用植物引种和合理规划生产布局的基本保证。GMPGIS系统采用了4个数据库：①基础地理信息数据库，包括矢量数据的国界区划和城市区划等数据。②气候因子数据库，包括全球气候数据库（global climate data，World Clim）与全球生物气候学建模数据库（global climatologies for bioclimatic modeling，CliMond）。③全球土壤数据库（harmonized world soil database，HWSD）。④药用植物分布空间数据库，整合全球野生药材分布、主产地和道地药材经纬度数据。

关于全球药用植物生态产地适宜性区划，GMPGIS主要具有以下功能：系统涵盖超过240种全球药用植物的采样点，样点数据主要来源于主产地、野生分布或道地药材产区，用户可使用系统进行查看、坐标下载。系统包含药用植物生长的生态环境栅格数据库，主要来源于WorldClim，CliMond和HWSD，其中包括生长季均温、最热季均温、最冷季均温、年均温、年均湿度、年均降水、年均日照和土壤等生态因子，并为用户提供一致的栅格精度。结合物种采样点数据库，系统可提取生态因子的取值范围和土壤类型，并自动生成相应表格。用户可以输入拉丁名称或用户定义的采样点的坐标数据，系统自动计算出全球范围内每一千米的相似度。结合基础地理信息数据库中的国界区划和城市区划等数据，可计算出国家、地区甚至乡县级的最大生态相似度区域的面积。用户可以多个药用植物分布的预测结果进行对比分析，并生成分析表格。

以秦岭-淮河南北生态气候分界，以北主要有人参、甘草、黄芪、肉苁蓉等常用药材。人参主产于吉林、黑龙江和辽宁等地；甘草主产于内蒙古、新疆、甘肃、宁夏和青海等地；黄芪主产于内蒙古、山西、甘肃等地；肉苁蓉主产于内蒙古、新疆、甘肃和宁夏等地。以淮河-秦岭以北 20 种药用植物为例，分析其生态因子主要为：年生长期均温－5.6～24.9 ℃，最冷季均温－26.0～9.9 ℃，最热季均温－0.5～31.4 ℃，年均温－12.7～14.6 ℃，年均相对湿度 36.3%～71.8%，年均降水 16～1 999 mm，年均日照 113.0～171.7 W/m^2（表 4－3）。GMPGIS 信息系统为淮河—秦岭以北药用植物精准选址提供了依据。

表 4－3　淮河-秦岭以北药用植物适宜生态因子

中药材	年生长期均温(℃)	最冷季均温(℃)	最热季均温(℃)	年均温(℃)	年均相对湿度(%)	年均降水(mm)	年均日照(W・m^2)
人参	7.1～20.3	−23.2～3.5	12.3～24.6	−2.1～14.0	54.9～71.8	520～1999	113.0～158.6
甘草	4.0～21.3	−24.9～−1.9	7.3～26.4	−4.5～12.9	38.4～62.9	23～585	126.0～171.7
掌叶大黄	4.8～16.3	−10.9～0.5	8.1～19.9	−0.8～10.7	43.5～60.1	397～732	135.2～151.7
白芷	7.5～21.7	−24.3～2.2	12.3～26.5	−1.5～14.6	49.8～63.6	385～794	121.09～160.8
胀果甘草	−3.4～24.9	−24.1～−1.9	1.6～31.4	−10.8～14.2	36.3～48.0	16～301	148.6～164.4
黄芩	8.3～20.1	−23.5～2.3	11.9～25.8	−2.0～13.1	51.0～65.8	336～771	126.4～161.4
伊利贝母	8.7～17.1	−15.3～−8.3	13.3～22.8	0～7.4	48.1～57.6	126～450	144.6～158.8
黄芪	4.2～21.6	−24.8～−4.2	9.6～26.4	−4.4～14.0	45.9～63.4	225～833	122.9～166.4
银柴胡	1.2～18.3	−18.7～−5.2	4.7～24.1	−4.5～9.5	41.5～62.0	105～597	122.3～166.5
枸杞	−2.1～19.9	−26.0～−2.0	2.2～25.6	−10.6～10.1	47.6～59.1	105～642	141.9～167.4
中麻黄	7.9～17.9	−13.1～−0.5	11.2～23.2	1.9～11.3	39.9～59.3	48～576	140.1～163.1
冬虫夏草	0.5～10.2	−16.3～4.1	4.0～13.8	−5.6～4.2	39.7～51.1	334～756	141.9～157.3

以淮河-秦岭以南药用植物有三七、黄连、穿心莲、铁皮石斛等常用药材。三七主产于云南等地；黄连主产于湖北、重庆、四川、贵州等地；穿心莲主产于广东、广西、四川等地；铁皮石斛主产于浙江、云南、江西、福建和安徽等地。分析发现，淮河-秦岭以南药用植物的生态因子主要为：年生长期均温 2.7～27.7 ℃，最冷季均温－9.6～20.8 ℃，最热季均温 5.6～

29.1℃，年均温-1.7～25.3℃，年均相对湿度50.2%～78.3%，年均降水813～2 666 mm，年均日照68.5～157.3 W/m^2（表4-4）。

表4-4 淮河-秦岭以南药用植物适宜生态因子

中药材	年生长期均温(℃)	最冷季均温(℃)	最热季均温(℃)	年均温(℃)	年均相对湿度(%)	年均降水(mm)	年均日照($W \cdot m^2$)
三七	15.3～23.6	6.3～12.5	16.8～25.3	12.2～19.7	67.4～75.7	972～1 632	134.3～142.0
白术	17.7～24.5	2.0～9.2	21.6～28.7	12.1～18.7	63.1～75.0	813～1 923	122.2～148.6
杭白芷	20.3～24.4	3.5～8.6	24.3～28.4	14.5～18.4	71.8～75.5	958～1 683	119.6～147.6
防己	18.3～27.0	2.1～15.9	21.0～29.0	12.8～23.1	67.3～76.6	1 416～1 975	123.0～144.0
独活	11.6～23.1	-2.0～7.3	14.3～27.2	7.2～16.9	57.4～73.4	798～1 735	122.9～142.8
高良姜	20.6～27.6	5.2～20.8	24.6～28.7	15.1～25.3	57.7～77.9	865～1 925	113.0～153.2
浙贝母	19.5～22.9	3.6～7.3	23.5～27.1	13.8～17.1	74.4～75.5	1 357～1 751	137.0～139.8
黄连	14.7～21.8	-0.5～7.9	18.7～25.5	9.2～16.8	62.4～73.2	844～1 514	122.1～135.7
湖北贝母	14.4～24.5	-0.7～7.7	18.2～28.5	8.9～18.5	66.7～74.1	955～1 575	126.9～146.8
广藿香	23.5～27.6	12.8～20.5	25.1～28.8	19.8～25.2	57.7～77.8	865～1 802	124.0～144.6
穿心莲	20.3～27.5	3.7～20.6	21.5～28.8	14.4～25.2	67.9～77.8	800～1 956	124.0～152.6
铁皮石斛	8.1～26.2	-2.4～15.3	10.5～28.5	4.3～22.3	60.3～75.3	832～2 666	125.6～157.3

二、土壤改良

连作障碍是制约中药材可持续生产的重要限制因子，主要原因包括土壤理化性状的劣变、土传病害的增加、微生物群落失衡、化感物质累积等。土壤微生态环境的失衡是系统性的问题，单一的方法技术体系难以解决。建立"土壤消毒+绿肥回田+菌剂调控"的综合策略，改善根际微生态环境，是当前土壤改良最为有效的技术措施。例如，研究表明土壤消毒、绿肥回田结合施肥改土的综合措施可有效改善农田土壤微生态环境，有效提高了人参苗的存苗率。

(一) 土壤消毒

土壤病害和重茬问题一直是阻碍农业经济发展的难题之一，土壤中存在大量的致病微生物、害虫，消毒可以有效地杀灭土层中病原菌、害虫及虫卵，减低作物的死苗率。土壤消毒主要分为物理消毒和化学消毒。利用太阳能进行高温消毒是物理消毒的主要方式之一，通过在高温季节覆盖塑料薄膜来提高土壤温度，进而消灭土壤中的有害生物，该方法操作简单、经济实用、生态友好，但消毒不够彻底。化学消毒是目前土壤改良的主要手段之一。传统土壤改良常用的消毒剂主要有碘甲烷、异硫氰酸烯丙酯、环氧丙烷、叠氮化钠等，对单一或多种病原生物具有防治效果。传统土壤消毒剂如辛硫磷、灭线磷、氯化苦等化学品，对环境及人畜造成危害，将逐步被禁用。无公害中药材的土壤消毒剂采用低毒、安全的化学药剂，并配合土壤还原剂对根际生态环境进行修复，可解决土传病虫害难题，保障中药材的产量和品质。有研究表明，采用 98%甲基异硫氰酸酯的棉隆进行土壤消毒后，对不同党参品种的品质和产量有促进作用。

(二) 绿肥回田

绿肥是作物生长过程中所产生的全部或部分绿色体，经翻压或者堆沤后施用到土地中作为肥料，具有提供养分、合理用地养地、代替化肥、提供饲草来源等作用。药用植物栽培时可选择的绿肥作物有玉米、小麦、苏子、紫花苜蓿、三叶草、油菜、大豆等，需要根据不同的药用植物进行选择绿肥作物(表 4 - 5)。例如，栽培人参的地块，可选择玉米、小麦、大豆进行秋播，人参种植之前，对绿肥作物覆土 2～3 cm，能够有效地增加土壤肥力、改善土壤理化性状等。绿肥回田能改善土壤微生物区系，增加土壤中有益微生物群落及有机质的含量，进而改善土壤微生态环境。研究表明，土壤蒸汽机消毒能够有效降低三七连作土壤中微生物的数量，配合秸秆改良土壤，最有利于三七苗期生长。

表 4 - 5　药用植物常用绿肥作物

品种	适宜药用植物	施用方法	作用机制
玉米	人参、西洋参、大黄、附子、黄连、三七	秋播，覆土厚度 2～3 cm	减少农业生态环境的污染、起到培肥土壤的作用，保持土壤生产力持续增产
小麦	三七、人参、大黄	秋播，覆土 3 cm，上部覆盖 3 cm 以上稻草	改善栽培地土壤理化性状，协调土壤的水、肥、热、气关系
苏子	人参	花期割倒切段，晾晒 3～4 日，耕翻时扣压到土中，每隔 10～15 日耕翻，深度为 20～25 cm	有效增加土壤肥力，改变土壤微生物群落的组成
紫花苜蓿	西洋参	平铺于田间，绿肥作物施用量为 1 000～1 200 kg/亩	改良盐碱地
三叶草	大黄	间作	根部结根瘤吸收空中游离氮素
油菜	紫云英、人参	紫云英与密度为 20 万～40 万株/hm^2 油菜按 2∶1 带型间作	提高土壤 pH、土壤有机质、碱解氮和速效磷含量，改善土壤肥力
大豆	人参、西洋参、大黄	多为秋播，覆土 3 cm，上部盖 3 cm 稻草	固氮培肥

(三) 菌剂调控

土壤改良剂种类不同，其作用机制也不一，各种土壤改良剂均是通过有效改善土壤理化性质来改善土壤、加强土壤微生物活动、提高酶活性，最终达到促进作物生长发育的效果。

微生群落在矿物营养循环、毒性物质降解等方面扮演重要角色，其组成多样性影响土壤的生产力进而影响作物产量及品质。药用植物种植会影响根际微生物群落多样性、组成及结构，导致土壤病原微生物群落丰度的增加，有益微生物丰度减少，进而导致死苗率的增加。土壤微生物在植物生长过程中，能分解有机物质，促进养分循环，改善土壤结构；促进植物对养分的吸收；增加植物抗性、防御病原菌侵害等。有研究结果表明，哈茨木霉菌剂对连作天麻生长的改善效果最好，其次是抗重茬菌剂；哈茨木霉菌剂和抗重茬菌剂均能够显著提升天麻的产量，同时显著降低天麻感病指数和天麻腐烂指数，能有效抑制天麻感染褐腐病的概率。

三、合理施肥

肥料含有植物生长所需的营养元素和微量元素，是提高作物产量，促进其生长发育的重要基础物质。中药材种类繁多，其营养规律和特点与农作物相差较大，错施、滥施劣质肥料容易导致中药材产量降低，质量下降，甚至造成土壤污染和板结。

中药材生产中，合理施肥是关乎资源、环境和药品安全的重要问题。在中药材规范化种植中，应选用有机肥为主，化肥为辅；提钾、控磷、减氮；多施优质腐熟有机肥和生物肥；少量多次追肥；采用水肥一体化施肥技术。中药材规范化种植中的合理施肥技术应依据不同作物种类及不同生长阶段的需肥规律等因素，以养分归还学说、最小养分律等基本原理为指导，建立药用植物整个生育期的需肥规律，结合土壤供肥能力和肥料效率等信息数据，在以有机肥为基础的条件下，提出药用植物大量元素和微量元素的配比方案并建立相应的施肥技术，实现各种养分平衡供应，满足药用植物的需要，达到提高肥料利用率和减少用量，提高产量，改善药材品质，减少土壤污染的目的，保障中药材无公害种植。

（一）施肥原则

中药材规范化种植，应遵循以下施肥原则：①有机肥为主，辅以其他肥料使用的原则：优质中药材生产过程中应优先使用有机肥作为基肥和种肥，追肥时可以根据药用植物的特殊需求适当增加无机肥料。②无机肥选择以多元复合肥为主，单元素肥料为辅，大、中、微量元素配合使用平衡施肥。当有机肥和无机肥搭配使用时，化肥用量需要控制，一般控制施用标准无机氮与有机氮的比例为1∶1。③养分最大效率原则：肥料的使用必须满足药用植物对营养元素的需要，并能够使足够数量的有机物质返回土壤，保持或增加土壤肥力及土壤生物活性，种植优质药材的基地，在满足药用植物对营养元素需要的同时，需保证有足够数量的有机物归还土壤。④无害化原则：堆肥、厩肥、沤肥、饼肥、沼肥等农家肥需经高温发酵，完全腐熟达到无害化卫生标准才可使用。⑤未经国家或省级农业部门登记的化肥或生物肥料禁止使用；禁止施用硝态氮肥；禁止施用城市垃圾；所有的肥料应以对环境和作物（营养、味道、品质和植物抗性)不产生不良后果的方法使用。叶面喷施必须在收获前 30 日进行。在无公害中药材的种植过程中，使用肥料的原则和要求、允许和禁止使用肥料种类等按 DB13/T 454 执行。

(二) 肥料类型

中药材规范化种植中允许使用的肥料类型主要包括：有机肥、无机肥、生物菌肥、微生物菌肥等。有机肥包括堆肥、厩肥、沼肥、绿肥、作物秸秆、泥肥、饼肥等，需经过高温腐熟处理，杀死其中的病原菌、虫、卵等，以免病原菌传播与扩散，影响药材的质量。生物菌肥包括腐殖酸类、根瘤菌、磷细菌、复合微生物类肥料等，具有无毒、无害的特点，可通过减少病原菌数量来控制病害发生与发展、活化土壤进而增肥增加肥效，促进植物抗逆性，提高中药材产量及品质。施肥时，有机肥料为主，有机-无机复混肥料和无机肥料作为辅助肥料使用，微生物肥等配合施用，各类型肥料应满足相关标准要求。

在绿色中药材生产中所允许使用的肥料类型和用量更为严苛，化肥仅允许少量使用，无机氮素用量按当地同种作物用量减半。有机中药材生产中主要施加有机肥，有机肥须没有受到重金属、农药及其他有害化学物质污染且经过无害化处理，禁止施用人工化学合成的各种化肥和含氯肥料，如尿素、过磷酸钙、硫酸钾、硫酸铵、碳酸氢铵、氯化铵、氯化钾、各种复合肥、复混肥、稀土元素肥料、生长素及人工合成的各种多功能叶面营养液等，可以施用一些天然的矿物肥料，如矿产硝石、矿产钾盐等；限制使用天然矿物来源的土壤调节剂。优质中药材产中所允许使用的肥料类型见表 4 - 6。

表 4 - 6　优质中药材生产所允许使用的肥料类型

	农业生产允许使用的肥料类型	中药材生产允许使用的肥料类型					
		有机肥	无机肥	有机-无机复混肥微生物肥	微生物肥	土壤调理剂	参考标准
规范化种植施肥	有机肥、无机肥(包括单一元素肥、微量元素肥)、有机-无机复混肥、微生物肥、土壤调理剂	应充分腐熟，彻底杀灭对药用植物、畜禽、人体有害的病原菌、寄生虫卵、杂草种子等，重金属限量符合 NY 525 要求；粪大肠菌群数、蛔虫卵死亡率符合 NY 884 要求	允许使用，追肥以速效肥为主		技术指标及重金属等限量应符合《复合微生物肥料》(798 - 2015 NY/T)或《生物有机肥》(NY 884 - 2012)	根据土壤障碍合理选用	NY/T 496 - 2010 NY/T 1868 - 2010 NY/T 394 - 2013 NY/T 2798.4 - 2015
绿色施肥	有机肥、无机肥、有机-无机复混肥、微生物肥、土壤调理剂(无机氮素用量按当地同种作物用量减半使用)		仅作辅助肥料少量使用，无机氮素用量按当地同种作物用量减半使用				NY/T 394 - 2013 NY/T 288 - 2012

续 表

	农业生产允许使用的肥料类型	中药材生产允许使用的肥料类型					
		有机肥	无机肥	有机-无机复混肥微生物肥	微生物肥	土壤调理剂	参考标准
有机施肥	天然有机肥、商品有机肥、矿物源肥、微生物肥、土壤调理剂	有机肥应主要源于本农场或有机农场（或畜场），外购的商品有机肥，应通过有机认证或经认证机构许可；禁止使用化学合成肥料和城市污水污泥	禁止使用化学合成肥料，可以使用天然矿物肥料		允许使用可降解的微生物加工副产品和天然存在的微生物制剂	限制使用天然矿物来源的土壤调理剂	GB/T 19630.1-19630.4-2005 NY/T 5197-2002

（三）施肥方法

中药材合理施肥技术依据药用植物整个生育期的需肥规律，结合土壤供肥能力和肥料效率等信息数据，在以有机肥为基础的条件下，按照药用植物大量元素和微量元素的配比方案进行施肥。针对根系浅的中药材和不易挥发的肥料适宜浅施，根系深和易挥发的肥料适宜深施。化肥深施既可减少肥料与空气接触，防止氮素的挥发，又可减少氨离子被氧化成硝酸根离子，降低对中药材的污染。通过合理施肥来实现各种养分平衡供应，满足药用植物的生长需求，提高肥料利用率来减少肥料使用量，保障了中药材的规范化种植。

根据药用植物营养生理特点、吸肥规律、土壤供肥性能及肥料效应，确定有机肥、氮、磷、钾及微量元素肥料的适宜用量和比例，应尽量减少无机氮肥的施用量，充分提高无机氮肥的有效利用率，减少环境污染。可根据中药材品种特性和产量潜力按大田生产所能达到的水平确定产量目标，根据药用植物不同生育期需肥规律确定施肥类型、施肥时间和施肥量。

基肥多用充分腐熟的有机肥，再通过绿肥回田改善土壤微生物区系。基肥宜深施，为药用植物长期提供营养，可先将基肥均匀撒于表面，再翻耕入土。种肥多用腐熟农家肥、微生物肥料，因其施于种子附近或与种子混播容易造成烧苗，因此种肥必须深施，并与播种分开进行，与种子保持适当距离，根据种子不同播种方法进行条施或穴施。追肥是保证药材产量的重要施肥步骤，根据不同药用植物对肥料的具体需求确定施用时间及次数。一般情况下，在药用植物生长前期多施复合肥或腐熟有机肥等含氮量较高的肥料，生长中后期，则以无机肥为主。需肥量较小的药用植物，如高山红景天追肥较少，一般选择在移栽后第 2 年根据其生长情况追施适量腐熟农家肥、草木灰或磷肥。施肥方法可根据药用植物生长特性按照所需中耕、开沟、施肥的深度进行追肥，也可选择中耕追肥机进行中耕追肥。

四、合理用药

在中药材规范化种植中，中药材易受病害的侵袭，为保证中药材的品质和产量，施用农药是当前主要防治的手段。但目前常用中药材种植过程中农药使用的田间指导较少，实际种植主要依靠农业种植经验，常常发生农药滥用以及过量使用等情况。种植过程中农药的不规范使用导致部分中药材中农药残留量较高，或常有多种农药混用的现象。此外，种植过程中为片面追求药材产量，植物生长调节剂也存在滥用情况：如在党参中使用壮根灵、麦冬中使用多效唑等。中药材作为有医疗效果的产品，盲目追求产量、缩短生长年限可能导致其有效成分降低，疗效不佳。了解中药材病虫害特点、农药登记情况对于规范使用农药有一定的指导意义；同时了解中药材中农药残留检测标准及农药污染现状对于中药监管以及规范农药使用有促进作用。

(一) 农药使用准则

在中药材规范化种植中，农药的施用应建立在病虫害调查的基础上，确定生产过程中的病虫害发生种类和发生规律，研究制定相应的化学防治方法，包括农药的施用种类、时期、方法、防治效果等的研究，并结合相应的农业防治、物理机械防治、生物防治等方法制定各中药材品种病虫害的综合防治措施。所使用的农药品种需适当，且符合国家有关规定。杜绝使用国务院农业农村部行政主管部门禁止使用的剧毒、高毒、高残留农药，以及限制在中药材上使用的其他农药。

生产中施用农药时应严格遵守以下准则：允许使用植物源农药、动物源农药、微生物源农药和矿物源农药中的硫制剂、铜制剂；严禁使用剧毒、高毒、高残留或者具有三致(致癌、致畸、致突变)农药；允许有限度地使用部分低残毒有机合成化学农药；最后一次施药距采挖间隔天数不得少于 20 日；提倡交替使用有机合成化学农药；严禁使用膨大剂和化学除草剂。

(二) 禁限用农药

目前(停止)使用的农药有 46 种：六六六、滴滴涕、毒杀芬、二溴氯丙烷、杀虫脒、二溴乙烷、除草醚、艾氏剂、狄氏剂、汞制剂、砷类、铅类、敌枯双、氟乙酰胺、甘氟、毒鼠强、氟乙酸钠、毒鼠硅、甲胺磷、对硫磷、甲基对硫磷、久效磷、磷胺、苯线磷、地虫硫磷、甲基硫环磷、磷化钙、磷化镁、磷化锌、硫线磷、蝇毒磷、治螟磷、特丁硫磷、氯磺隆、胺苯磺隆、甲磺隆、福美胂、福美甲胂、三氯杀螨醇、林丹、硫丹、溴甲烷、氟虫胺、杀扑磷、百草枯、2,4-滴丁酯。其中，氟虫胺自 2020 年 1 月 1 日起禁止使用。百草枯可溶胶剂自 2020 年 9 月 26 日起禁止使用。2,4-滴丁酯自 2023 年 1 月 29 日起禁止使用。溴甲烷可用于“检疫熏蒸处理”。杀扑磷已无制剂登记。

甲拌磷、甲基异柳磷、克百威、水胺硫磷、氧乐果、灭多威、涕灭威、灭线磷、内吸磷、硫环磷、氯唑磷、氟虫腈等则禁止在中草药材上使用。

（三）植物生长调节剂控制

目前，植物来源药材中的禁用农药已有可执行标准，但尚缺乏对中药中植物生长调节剂和常用农药的标准规定。植物生长调节剂可以调节植物生长发育、提升产量，在中药材种植中应用十分广泛。不当使用植物生长调节剂会造成中药中有效成分含量的变化，也会对用药安全性产生一定影响，故中药材标准化种植也需注意控制植物生长激素的使用。

第四节
植物类中药材产地加工仓储养护及现代物流技术

中药材仓储物流作为中药材产业链的重要组成部分，是连接中药材产地与销地，中药材上游生产者与下游使用者，以及中药农业与中药工业之间的纽带。由于中药材自身的特殊性，中药材仓储物流除了连接上下游、种植端与销售端之外，最重要的作用就是保护中药材在流通过程中的品质。

然而，长期以来中药材仓储物流未能得到足够的重视，已成为我国中医药发展中最为薄弱的环节。当前，我国中药材仓储物流现状要远落后于我国工业消费品物流，同样地也落后于粮食、棉花、烟草、果蔬等其他农产品物流。中药材仓储物流的主要核心问题是中药材在仓储与物流中的品质得不到保障，体现在三个方面：集约化、规模化程度低；设施与技术落后；缺乏统一标准与全程监管。

推动中药材仓储物流的现代化发展，对于保障中药材的供应、保证中药材的流通质量，减少中药材流通过程中的损失，提升中药材物流效率，降低中药材物流成本，增加药农的收入，建立中药材质量追溯体系，促进中药材甚至整个中药产业发展，提升中药产业国际市场竞争力等方面均具有深远的意义。

一、中药材传统仓储物流现状

（一）中药材产地加工

中药材采收后的产地加工是物流的起点。前述章节已经介绍了中药材产地加工的若干原则与方法。本节简要介绍中药材传统产地加工的组织方式。长期以来，我国的中药材种植一直以农户分散种植为主，中药材采收后也主要由农户各自进行产地加工，由于中药材初加工的主体为广大、分散的药农，中药材产地加工活动无法实行有效监管，加工过程处于不可控状态，中药材加工质量良莠不齐。近 10 年来，虽然各中药材产区大力发展各类型中药材种植专业合作社组织农户种植与销售，但采收、加工与存储仍普遍由农户自行开展。当然，也存在部分大型中药制药企业深入产区，以“公司＋基地”“公司＋农户”等方式组织种植、采收和加工。总体而言，中药材初加工的组织化、集约化、规模化以及规范化程度仍然处于较低水平。

(二) 中药材包装

包装是中药材物流的基本条件。包装材料与方式直接关系到中药材物流的质量与效率，与中药材的品质密切相关。

20 世纪 80 年代，国标局颁布过 3 项中药材包装国家标准，即《中药材袋运输包装件》(GB 6264－86)、《中药压缩打包运输装件》(GB 6265－86)和《中药材瓦楞纸箱运输包装件》(GB 6266－86)。上述 3 项标准，已于 2004 年 3 月在国家标准委对国家标准全面清理时废止。此后 10 年没有新的标准，行业一般延续习惯，仍按原国标执行，例如中药材打包，一般还延续每包 50 kg 的标准。被废止的国标有一部分内容仍有实际参考价值，有的不尽合理，有的已经过时、缺乏先进性。目前中药材的包装形式，主要采用麻袋、编织袋、纸箱、压缩打包件 4 种基本形式，其中麻袋、编织袋约占 80%。

当前中药材的包装方式主要存在包装方式及规格缺乏规范、包装标识信息缺乏、部分中药材甚至无包装等问题。

(三) 中药材仓储

仓储是中药材物流的核心环节。当前，中药材没有真正意义上的集中仓储。大多数中药材分散储存在药农自有或市场商户租用的民房里，仓储条件简陋，没有配套仓储设施，无法保障中药材储存的安全性；也有部分中药材集中储存在一些大型种植与经营企业、仓储企业以及规模较大的专业合作社的仓库，仓库设施条件较好，少量配有阴凉库与冷库。但从总体看，1 万平方米以上规模化的中药材仓储设施，基本由大型中药材经营企业或制药企业投资建设。其中，大部分仓储设施属于企业内部资产，基本上是为本企业经营服务，个别也提供社会仓储服务，但没有独立核算。全国只发现少数几家中药材仓储法人企业。这些企业的经营方式也存在较大缺陷，虽然表面上看是对外提供了社会化仓储服务，但多数企业仅仅是对外出租仓库、收取不高的租金，粗放管理，服务功能单一，不提供药材在库养护等服务，也不承担药材变质等责任。

中药材分散仓储，不仅影响仓储效率，更重要的是不便监管，不利于现代仓储设施与技术的推广与应用，不能保证中药材在储存期间的质量安全，也阻碍了电子商务发展与数字化应用。

(四) 中药材养护现状

在中药材日常养护方法上，大多数商户选择传统的自然存放，储藏技术应用较少，为了保证药材不生虫、不发霉，有多数商户仍采用磷化铝或硫黄等有毒有害熏蒸剂进行熏蒸处理。

（五）中药材运输

由于中药材主要分散储存在药农和商户手里，买卖交易达成后，主要由个体运输户或者物流公司将中药材送到买家手中；在各产地与销地交易市场周边，均有众多规模不等的物流公司，形成了每个市场到全国各地的运输专线。

总体判断，除中药材运输环节社会化与规模化程度较高外，我国中药材传统物流现状与我国工业消费品物流现状相比要落后 20 年，与粮食、棉花、烟草、水果、蔬菜等其他农产品物流现状比较也要落后 10 年。

二、中药材现代仓储物流的有益探索

（一）健全中药材的仓储物流标准体系

鉴于长期以来中药材仓储物流处于无标准可依的困境，从 2013 年开始，在商务部指导下，由中国仓储与配送协会以及中国中药协会两家协会牵头组织行业专家与相关企业开展中药材仓储物流行业标准建设，截至 2021 年，中国仓储与配送协会以及中国中药协会两家协会已共同组织起草并由商务部发布了 5 项中药材物流相关行业标准，分别是《中药材仓储管理规范》（SB/T 11094－2014）、《中药材仓库技术规范》（SB/T 11095－2014）、《中药材气调养护规范》（SB/T 11150－2015）、《中药材包装技术规范》（SB/T 11182－2017）、《中药材产地初加工技术规范》（SB/T 11183－2017）。此外，《中药材物流质量管理规范》《中药材追溯管理规范》以及《中药材流通规格等级标准》（部分药材品种已发布）正在组织起草制定中。

（二）建设社会化中药材仓储物流基地

中药材仓储物流基地是指在中药材主销区或主产区建设的，为广大药农（或商户）、合作社和相关企业等市场主体提供公共物流服务的场所。目前我国药材 90%分散储存在药农与药材经销商的民房内，10%的药材储存在大型中药材经营企业与饮片企业。全国除了个别几家公共仓储企业之外，基本没有中药材的公共物流服务企业。为了改变传统中药材分散仓储的现状，需要培植、再造一个专业化的中药材仓储物流运营主体，面向中药产业链上的各类主体提供社会化的仓储物流服务。截至 2021 年底，已在全国中药材各道地产区，推动建设了 86 个中药材仓储物流基地（含 67 个基地在建）。

（三）实现中药材产地加工的集约化

针对中药材产地加工存在普遍分散，无责任主体，无标准规范的问题，主要通过引入或鼓励有条件的中药材经营企业、中药饮片与制药企业、第三方物流企业等市场主体，根据国家相关标准与中药材特性，在大宗中药材主要产区建设集约化、规模化的产地加工基地，以专业、规范的中药材清洗、干燥处理等技术与装备提升中药材品质。

（四）规范中药材包装

规范包装是中药材物流的前提，是保护中药材的条件，也是中药材流通追溯信息的载体。中药材包装应倡导国家绿色包装理念，遵循少包装、可循环利用以及包装材料可降解的原则，应当使用符合国家相关标准的包装材料、包装方式与包装标识，切实改变中药材无包装、滥包装、无标识的局面。

当前，进入第三方中药材仓储物流基地的中药材必须具有规范包装。通过中药材产地加工基地承担中药材的包装责任，引导药农和中药材专业合作社的中药材在产地加工基地按照相关标准实行统一规范包装，并采用现代信息技术手段，在包装标识中记录中药材种植、交易主体与中药材质量等相关信息，形成中药材流通追溯体系的信息源头。

（五）推广应用科学养护技术

中药材科学养护是确保中药材质量的重要措施，也是降低损耗、提高经济效益的重要环节。中药材在贮存过程中，因其自身或外界环境因素影响常会引发多种质变现象，如霉变、虫蛀、变色、泛油等，因此，中药材在流通过程中须采取科学适宜的方法进行养护。

作为中药材现代物流体系建设的基础技术支撑，中药材养护技术必须满足三个基本条件：一是保证中药材贮存期间不虫蛀、不霉变、库存损耗少、品质基本不变化；二是技术本身须绿色、低碳、安全、环保，技术应用没有副作用；三是养护成本较低，操作简单，易于规模化推广。

中药材气调养护技术是近年来国内兴起的一种新型的中药材气调养护技术。该技术在常温下采用专用复合膜构建任意大小的密闭空间，通过投放气调剂，降低密闭贮存环境中的 O_2 浓度，提高 CO_2 浓度以及平衡相对湿度，营造出一个虫（卵）、霉无法生存的密闭环境，同时抑制中药材氧化变色，保持中药材水分稳定不散失，最终实现中药材在贮存过程中品质保持基本不变。

1. 中药材气调养护技术的基本功效

（1）彻底杀灭虫害。通过调控密闭空间的气体组分，营造不利于各种害虫生存的环境，一次性彻底杀灭各类害虫成虫、幼虫，以及耐药性极强的虫卵，密闭状态下可长期有效地防止虫害的再生。

（2）有效防止霉变。通过绝对低氧、相对高氮，结合调控密闭空间相对湿度的综合方法，有效抑制各种霉菌的滋生与发展，防止中药材霉变。

（3）保持水分稳定。通过密封膜物理隔离以及调湿剂双向调湿的双重作用，能有效保持中药材含水率的相对稳定。当外界湿度过高（＞70%）时，可防止中药材吸湿，导致水分增加，出现霉变；当外界湿度过低（＜50%）时，可防止中药材水分散失，避免出现重量、质量损失。

(4) 抑制氧化变色。能较强抑制中药材因发生氧化反应引起的变色，配合避光、温度控制措施，可有效解决绝大多数中药材的颜色转深问题。

(5) 保持/提升品质。通过营造出与外部环境隔离的低氧、高氮、湿度适宜的密闭贮存环境，能够有效避免外界环境剧烈波动造成的影响，保持中药材的品质相对稳定。此外，通过按需调节密闭空间的氧气浓度等参数，可以有效促进中药材的品质形成。

2. 中药材气调养护技术的应用优势

(1) 绿色环保、无毒无害，安全可靠、没有残留。养护全程不使用、不产生任何有毒、有害物质，不危害健康，不污染环境，不腐蚀设备，无任何残留，配合空间环境环保药剂治理，杜绝硫黄、磷化铝等有毒熏蒸带来的安全隐患，切实保障中药材、人员、环境及设施安全。

(2) 既能防(杀)虫，又能防(抑)霉，既能保质，又能提质。集虫霉防治与保质提质的功能于一体。不仅能够做到杀虫抑霉，还能全程防虫防霉，不仅能杀灭成虫、幼虫及虫卵，还能有效杜绝害虫抗药性，实现中药材整个养护周期彻底告别虫霉困扰。同时，通过按需调控中药材贮存密闭空间内的氧气浓度等参数，不仅可以保持中药材品质，还可有效提升需有氧参与品质形成的中药材品质。

(3) 操作简单，参数可调，维护方便，一次封存，长期有效。整个养护过程操作简单，维护方便，不涉及任何有毒危险、繁琐复杂的操作，也不接触带压容器设施，维护过程做好日常气调参数检测、调控以及仓库防鼠工作即可。一次封存即可安全贮存 2～3 年或更长时间。

(4) 常温养护，双向控湿，低碳节能。常温 35℃以下，不需要温度调控；借助密封膜物理隔离防护，结合气调剂物理调湿功能，实现外界高湿时，湿气不能进入密封膜内，外界低湿时，也很难吸收中药材的水分，保持贮存微环境湿度相对稳定，一方面有效避免了中药材吸收高湿气体，水分增加引发霉变，另一方面也有效避免了散失水分，水分减少引发重量以及质量损失。

值得注意的是，该技术主要是充分利用了自然界化学、物理等自主作用方式实现各项养护目标，整个过程自发进行，不需要任何大型机械耗能设备干预，能耗几乎可忽略不计，与市面上的低温冷藏库、气调保鲜库以及机械充氮气调技术需要消耗大量能耗相比，是真正意义上的低碳节能。

3. 中药材气调养护技术的衍生价值 重要产品追溯体系建设是国家层面近年来积极推动的一项强化全过程质量安全管理与风险控制的惠民措施。政府相继出台了一系列政策文件，以支持和指导追溯体系建设。其中包括 2015 年国务院办公厅印发的《关于加快推进重要产品追溯体系建设的意见》(国办发〔2015〕95 号)文件以及 2016 年农村农业部印发《关于加快推进农产品质量安全追溯体系建设的意见》(农质发〔2016〕8 号)文件。

中药材流通追溯体系建设是上述重要产品追溯体系建设中的重要组成部分。我国《中医药法》第二十四条明确指出："国家鼓励发展中药材现代流通体系，提高中药材包装、仓储等技术水平，建立中药材流通追溯体系。"2012 年开始，商务部在中央财政支持下，利用信息技术手段，把索证索票、购销台账制度电子化，形成"来源可知、去向可追、质量可查、责任可究"的中药材流通追溯体系，在提升中药材流通质量保证能力和现代化水平方面进行了非常有益的探索，获得了十分宝贵的实践经验，但也发现了实际追溯过程中存在的不足之处。以当前中药材流通行业的水平，在进行流通追溯的过程中，其中一个关键的问题是难以判断药材在流通过程中的质量变化是人为掺假使假导致的还是自然因素导致的，即当前的中药材追溯没有在闭环的条件下实施，使现行的流通追溯体系难以真正意义上实现责任可究的功能。

中药材追溯要真正实现全程来源可追、去向可查、责任可究，核心问题在于确保中药材在流通过程中的内外质量不受自然因素影响的条件下能够准确识别目标中药材是否受到人为因素的影响。而该气调技术（如气调周转箱）除能够保持中药材品质免受外界自然因素影响外，还具有"密闭性"这一独特特点（中药材在密闭的保护空间内，一旦密闭空间破坏，空间内的氧气浓度会即时发生变化，据此可判定目标中药材出现异常），从而可真正实现中药材在闭环条件下实现全程追溯。在一定程度上，气调与追溯是一对"孪生兄弟"，没有气调，就无法实现真正意义上的全程追溯。

基于该气调技术具有杀虫防霉、保持品质等功效，又与硫黄、磷化铝以及传统充氮气调相比具有绿色、环保、安全、低碳、密闭以及综合成本低的特点，能够同时解决中药材采收加工后进入仓储物流领域因自然虫霉因素以及人为掺假使假因素导致的中药材质量问题。2015 年，该技术被国家商务部制定成行业标准《中药材气调养护技术规范》（SB/T 11150－2015），并于 2016 年 9 月 1 日开始实施。2022 年，国家药监局等部门联合发布的我国新版《中药材生产质量管理规范》（GAP）中第一百零五条也明确提出了鼓励采用气调等有利于中药材质量稳定的新技术。

（六）开发物流与追溯信息一体化的公共管理平台

信息化是现代物流的根本特征之一。运用信息系统管理中药材物流是中药材现代物流体系的基本要求。鉴于中药材仓储物流基地建设的创新性、特殊性与国家有关中药材流通追溯的统一要求，为了避免各个中药材仓储物流基地企业的重复开发，更为了实现中药材的质量信息、经营主体信息、物流信息的全方位追溯与全程监管，在商务部的支持下，由中国仓储与配送协会以及中国中药协会两家协会共同组织开发了供各物流基地使用的"全国中药材物流信息公共管理平台"。

三、中药材现代仓储物流的发展方向

（一）物流基地与生产基地、初加工仓储物流中心对接

中药材仓储物流基地从 2014 年商务部推动建设，到 2021 年国务院办公厅 3 号文件将现代中药材仓储物流基地建设纳入“道地中药材提升工程”的重要内容，这就从国家层面界定了“物流基地”在中药材产业链、在国家中医药特色发展中的地位与作用。

国办 3 号文件也同时提出了“培育一批符合中药材现代化物流体系标准的初加工与仓储物流中心”的任务，与物流基地的要求不同，物流基地用的是“推动建设”，初加工与仓储物流中心用的是“培育”；物流基地用的是“标准化、集约化、规模化和产品信息可追溯”，初加工与仓储物流中心用的是“符合中药材现代化物流体系标准”。这说明，初加工与仓储物流中心是分散的、小型的，应当是符合中药材物流 5 项标准的，是中药材现代物流体系的最前端部分，即是可与物流基地对接的中药材初加工点及其暂存地。这既认可了物流基地应当按区域延伸建设中药材初加工网点的要求，也方便了物流基地与业内单独运营的初加工企业进行对接。

2022 年 3 月，国家药监局等 4 部门发布的新版 GAP 虽然在原版基础上扩展细化了许多具体要求，但针对的主体仍然是中药材专业合作社、联合社或者是中药饮片、中药生产企业延伸至前端的“公司＋”的生产基地，仍然是企业自产自营的模式，作为标准化、集约化、规模化、社会化的物流基地，仍然可以与新版 GAP 企业进行对接。

（二）集中仓储与源头质检、全程追溯一体化运营

中药材现代物流与一般工业品物流不同，一般工业品物流不强调源头质检与全程追溯（其质量由厂家负责，产品自带条形码）。集中仓储与源头质检、全程追溯一体化运营，之所以被认为是中药材现代物流的发展方向之一，是因为中药材的特殊性（目前药农分散生产，没有责任主体、没有条形码）。商务部自 2012 年起，通过中央财政支持开展了中药材流通追溯体系建设试点工作，旨在运用现代化技术实现中药材种植、流通、生产、使用的全链条追溯，从而实现中药材“来源可追、去向可查、责任可究”。但由于中药材物流组织方式落后，从采收之后的产地加工、包装、仓储、养护及运输均十分分散，难以做到从源头追溯、全程追溯，导致追溯体系的建设面临了较大的发展困境。

中药材现代物流体系的核心内容是建设一批布局合理的具有独立法人资质的中药材仓储物流基地，实行中药材集中仓储，前可集约规范产地加工与包装环节，中可规范中药材仓储与养护环节，后可规范运输与交易环节。如此，中药材追溯才能实现真正的质量追溯，才能有意义，而免于流于形式。

建设中药材物流体系的根本目的是保障中药材的质量与品质，质量保障是品质保障的

前提,只有通过质量检测,才能保障进入流通的药材是真的、无害的;中药材的产业链条较长,涉及的责任主体较多,为了分清责任,必须通过信息系统真实、实时记录药材基本信息、质量信息、各环节的主体企业信息,并实现全程追溯。

(三)中药材数字化供应链融合发展

数字化是现代物流的根本特征,也是构建中药材现代物流体系的重要原则。中药材物流的数字化管理,就是改变传统的仓库租赁经营方式,对药材的出入库与在库养护实施统一管理;改变传统的手工记账、垛卡管理方式,运用物流信息系统(WMS、TMS)对药材种植、质量、加工、仓储、运输等所有资讯实施实时、全程管理。

数字化供应链是指利用计算机等数字化技术全面规划供应链中的商流、物流、信息流、资金流等并进行计划、组织、协调与控制。中药材数字化供应链融合发展,就是要运用供应链管理的思想,将中药材流通的参与者链接成一个整体的链条,对其供应链物流活动实施计划与控制等职能。通过为企业内部与外部建立高效的供应链体系,实现供应链内信息和资源的共享,提高企业的客户反应能力。加强供应链内企业成员之间的交流,挖掘价值增值空间,实现风险共担和利益共享。改善成员之间物流节点的衔接,通过物流流程整合,提高供应链整体运营效果。

(四)中药材存货及仓单融资

自1999年以来,我国物流企业逐步开展“动产质押监管”业务,2007年《物权法》的发布,我国存货融资与质押存货管理得到快速发展,全国有近1 000家物流企业不同程度地开展了融资存货监管业务,有近100家专门从事“金融仓储”管理的企业。存货及仓单融资已经成为我国一个新的仓储业态,为中小企业动产融资发展提供了支撑服务。中药材是银行金融机构认可的担保物品,中药材存货及仓单融资完全可以成为中药材仓储物流基地的增值服务,是未来搞活中药材仓储物流基地的重要手段之一。

(五)专业化、标准化、规模化与社会化运作

专业化、标准化、规模化与社会化(第三方)既是现代物流发展的趋势与方向,同样也是中药材现代仓储物流的发展方向。

专业化,就是从根本上转变“大而全”“小而全”的经营观念,改变目前由中药材种植、经营主体分散进行药材初加工与仓储的现状,培植、再造一个专业化的中药材物流运营责任主体,面向中药产业链上的各类主体提供社会化(第三方)的物流服务。只有专业化,才能实现标准化、规模化与社会化;只有专业化、规模化的企业才具备开发、应用新技术、新设施的条件,才能实行标准化的作业与管理。

标准化,就是将现代物流原理与中药材的特点相结合,从设施、技术、作业与管理等各层面组织制订统一的标准文本,并组织培训、评价,推动各项标准的普遍实施,让各项标准成为

企业操作与管理的依据。

规模化，就是通过整合中药材行业分散的物流业态，实现中药材物流规模运营，规模化运营才能产生效益，才能可持续发展，才能进一步促进中药材物流的专业化和标准化。

社会化，就是向中药材供应链上各类主体提供第三方中药材物流服务。社会化可以有效避免中药材供应链上各类主体对物流设施的重复建设。社会化是中药材物流行业走向专业化、标准化与规模化的重要前提。

第五章
动物类中药材开发与利用

动物类中药材与植物类中药材相伴产生，是中医药学的重要组成部分。《山海经》中收载有动物类中药材66种；《周礼》提出“草、木、石、虫、谷”“五药”的概念，其中“虫”指的就是动物类中药材。历代中医药典籍中均收载有动物类中药材。《神农本草经》载有67种，《本草经集注》增加了46种，《新修本草》又补充了15种，《本草纲目》收载了461种，占收载药材总数的24.36%；《五十二病方》记载54种，《黄帝内经》使用6种，《伤寒杂病论》使用38种，《千金方》列出了127味动物类中药材的功效与主治，并创制了大量的动物类中药材为主的方剂。

历版《中国药典》也都有动物药及其制剂的收载，《中国药典》（2020版）收载动物药51种，占到收载中药材及饮片总数的8.2%。在民间流传使用以及具有药用价值的动物药或动物种类远超本草的记载，几乎涵盖了动物的所有门类。动物药材的应用历史悠久，种类多，疗效确切，药用价值高，应用广泛，且不可替代，为历代医家所推崇，研究和应用前景广阔。

在自然界，动物的种类超过150万种，已确认具有药用价值的动物约有2000种，还不及植物药的五分之一。动物药有着十分广大的自然资源以及十分广阔的未被认识的领域，有待人们去探索开发。

第一节
种质资源与繁殖材料

药用动物种质是指亲代传递给子代的遗传物质,一般在同一基原物种下界定,也称基因,是连续的遗传物质。不同药用动物不同繁殖方式采用的起始材料,均可称为繁殖材料。药用动物种质优劣对动物类中药材的质量和产量至关重要,种质的差异,直接影响到药材的质量、产量、性状,也关乎药用动物的适应性。动物类中药材生产应明确动物基原和种质,使用的基原应符合相关规定及标准。

一、基原鉴定方法

1. 形态鉴定法 形态鉴定是对动物的形态特征进行观察、测量、比较、核对、分析等手段,根据动物特有形态特征的组合,结合文献资料作出鉴定的一种方法,为最传统、也是最基础的鉴定方法。

2. 显微镜镜检法 显微镜镜检实际上是形态鉴定的一个方面,它主要是借助仪器设备将宏观不易看清的或肉眼不能看到的微观形态展现出来,从显微结构或亚显微形态对检材进行区分以达到物种鉴定的目的。随着显微技术的发展,偏光显微镜、荧光显微镜、紫外光显微镜、电子显微镜以及显微摄影技术等都可用于物种微观性状的观察。

3. 理化检验法 动物体的最基本结构单位是细胞,细胞的物质基础是各种有机物、无机物,包含 C、H、O、N、P、S 等各种元素。理化检验法即根据不同种动物各部分组织组成成分的物理化学性质差异进行检验,以确定动物种属。主要包括特定成分分析和广谱成分分析两种,常用的检验手段是色谱分析和光谱分析。

4. 蛋白质分析法 蛋白质是携带生物演化和发育遗传信息的信息分子,是基因的表达形式。不同的物种,其蛋白质的组成、结构和序列存在差异。对样本的蛋白质进行分析,根据蛋白质携带信息的异同可确定不同的物种。

5. 免疫学鉴定法 免疫学鉴定是根据物种存在种属特异性抗体和抗原,不同物种抗体和抗原之间相互作用发生凝聚反应，其反应存在一定的规律，据此可以鉴定不同的物种。

6. 分子生物学方法 运用现代分子遗传学技术鉴定野生动物检材，如对线粒体和细胞核的 DNA 进行序列分析，鉴定动物检材的种属；通过短串联重复序列（又称微卫星 DNA）遗传多态性分析进行个体识别和亲子关系鉴定。

二、基原物种选择

1. 法定标准基原物种选择 我国收载中药材基原物种相关的法定标准主要包括国家标准（《中国药典》）、卫生部部颁药品标准（简称部颁标准）、地方标准。一些未列入国家药典的品种，根据其质量情况、使用情况、地区性生产情况的不同，分别收入部颁标准与地方标准，作为各有关部门对这些药物的生产与质量管理的依据。

2. 一种药材多基原物种的选择 一般优先选择已经过研究证明质量优于其他基原的物种，如果尚无对比试验研究的，优先选择本草古籍认为最佳的物种，或在生产基地建设所在地应用历史较久、资源分布较多的物种。

3. 明确基原物种下的种质 少数药用动物经过长期的驯化和选择，形成、积累了较多的农家品种资源，由于同种药用动物的不同农家品种或选育品种之间存在质量差异，企业应根据生产需要和产地适宜性选择并明确种质。

三、繁殖材料选择

动物的繁殖也称为动物的生殖，分为胎生、卵生和卵胎生。哺乳动物一般为胎生，一般的鸟类、爬行类，两栖类、大部分的鱼类和昆虫几乎都是卵生，有些鲨鱼品种、少数爬行类动物（蛇蜥、蝾螈和阿尔卑斯山蜥蜴）为卵胎生。药用哺乳动物可以用种兽、幼兽作为繁殖材料，药用卵生动物可以用成龄动物、幼龄动物及卵作为繁殖材料，引进的繁殖材料需要经过进一步繁殖方可投入生产过程中。

药用动物的繁殖材料根据需要选择采用形态鉴定法、显微镜镜检法、理化检验法、蛋白质分析法、免疫学鉴定法、分子生物学方法进行物种的准确鉴定，提倡选择有明确命名的品种、品系或稳定优良种质，包括农家品种、各级认定或审定或登记的品种，或被行业认可的优良品系或种质。鼓励企业在基地规划中将种质基原选择明确到品种，不同品种也尽量避免混杂养殖，以确保药材质量的一致性。

企业应根据自身实际情况开展品种选育和提纯复壮工作，生产使用自育品种和经过提纯复壮的优良种源，可有效保证生产所用动物药材基原和质量的可控性。原则上企业所需繁殖材料若为自繁，需对原种进行鉴定，并保障该原种所产生子代性状的一致性、稳定性，若为外购，需优先选择具备资质的公司或繁育场所生产的繁殖材料，可提供基原或种质鉴定的证明材料，或可提供检测标准，委托第三方进行鉴定。

第二节
药用动物的养殖

药用动物养殖要对“目标种群”的生理习性进行充分的了解，主要包括引种、驯化、饲养、繁育、育种等环节，并与观赏动物养殖、经济动物养殖相互借鉴，共同发展。药用动物养殖业基本上是始于二十世纪中叶，融合了生物学、生态学、遗传学等基础理论及知识，涉及的药用动物种类繁多，生物学特性、对环境条件要求差别巨大，相关基础研究相对薄弱，尚处于发展完善阶段。药用动物养殖要按照国家动物保护与利用的法律法规，取得合法繁育养殖手续，养殖过程中要关注动物福利，根据国家相关法律法规制定相应管理制度。

一、养殖方式

（一）散放养殖

1. 全散放养殖方式 药用动物基本处于野生状态，适宜于以本地区域固有或从异地引进的种类，对在散养区内培育优势种具有很大的种群生产能力。由于药用动物在散养区内总分布面积大，相对分布面积较小，总生产量大。相对投入的人力、物力较少，养殖成本较低。该养殖模式要求散养区内不仅要有较大的区域范围，而且气候、地势、植被及动物群落组成条件有利于该种药用动物的发展，限制该种药用动物发展的敌害可以得到控制。全散放养殖方式对环境的选择要求高，散放区域内的自然环境与野生自主栖息生态环境近似，生活条件优于相邻环境，且气候适宜，食物丰富，能主动吸引所饲养的药用动物栖息于本区域内，防逃措施依赖天然屏障。

2. 半散放养殖方式 要求在选定的药用动物半散养区内具有防止其水平扩散的天然屏障外，并以此为基础建设人工隔离设施。如电围栏、铁丝网或土木结构的围墙、沟渠等，将药用动物限制在半散放区内活动。在药用动物自然采食的基础上，适当补充人工饲料，一般仅补充精料、食盐、饮水。采取适宜措施，改善药用动物生活环境，清除敌害，保证其正常的生长发育及繁殖。半散放养殖方式较全散放养殖方式药用动物的活动范围小，养殖密度大，单产高，人力、物力投入较大。

（二）控制养殖

1. 半密集养殖 是我国目前药用动物养殖采取的主要模式，养殖过程基本上是人工操作。由于饲养密度大，药用动物较易逃失，主要靠设置人工屏障加以控制。水生药用动物以陆地为屏，陆生药用动物以水为屏，大型兽类可用围墙、铁栅栏等控制，鸟类可用笼网控制，一些小型药用动物可采用垒、尼龙网、电围栏等控制。

2. 高密集养殖 单位面积内饲养的药用动物个体数量大，饲养环境相对稳定，饲料、饮水供应及排泄物的清洁等可实现自动化，养殖过程规范化程度高。药用动物个体生长速度快，生产周期较短，饲料利用率高，成本较低。

二、药用动物的养殖场地和设施

1. 养殖场地选址 药用动物养殖基地应选址于道地产区，除“传统”道地产区外，在保证质量的前提下，兼顾动物药材生产实际，“在非传统道地产区选址，应当提供充分文献或科学数据证明其适宜性”的规定。道地产区的界定与《中华人民共和国中医药法》一致。

对所养殖药用动物物种进行准确鉴定，应明确至种或亚种，并提供相关鉴定报告。

2. 养殖场地设施 养殖场是养殖的药用动物的生存环境，为养殖的动物提供适宜的生态环境。养殖场地的选择及仿野生环境建设是药用动物养殖的关键。全散放及半散放养殖方式需要建立在药用动物自然分布的地区，具有符合药用动物生长的气候、植被条件、食物来源等自然资源。控制养殖方式则通过建立仿野生环境的养殖场地，为药用动物生长发育创造一个与野生状态相似的环境，包括土壤、空气、阳光、水分等均按药用动物生物学特性及活动规律来确定，以保证药用动物养殖条件不断完善与规范。养殖场地宜建在远离闹区、公路，尽量避开人为的干扰，安静、少污染的地方。

养殖区域环境生态条件与药用动物的生物学和生态学特性相契合。养殖场所设施应与药用动物的习性相契合、饲养密度与养殖模式相契合。

三、引种

概括地说引种是对动物进行的人工迁移，是野生动物变为家养的第一个环节，直接影响着后续种群的发展。引种过程改变了动物的生活环境，考验动物的生命力和适应性。做到科学、合理、合规，分类、品种、品系及系谱清楚。引种包括以下工作。

1. 习性调查 研究动物在自然状态下的生活规律。①生境调查：为确定动物的养殖方式、场舍建设、相关设施配备和养殖管理提供依据。②食性调查：为人工饲料的研制及后续的饲喂提供依据。③行为调查：为制定饲养管理制度提供依据。④繁殖调查：为制定繁殖技术规程提供依据。

2. 基本要求 在国家法律允许的范围内，通过办理相关手续后方能进行引种工作。选用合适的运输工具，对动物进行异地迁移，要尽量避免对动物机体造成损伤、尽量减少动物精神方面损伤。常用方法有避光运输；麻醉运输；淋水运输；节食运输；散装运输；笼装运输。引种动物必须严格检疫，并进行相应的隔离、观察，严格遵循《中华人民共和国动物防疫法》。

四、驯化

概括地说驯化是指野生动物经过人类的饲养、选择和培育，在体型外貌、生活习性、生产性能方面发生根本变化，直至完全丧失野性，并依赖人类饲养维持生存和繁衍的过程。药用动物通常是对个体或群体进行相应的训练，建立对新条件的反射，达到对动物习性“控制”，以满足养殖的目的。驯化方式有单体驯化、群体驯化、直接驯化、间接驯化。驯化注意的环节主要有生活环境的驯化、食性的驯化、群性的驯化、幼龄期动物的驯化、休眠期动物的驯化、孵卵期动物的驯化、性活动期动物的驯化、繁殖期动物的驯化。

五、饲养

1. 养殖管理 养殖管理应掌握药用动物物种原产地的自然环境、该动物的生物学特征和生态要求，以及它生长发育相应阶段的生态环境和对各种生态因子的反应等。散放养殖方式保持养殖管理的自然属性。控制养殖方式通过人为方法，创造一定条件，使药用动物适应新环境的生活。要根据各种动物年龄、体质、性别和用途进行分群饲养管理。模拟动物在野生状态下繁殖，生长发育、脱皮、换毛和休眠等周期性季节活动规律，是划分生产期的基本依据，动物在野生状态下的摄食、饮水、排泄等周期性昼夜活动规律，是建立每天饲喂制度的依据。针对不同物种的药用动物进行不同的养殖管理。

根据生产及繁育需要确定药用动物群的组成与结构，适时周转。药用动物应分区饲养，繁殖区、育成区、生产区、隔离区的建立因地制宜，布局合理。

2. 食物供应 药用动物食性较复杂，有肉食性、草食性、杂食性之分，食物范围上有广食性、狭食性。不同的药用动物有不同的生活习性和生活方式，即使同一种动物在不同发育阶段也有不同行为和食性差异。为饲养的药用动物所提供的饲料主要为植物性饲料、动物性饲料、矿物性饲料和特殊饲料。植物性饲料又包括了青饲料、多汁饲料、精饲料和粗饲料。

用于加工、制作饲料的原料应选择《饲料原料目录》中的原料，并符合相应质量要求。饲料原料及加工后的饲料产品中有害物质及微生物的允许量等指标应符合《饲料卫生标准》。

生产或使用涉及转基因动物、植物、微生物的饲料原料应当遵守《农业转基因生物安全管理条例》的有关规定。进口饲料与饲料添加剂应符合《进口饲料和饲料添加剂登记管理办法》。饵料和饲料是同义词，但对于一些活的天然饵料一般不称饲料。

对于特殊原因改变药用动物食性的，要充分证明其适应性，并提供所生产的药材药效与原药药材一致的研究报告。

3. 饲料添加剂的应用 饲料添加剂通常可分为一般性饲料添加剂、营养性饲料添加剂和防治性饲料添加剂。一般性饲料添加剂是指能够保证饲料本身的质量，提高饲料使用率而加入一定量的物质成分；营养性饲料添加剂是指富含一些微量元素，如饲料级的维生素、矿物质、氨基酸等；防治性饲料添加剂则能够起到预防和治疗动物疾病的作用。饲料添加剂可以改善饲料适口性，增进药用动物采食，减少疾病，提高养殖效益，保障动物福利。

控制养殖方式下，不同的药用动物、在药用动物的不同生长发育阶段添加不同的饲料添加剂，可以增加养殖效益，但要控制好饲料添加剂的用量。

饲料添加剂应符合《饲料和饲料添加剂管理条例》要求，包装按《饲料标签》要求标注原料种类、营养成分、特殊添加等。饲料添加剂选用范围应在《饲料添加剂品种目录》要求范围内，同时严格按照饲料添加剂安全使用规范执行。

六、繁育技术

药用动物繁殖性能根据体形外貌鉴定、生产性能测定和系谱鉴定等方法进行综合选择。选择符合品种特征，生长发育好，健康无病的个体，主要生产性能达到或超过群体平均水平的个体。选择优秀的个体留作种用，提高群体生产性能，防止衰退。

散放养殖方式让药用动物在自然环境下自由交配。控制养殖方式模拟自然交配，可以适当调节雌雄比例以增加配种的成功率，交配成功后，人工控制养殖可人工辅助提高产子率、后代的成活率，增加养殖效益。

七、疫病防治

疾病防治是药用动物养殖过程中最重要的环节之一，本着“预防为主，治疗为辅”的原则。根据养殖药用动物的生物学特性、易感疾病的种类、发生季节及流行规律制定相应的防治方法，定期接种疫苗。养殖的药用动物一旦患病，应及时隔离，并进行诊断和治疗。合理使用兽药、消毒剂，确保动物药品安全。

传染病的流行有三个环节：传染来源、传播途径、易感动物。建立消毒制度的目的就是防止疫病发生，遵从“预防为主”的原则，从传染来源这一环节入手，消灭病原微生物。

在发生疫病期间，为消灭患病动物排出的病原体，应对其圈舍、粪便及污染的用具等物体随时消毒。疫病药用动物(包括尸体)或者不明原因死亡的药用动物及其排泄物火化或者深埋,按国家有关规定处理做到无害化。患传染病的动物要及时处死,并做无害化处理,在处理患病动物时要注意保护动物福利。

兽药、消毒剂的使用要符合国家相关法律、法规。

第三节 药用动物优良品种选育

药用动物良种选育是改良药用动物的遗传性状，培育出更适合人类需求的类群、新品系或新品种。应该说育种工作是随着药用动物的驯养过程同时开始的，对于大多数药用动物来说，驯养的时间较短，多为野生或半驯化动物，有关育种的工作基础薄弱。

一、药用动物的种质保存与驯化养殖

目前野生药用动物最好的保护方式是人工繁育或半人工散养，这种方式创造了比野外更优越、更安全的环境，延长了药用动物生命周期，提高了生产效能。目前野生动物种质保存的 3 种方式，即人工繁育、建立自然保护区和人工繁育动物的野化放归。

1. 人工繁育种群 人工繁育是药用动物种质保存的最有效的手段之一。根据药用动物生物学习性，选址建设专用场地，通过严格选种选育建立核心群，依据动物习性、食性确定动物日粮标准和日粮，对发病动物隔离治疗，健康养殖，确定药用动物最佳采收期。建立仿野生养殖基地，为药用动物生长发育创造一个与野生状态相似的环境，最大限度保证动物福利，最终实现药用动物产业化生产。

2. 建立自然保护区 在野生资源较多的地区建立单一物种或多物种综合自然保护区，对野外资源进行有效保护，达到永续利用，建立濒危野生药用动物的基因库，保护其种质资源。

3. 人工繁育动物的野化放归 人工繁育的野生药用动物达到一定规模后，通过一定条件的人工野化训练，最终放归野外栖息地，实现野生保护种群与人工繁育种群的同步增长。

二、品种选育与应用

育种概括地说是运用遗传学、繁殖学、发生学等生物学理论与方法改良动物的遗传性状，培育出更适合人类需求的类群。药用动物遗传育种是在充分掌握药用动物生理特性、繁殖特性、遗传性状等的基础上，运用生物学的基本原理与方法，培育出优质、高产、抗病性能强的新品系或新品种。为了更加科学地、有计划地开展药用动物遗传繁育工作，应有目的地建立育种目标、实施计划、遗传系谱，并根据每种药用动物的生产性能、年龄、性别，及时淘汰老弱个体，引进健康的幼年、壮年个体，保证药用动物种群结构和数量的健康稳定。

1. 药用动物养殖与育种基本现状 我国已培育出优良品种，如乌鸡、蜜蜂、家蚕等；已经培育出优良种群，基本达到优良品种标准，如吉林双阳梅花鹿、龙潭山梅花鹿、东丰梅花鹿等；已发现野生优良种群并进行驯养，如内蒙古阿尔山马鹿种群等；仅做到初步驯养的，在药用动物养殖中占多数。

2. 药用动物种源选择标准 多数药用动物由于人工饲养历史短，未有明确的种源标准，但可以参照动物分类学物种特征去做对比或选择有经验的专家指导，饲养历史较长的物种应严格按现行行业标准选引。

3. 优质种源选育 通过同质、异质选配和利用杂交技术，对引进的基原动物进行选育，培育适合当地自然条件的、抗逆性强的优质种源新品系。在种源选育中，重视有益基因的筛选，把表型选育与基因型选育有效结合起来，推进药用动物种源繁育科技进步，提高药用动物产业整体技术水平。

第四节
动物类中药材的采收及产地初加工

药用动物种类众多，生态习性各不相同，生活栖息环境多样，药用部位也各异，动物药材的采收及产地加工与植物、菌物药材差别明显，都有自身的特点。

一、动物类中药材的采收

(一) 采收原则

1. 遵循动物生活、生长发育规律 动物药的来源和入药部位复杂，其采收和加工需根据动物自身的繁衍、生活规律进行。

2. 有节制、可持续性采集 野生动物药资源有限，随着全球气候等的变化，部分动物群体存活本身就面临较大的挑战，部分已成为濒危物种，为保证药材的可持续性利用，需有计划采集，避开繁育期。

3. 正确采收 根据采收要求选用合适的方法和工具，避免药用动物受伤。例如蟾酥的采集全部是采集于蟾蜍的耳后腺，如果对皮肤腺进行蟾酥采集，会造成较多的伤口，蟾蜍恢复慢，且容易感染死亡，不利于蟾蜍资源的保护和可持续利用。

4. 药材质量的最优化和产量的最大化 这是适宜采收期的一般原则。

(二) 采收期

动物药采收期以“年限＋季节＋其他”的形式表述。不同动物类中药材适宜采收时间差异极大，且动物采收年限可能根据动物各自的生长周期不同，其年限计算单位也不同。例如家蚕和蜈蚣每蜕皮一次均为一龄，家蚕一个龄期 3～9 日，而蜈蚣龄期时间差异在 34～360 日不等，可见不同动物的生命周期差异大，难以统一年限和天数去规定明确的采收时间，需根据各自的生长周期而定。但养殖户和猎户对此并不熟知的情况下，在不正确的时间进行猎杀或采收，不仅所得药材的质量欠佳，还会浪费珍稀资源。应根据动物特性和用药需要选择适宜的采收期。

1. 以干燥全体入药的虫类动物的采收期 一般为其成年健壮期，以体重、体长和年龄综合判断采收期，多集中在春末至秋季繁殖期以外的活动旺期。以卵鞘入药的，应在其孵育为成虫之前采集。

2. 需除去内脏的动物采收期 除部分特殊要求为幼年期（如金钱白花蛇）外，其余均为成年期。蛇类药材全年均可采收，一般以3～4月较多。

3. 以特定部分入药的动物类中药材采收期 可根据部位分为角类、鳞甲类、骨类、贝壳类、脏器类。角类药材采收均为成年雄性动物，一般全年均可采收，多为夏秋季，需要锯采的角类药材选择凉爽的天气进行，避免感染。不需锯采的角类药材仅需拾取后除去杂质风干即可。甲类药材以秋冬采者为佳。骨类药材应采用成龄兽骨。脏器类药材的采收应在药用部位发育成熟后进行。贝壳类药材多在秋冬季停止生长前采收。

4. 以生理产物入药的动物采收期 通常可分为两类，一类是动物体本身生长发育或传递信息需要的生理产物（如麝香、蟾酥、蟾衣等），该类生理产物的采收时间一般为动物活动频繁旺盛且生长发育良好的时期。另一类为动物体本身的排泄物或生长发育退化的产物（如蛇蜕、蚕沙等）。此类生理产物无确定采收时间，注意及时拾取采集即可。

5. 以病理产物入药的动物采收期 自然染病药材及时采收干燥处理，但人工养殖需在正确的时间进行染病，染病后适宜时间进行采收。

（三）采收方法

不同地区对不同种类的动物药采收方法各异，产地对动物药的采收方法有诱捕、网捕、直接拾取、人工收取等，具体到各个品种也有各自具体的方法。产地药农采用的方法和药典规定的采收方法有一定差异，且药典针对部分动物药的采收方法规定模糊，不同的采收方式导致药材质量有差异，因此，针对动物药材的采收，应制定合理规范的操作规程。

诱捕法是采用灯光、食物或药物吸引捕捉对象使其集中进行采集。适用于各类昆虫的采集。

网捕法是采用特定大小的铁丝网或竹蔸进行捕捉。

直接拾取的药材一般为排泄物或动物生长发育退化产生的产物。

人工采取法的适用对象为可持续产生的生理产物。

（四）采收工具

动物药的采收多需及时加工处理，因此选用正确的工具极为重要。采收过程中避免工具接触对药材质量产生影响。注意工具的清洁。

（五）注意事项

（1）采收时应注意资源保护，以做到可持续、不妨碍动物体的生长发育为前提进行采收活动。

（2）注意采收的及时性。排泄物类采收后要及时干燥，避免污染霉变；蛇蜕等及时采收以保持其完整性。

（3）采集有毒或有危险的药物时，采集人员需注意个人防护，穿戴工作服、口罩、手套和防护眼镜等。

二、产地初加工

产地加工是动物药材生产的重要环节之一，直接影响着成品药材的品质。多数新鲜动物药含水量较大，营养物质丰富，干燥加工不及时，易腐烂变质。部分动物药在采时直接用草木灰、石灰等呛死的方式，引入杂质，导致药材灰分超标等，影响药材质量。

（一）产地加工基本原则

注意加工方式的合理性，在保证药效的前提下，做到方便实用；传统加工方式应与时俱进，结合现代技术，提高加工效率，保障药材品质。

（二）产地加工方法与技术要点

由于动物药采收时多为活体，多需要及时进行产地加工。不同药用部位、不同类别的药材产地加工方式不一致。

1. 以干燥全体入药 该类药材一般采用适宜方式将其杀死再干燥，方式多样，传统多采用闷死或烫死后晒干。

2. 以除去内脏的动物体入药 在杀死动物体后及时去除内脏，清洁后及时干燥，避免残留杂质，防止腐烂变质。

3. 以特定部分入药

（1）角类、骨类药材的加工：该类药材的传统干燥方式多为高温处理后干燥或直接干燥。高温处理的主要目的是快速脱水、杀菌防腐，处理方式多为水煮、油炸等。干燥方式各异，传统干燥方式多为晒干或风干，现代新增变温或恒温烘干及冻干等干燥方式。

（2）鳞甲类、贝壳类药材的加工：该类药材的加工多为及时除去肉，洗净、晒干或风干。使用时砂烫或煅制后碾成粗粉。

4. 以生理产物入药 对于动物体本身生长发育或传递信息需要的生理产物，多需要选择低温处理，避免高温。

5. 以病理产物入药 该类药材的加工需在适宜的时间及时干燥处理避免霉变。

（三）注意事项

（1）部分药材为病理产物，加工过程中需防止病理产物与部分附加病原扩散。例如僵蚕的干燥宜在晾晒棚进行，远离家蚕养殖区，避免白僵菌孢子扩散。

（2）加工废弃物、非药用部位需及时处理，避免误用或污染环境。

(3) 加工有毒或者有危险的动物药时，注意防护，穿戴工作服、口罩、手套和防护眼镜，避免中毒或受伤。

(四) 动物药材加工新技术

1. 趁鲜加工 动物类药材中，部分角类或骨类药材体积多较大，临床调剂应用不便，在使用时需用温水浸泡镑片或者粉碎成块状，该过程存在生产工艺交叉重复导致有效成分流失及加工成本高等问题。趁鲜加工具有减少再加工难度、便利仓储运输、减少重复环节、降低成本、提高饮片质量等优点。因此，对于需要二次加工用于饮片调剂的药材，可采取趁鲜切片或断块干燥等方式，有利于提升药材的品质以及便于临床应用。

2. 新型饮片 现代新型饮片主要类型有极薄片、粗颗粒、超微粉、破壁饮片、流动性饮片以及配方颗粒等。新型饮片具有便于临床调剂及携带服用、提高药物溶出率和生物利用度、保证药效等作用。

第五节
动物类中药材应用、生产基本现状

一、我国动物类中药材应用现状

(一) 现行《中国药典》收载的动物类中药材

动物入药在我国具有悠久的历史,被认为是“血肉有情之品”,多有“行走通窜之功”,是传统中药的重要组成部分,也是中医药一大特色。动物类中药材具有资源分布广、活性强、疗效高等特点,在临床上具有不可替代的作用与地位,历代本草均有记载。历版《中国药典》都收载有动物药及其制剂,《中国药典》(2020 版)版一部正文项下收载动物类中药材 51 味,四部通则项下记录入中药成方制剂中使用的动物类中药材 52 味,合计 103 味,具体见表 5-1、5-2。

表 5-1 《中国药典》2020 年版一部正文中收载的动物类中药材

基原动物			药材名称	药用部位
环节动物门		钜蚓科:参环毛蚓、通俗环毛蚓、威廉环毛蚓、栉盲环毛蚓	地龙	干燥全体
		水蛭科:水蛭、蚂蟥(宽体金线蛭)、柳叶蚂蟥(尖细金线蛭)	水蛭	干燥全体
软体动物门		鲍科:杂色鲍、皱纹盘鲍、羊鲍、澳洲鲍、耳鲍、白鲍	石决明	贝壳
		珍珠贝科:马氏珍珠贝 蚌科:三角帆蚌、褶纹冠蚌	珍珠母	贝壳
			珍珠	受刺激形成的珍珠
		蚶科:毛蚶、泥蚶、魁蚶	瓦楞子	贝壳
		牡蛎科:长牡蛎、大连湾牡蛎、近江牡蛎	牡蛎	贝壳
		帘蛤科:文蛤、青蛤	蛤壳	贝壳
		乌贼科:无针乌贼、金乌贼	海螵蛸	骨状内壳
节肢动物门	蛛形纲	钳蝎科:东亚钳蝎	全蝎	干燥全体
	多足纲	蜈蚣科:少棘巨蜈蚣	蜈蚣	干燥全体
	昆虫纲	蝽科:九香虫	九香虫	干燥全体
		鳖蠊科:地鳖或冀地鳖	土鳖虫	雌虫干燥体

续 表

基原动物			药材名称	药用部位
		瘿绵蚜科:五倍子蚜	五倍子	虫瘿
		介壳虫科:白蜡虫	虫白蜡	雄虫分泌的蜡
		胡蜂:科果马蜂、日本长脚胡蜂、异腹胡蜂	蜂房	巢
		蜜蜂科:中华蜜蜂、意大利蜂	蜂蜡	分泌的蜡
			蜂蜜	所酿的蜜
		蜜蜂科:意大利蜂	蜂胶	干燥分泌物
		螳螂科:大刀螂、小刀螂、巨斧螳螂	桑螵蛸	干燥卵梢
		芫青科:黄黑小斑蝥、南方大斑蝥	斑蝥	干燥全体
		蝉科:黑蚱	蝉蜕	羽化时脱落的皮壳
		蚕蛾科:家蚕	僵蚕	4～5 龄的幼虫感染(或人工接种)白僵菌而致死的干燥体
		蝙蝠蛾科:蝙蝠蛾	冬虫夏草	寄生在蝙蝠蛾科昆虫幼虫上的子座及幼虫尸体的复合体
脊索动物门	鱼纲	海龙科:刺海马、浅纹海马、大海马、三斑海马、小海马(海蛆)	海马	干燥全体
		海龙科:刁海龙、拟海龙、尖海龙	海龙	干燥全体
	两栖纲	蛙科:中国林蛙	蛤蟆油	雌蛙的干燥输卵管
		蟾蜍科:黑眶蟾蜍、中华大蟾蜍	蟾酥	干燥分泌物
	爬行纲	壁虎科:蛤蚧	蛤蚧	除去内脏的干燥全体
		龟科:乌龟	龟甲	背甲及腹甲
			龟甲胶	龟甲经煎煮而制成的固体胶
		鳖科:鳖	鳖甲	背甲
		游蛇科:乌梢蛇	乌梢蛇	干燥全体
		眼镜蛇科:银环蛇	金钱白花蛇	幼蛇干燥全体
		游蛇科:锦蛇、黑眉锦蛇、乌梢蛇	蛇蜕	干燥表皮膜
		蝰科:五步蛇	蕲蛇	干燥全体
	鸟纲	雉科:家鸡	鸡内金	干燥砂囊内壁
	哺乳纲	牛科:牛	牛黄	干燥胆结石
		牛科:水牛	水牛角	角
			水牛角浓缩粉	角提取物
		猪科:猪	猪胆粉	胆汁的干燥品
		牛科:赛加羚羊	羚羊角	角
		鹿科:梅花鹿、马鹿	鹿茸	雄鹿未骨化密生茸毛的幼角
			鹿角	角或锯茸后翌年春季脱落的角基
			鹿角胶	为鹿角经水煎煮、浓缩制成的固体胶

续 表

基原动物		药材名称	药用部位
		鹿角霜	为鹿角去胶质的角块
	鹿科：马麝、林麝、原麝	麝香	成熟雄体香囊中的干燥分泌物
	马科：驴	阿胶	干燥皮或鲜皮经煎煮浓缩制成的固体胶
	人	血余炭	头发制成的炭化物
	其他	体外培育牛黄	干燥胆结石
		人工牛黄	

表 5－2 《中国药典》(2020 年版四部)中药成方制剂中使用的动物类中药材

基原动物			药材名称	药用部位
软体动物门		蚌科：三角帆蚌、皱纹冠蚌、背壳无齿蚌 珍珠贝科：马氏珍珠贝	珍珠层粉	珍珠壳内层部分加工而成的粉末
节肢动物门	甲壳纲	蟹科：中华绒毛螯蟹、溪蟹、云南溪蟹	方海(螃蟹)	干燥全体
	昆虫纲	金龟子科：屎壳郎	蜣螂	干燥全体
		潮虫科：平甲虫	鼠妇虫	干燥全体
		蚕蛾科：家蚕	蚕沙	干燥粪便
		金龟子科：朝鲜黑金龟子等同属近缘种	蛴螬	干燥幼虫
		胡蜂科：胡蜂	胡蜂	虫体
		虻科：复带虻	虻虫	雌虫体
		瘿绵蚜科：五倍子蚜	百药煎	加工品
苔藓动物门		胞孔科：脊突苔虫	浮海石	干燥骨骼
棘皮动物门		海盘车科：多棘海盘车、罗氏海盘车	海星	干燥全体
脊索动物门	两栖纲	蟾蜍科：黑眶蟾蜍、中华大蟾蜍	干蟾	干燥全体
			蟾皮	干燥皮
	爬行纲	海龟科：玳瑁	玳瑁	背甲
		鳖科：鳖	鳖甲胶	鳖甲经煎煮而制成的固体胶
		石龙子科：石龙子	铜石龙子	干燥全体
		眼镜蛇科：银环蛇 蝰科：高原蝮 游蛇科：翠青蛇	蛇肉	除去头尾及皮的干燥体
		眼镜蛇科、游蛇科或蝰科多种蛇	蛇胆汁	胆汁
	鸟纲	雉科：家鸡	凤凰衣	蛋壳内干燥卵膜
			鸡蛋壳(炒)	卵壳
			鸡骨	骨骼
		雉科：乌骨鸡	乌鸡	新鲜全体
		鸭科：鹅	鹅胆粉	胆汁干燥品

续 表

基原动物		药材名称	药用部位
	文鸟科:麻雀	雀脑	脑髓
		麻雀	干燥体
哺乳纲	鼯鼠科:复齿鼯鼠	五灵脂	干燥粪便
	牛科:山羊、绵羊	羊骨	去头干燥骨骼
		羊肉	肉
		羊胆	胆
		鲜羊肝	肝
	犬科:狗	狗骨	骨骼
		狗鞭	干燥阴茎和睾丸
	牛科:山羊	山羊角	角
	刺猬科:刺猬、短刺猬	刺猬皮	干燥外皮
	猪科:猪	猪骨	干燥骨骼
		猪脑粉	脑髓干燥粉
		猪胆汁	胆汁
		猪胆膏	胆汁的浓缩品
		猪脊髓	新鲜脊髓
		猪蹄甲	蹄爪甲壳
	鹿科:梅花鹿、马鹿	鹿心粉	新鲜心脏
		鹿血	干燥血
	鹿科:梅花鹿	全鹿干	全体加工品
	熊科:黑熊	熊胆粉	引流胆汁干燥品
	牛科:牛、水牛	牛胆汁	胆汁
		牛心	心
		牛乳	乳汁
	鲮鲤科:穿山甲	穿山甲	鳞甲
化石类	石燕科:中华弓石燕、弓石燕	石燕	化石
	古代哺乳动物三趾马、牛、鹿、犀等	龙齿	牙齿化石
		龙骨	骨骼或象类门齿化石

(二) 部颁及地方药材标准收载的动物类中药材

我国各地基本都有使用动物治疗疾病的习惯,动物类中药材在民间流传使用广泛,同时也是少数民族医药体系中的重要组成部分。部颁藏、蒙、维收载动物药 41 味(统计数据来自药智网、《中国药材标准名录》),除去与药典及地方标准重复的品种有 15 味;地方标准收载动物类中药材 752 味,除去相互重复、与药典相同的品种有 185 味,见表 5-3、5-4。

表 5-3　部颁藏、蒙、维药材标准中收录的动物类中药材（不含与药典及地方标准相同品种）

基原动物			药材名称	药用部位
软体动物门		田螺科：中国圆田螺等几种田螺	螺厣（曲森代毛）	厣
节肢动物门	昆虫纲	蚁科：拟黑刺蚂蚁	黑蚂蚁	干燥虫体
脊索动物门	两栖纲	蛙科：湖蛙	湖蛙	干燥全体
		蛙科：中国林蛙、高山蛙	林蛙	干燥全体
	爬行纲	鬣蜥科：新疆鬣	新疆鬣蜥	干燥体
		石龙子科：沙龙子	沙龙子	干燥体
		壁虎科：西域沙虎	沙虎	干燥体
		蝰科：中介蝮蛇	中介蝮蛇	新鲜或干燥体
		鬣蜥科：喜山鬣蜥	喜山鬣蜥	干燥全体
	鸟纲	鸽科：家鸽、原鸽、岩鸽	鸽子肉	具灰蓝色羽毛的新鲜鸽子肉
		鹰科：秃鹫、胡秃鹫	鹫粪	干燥粪便
	哺乳纲	骆驼科：双峰驼	初乳	初乳
			驼峰油	脂肪提炼油脂
		猪科：野猪	黑冰片	干燥成形粪便
		牛科：藏羚羊	藏羚角	角

表 5-4　地方药材标准中收录的动物类中药材（不含与药典相同品种）

基原动物			药材名称	药用部位
环节动物门		正蚯蚓科：赤子爱胜蚓	赤地龙	新鲜或干燥体
		正蚯蚓科：赤子爱胜蚓、红色爱胜蚓	鲜赤龙	鲜体
腔肠动物门		根口水母科：海蜇、黄斑海蜇	海蜇	口腕部、伞部
		树珊瑚科：栎珊瑚	鹅管石	石灰质骨骼
		矶花科：桃色珊瑚等	珊瑚	珊瑚虫分泌的石灰质骨骼
软体动物门		帘蛤科：文蛤	文蛤肉	肉
		牡蛎科：长牡蛎、大连湾牡蛎、近江牡蛎	牡蛎肉	肉
		蚌科：三角帆蚌、褶纹冠蚌	鲜河蚌肉	新鲜蚌肉
		田螺科：环棱螺属多种软体动物	白螺蛳壳	风化后的贝壳
		骨螺科：红螺、脉红螺	海螺	贝壳
		巴蜗牛科：同型巴蜗牛	蜗牛	干燥体
		乌贼科：金乌贼、曼氏无针乌贼	乌贼墨	干燥墨囊
		蚌科：三角帆蚌、皱纹冠蚌、背壳无齿蚌 珍珠贝科：马氏珍珠贝	珍珠层粉	除去角质层及棱柱层的贝壳，经加工而成的干燥细粉
节肢动物门	甲壳纲	蟹科：中华绒毛螯蟹、溪蟹、云南溪蟹	方海（螃蟹）	干燥全体
		虾科：对虾	对虾壳	除去虾肉后的干燥头部和甲壳

续 表

基原动物		药材名称	药用部位
	虾科：鹰爪虾	海米	干燥去壳体
	虾科：长毛对虾	虾仁	肌肉
蛛形纲	金蛛科：金蛛	花蜘蛛	干燥虫体
多足纲	圆马陆科：宽跗陇马陆	陇马陆	干燥全体
昆虫纲	蚕蛾科：家蚕	蚕蛹	干燥蛹
		蚕蛹提取物	蛹的全体经酸水解加工而成的粉末
		蚕蛾	干燥雄体成虫
		蚕茧	茧
		蚕沙	干燥粪便
	天蚕蛾科：柞蚕	酒浸雄蚕蛾	未交配的雄性柞蚕蛾活体去翅加入白酒中而制得含有虫体的酒浸液
		柞蚕蛹	蛹
	蜜蜂科：中华蜜蜂、意大利蜜蜂	蜂王浆	工蜂咽腺分泌的乳白色胶液
		雄蜂蛹	雄蛹
		蜂王幼虫	鲜的蜂王幼虫
		巢脾	蜂巢
	蜜蜂科：竹蜂	竹蜂	干燥体
	蜂科：没食子蜂的幼虫	没食子	干燥虫瘿
	蜚蠊科：美洲蜚蠊、澳洲蜚蠊	美洲大蠊	干燥全体
		蟑螂	活成虫
	蚁科：棕褐沙林蚁	蚂蚁	干燥全虫
	白蚁科：黑翅土白蚁、黄翅大白蚁	白蚁巢	白蚁群体及离褶伞科真菌鸡枞菌圃巢的干燥体
		白蚁	干燥体
	蚁科：双齿多刺蚁、拟黑刺蚂蚁	黑蚂蚁	成虫干燥体
	蝉科：黑蚱	老秋蝉	干燥成虫全体
	蝉科：黑翅红娘子、褐翅红娘子	红娘子	干燥体
	蜓科：碧伟蜓 蜻科：夏赤蜻	蜻蜓	干燥全体
	蚂蛉科：中华东蚂蛉幼虫	倒爬虫	干燥虫体
	天蛾科：榆绿天蛾、旋花天蛾、桃六点天蛾	葫芦蛾	成虫的干燥全体
	潮虫科：鼠妇 平甲虫科：平甲虫	北鼠妇虫	干燥全体
	蟋蟀科：蟋蟀	蟋蟀	成虫的干燥全体
	鳃金龟科：华北大黑鳃金龟及其近缘昆虫	蛴螬	干燥幼虫
	金龟子科：大黑粪金龟(屎壳郎)或双叉犀金龟(独角仙)	蜣螂	干燥全虫

续 表

基原动物			药材名称	药用部位
		姬蠊科:金边土鳖	金边土鳖	干燥虫体
		丽蝇科:大头金蝇或其他近缘昆虫	五谷虫	干燥幼虫
		芫青科:绿芫青成虫	青娘虫	干燥全虫
		虻科:复带虻	虻虫	雌虫体
		瘿绵蚜科:五倍子蚜	百药煎	加工品
棘皮动物门		球海胆科:马粪海胆、光棘球海胆 长海胆科:紫海胆 刻肋海胆科:细雕刻肋海胆、北方刻肋海胆等	海胆	干燥石灰质骨壳
			海胆黄	干燥生殖器和卵巢
		刺参科:绿刺参 海参科:黑海参或同科属多种海参	海参	除去内脏的干燥体
		海盘车科:多棘海盘车、罗氏海盘车 槭海星科:镶边海星及其他种海星	海星	干燥全体
脊索动物门	鱼纲	鳢科:鳢	鲜乌鳢	新鲜全体
			乌鳢	除去内脏及鳞鳍的肉
			乌鳢提取液	鲜乌鳢制成的水溶液
		鲤科:鲢	鲢鱼	肉
		石首鱼科:大黄鱼、小黄鱼 鲟科:鳇鱼	鱼鳔	干燥鱼鳔
		鳅科:泥鳅	泥鳅(冷冻干燥品)	肉或全身的冷冻干燥品
		海蛾鱼科:海蛾	海麻雀	干燥全体
	两栖纲	蟾蜍科:黑眶蟾蜍、中华大蟾蜍	蟾蜍	除去内脏的干燥整体
			干蟾	干燥全体
			蟾皮	干燥皮
		小鲵科:西藏山溪鲵、山溪鲵	羌活鱼	除去内脏的干燥全体
	爬行纲	壁虎科:无蹼壁虎、多疣壁虎、壁虎	壁虎	干燥全体
		蜥蜴科:丽斑麻蜥、华北麻蜥、山地麻蜥	马蛇子	干燥全体
		鬣蜥科:变色树蜥	马鬃蛇	干燥全体
		石龙子科:堰蜓	石龙子	干燥全体
		蝰科:蝮蛇	蝮蛇	新鲜或干燥体
			蝮蛇毒	毒腺分泌液
		游蛇科:王锦蛇、乌梢蛇、赤链蛇 眼镜蛇科:银环蛇等	干蛇胆	干燥胆
			蛇油	体内脂肪
			蛇胆	胆
			蛇胆汁	胆汁
			蛇蜕	蜕下的干燥皮表膜
		游蛇科:三索锦蛇	三索锦蛇	除去内脏的全体
		游蛇科:灰鼠蛇	过树榕蛇	除去内脏的全体

续 表

基原动物		药材名称	药用部位
	蛇蜥科:脆蛇蜥、细脆蛇蜥	脆蛇	干燥全体
	海蛇科:平颏海蛇	海蛇	干燥全体
	鳖科:鳖	活鳖	活体
		鳖头	干燥头部
		鳖甲胶	鳖甲经煎煮而制成的固体胶
	龟科:乌龟、黄喉水龟、黄缘闭壳龟	龟	肉
	龟科:黄喉水龟	浙龟甲	背甲及腹甲
	海龟科:玳瑁	玳瑁	背甲
鸟纲	雉科:家鸡	蛋黄油	鲜卵的卵黄提取物
		鸡胆	胆
		鸡肠	新鲜或脱脂干燥肠
		鸡油	油
		鸡子白	蛋内干燥蛋白
		鸡睾丸	雄性的睾丸
		凤凰衣	蛋壳内干燥卵膜
		鸡蛋壳(炒)	卵壳
	雉科:乌骨鸡	乌鸡	新鲜全体
	文鸟科:麻雀	白丁香	干燥粪便
		雀脑	脑髓
		麻雀	干燥全体
	海燕科:海燕	海燕	干燥全体
	杜鹃科:褐翅鸦雀或小鸦鹃	红毛鸡	干燥全体
	鹰科:胡兀鹫、秃鹫	鹫粪	干燥粪便
	鸭科:家鸭	鸭内金	干燥砂囊内壁
	鸭科:鹅	鹅胆粉	胆汁干燥品
哺乳纲	马科:驴	驴鞭	雄性的干燥生殖器
		驴皮	整张干燥皮或鲜皮
	马科:马	马宝	胃肠中的结石
	牛科:牛、水牛	牛鞭	雄性牛的干燥阴茎及睾丸
		牛胆粉	胆汁的干燥品
		牛胆汁	胆汁
		牛髓	脊髓
	牛科:牛、黄牛、水牛	牛角腮	角中的骨质角髓
	牛科:黄牛、水牛	牛骨	干燥骨骼
		牛骨胶	新鲜骨骼经提取所得的干燥胶粉

续 表

基原动物	药材名称	药用部位
牛科:牦牛	牦牛黄	干燥胆结石
牛科:牛	肾精子	膀胱结石
牛科:野牦牛、扭角羚	野牛心	带血的干燥心脏
牛科:牛、绵羊	牛羊草结	胃内食入毛绒等形成的结石
牛科:牛、羊	胆酸	胆汁或胆膏经提取、加工制得
牛科:山羊	山羊角	角
	山羊血	干燥血块
	羊脑粉	脑
牛科:山羊、绵羊	羊肾	干燥阴茎及睾丸
	羊角	角
	羊胆膏	胆汁经去除杂质浓缩制成的稠膏
	羊胆水	新鲜胆汁
	羊肉	肉
牛科:绵羊	羊胎盘	健康的胎盘
鹿科:白唇鹿、梅花鹿、马鹿、驼鹿	鹿肾	干燥阴茎及睾丸
	鹿胎	雌鹿腹中胎鹿及胎盘
	鹿皮	全身皮
	鹿茸血	干燥鹿茸血
	鹿心	干燥心脏
	鹿尾	干燥尾
	鹿筋	四肢干燥筋
鹿科:梅花鹿、马鹿	鹿血	干燥血
鹿科:梅花鹿	全鹿干	全体加工品
鹿科:驯鹿	驯鹿角	雌、雄鹿已骨化的角
鹿科:驼鹿	驼鹿角	雄鹿已骨化的角
	驼鹿鞭	干燥阴茎及睾丸
	驼鹿筋	四肢带蹄的干燥筋
鹿科:白唇鹿	白唇鹿鞭	干燥的阴茎和睾丸
	白唇鹿角	已骨化的角或拾取自然脱落的角或自基部锯下的角
	白唇鹿筋	四肢的干燥筋腱
	白唇鹿茸	雄鹿未骨化密生茸毛的幼角
	白唇鹿尾	干燥尾部
鹿科:白唇鹿、梅花鹿、水鹿、白鹿	鹿顶骨	锯去鹿茸或角的干燥脑顶骨

续 表

基原动物	药材名称	药用部位
猪科：猪	猪骨	骨骼经加工炮制而成
	猪胆汁	胆汁
	猪胆膏	胆汁的浓缩品
	猪胆汁酸	胆汁
	猪大肠	新鲜大肠
	猪脊髓	新鲜脊髓
	猪肾	肾
	猪胰脏粉	干燥胰脏
	猪血粉	干燥血
猪科：野猪	野猪粪	干燥粪便
鼬科：香鼬	香鼬	干燥肉
鼬科：水貂	貂肾	雄性的外生殖器
鼬科：紫貂	貂油	皮下脂肪经蒸馏而制得的脂肪油
鼬科：狗獾	獾油	皮下脂肪油
鼬科：水獭	水獭肝	干燥肝脏
	水貂鞭	干燥阴茎及睾丸
兔科：野兔（蒙古兔）、家兔等	望月砂	干燥粪便
	兔心	干燥心脏
熊科：黑熊、棕熊	熊胆	干燥胆
熊科：黑熊	熊胆粉	引流胆汁干燥品
猫科：豹	豹骨	干燥骨骼
河狸科：欧亚河狸、加拿大河狸	海狸香	香囊分泌物
海狮科：海狗 海豹科：海豹	海狗肾	干燥雄性外生殖器（阴茎和睾丸）
鼯鼠科：复齿鼯鼠	五灵脂	干燥粪便
刺猬科：刺猬、短刺猬、达乌尔猬、大耳猬	刺猬皮	干燥外皮
犬科：狗	狗骨	骨骼
	狗鞭	干燥阴茎和睾丸
鲮鲤科：穿山甲	穿山甲	鳞甲
猴科：猕猴、红面猴或其他猴	猴枣	胆结石
	猴骨	骨骼
人	坎炁（脐带）	初生婴儿干燥脐带
	人中白	尿自然沉结的固体物
	胎盘	新鲜胎盘
	人指甲	手指甲

续 表

基原动物		药材名称	药用部位
化石类	穹房贝科：厚秃咀贝、弱褶秃咀贝 克拉克贝科：波罗扬子贝 全形贝科：直脊裂线贝、裂线贝	石燕(四川)	化石
	石燕科：中华弓石燕、戴维逊穹石燕及多种近缘动物	石燕(部颁标准)	化石
	古代哺乳动物三趾马、牛、鹿、犀等	龙齿	牙齿化石
		龙骨	骨骼或象类门齿化石
	石燕科：中华弓石燕、弓石燕	石燕	化石

二、我国动物类中药材生产现状

长期以来，动物类药材主要是通过猎捕自然药用动物获得，动物类中药材生产与其自然资源保护间的矛盾长期存在，近代以来尤为突出，合理解决动物类中药材生产与资源保护之间的矛盾是动物药可持续利用的前提。现阶段，通过药用动物的养殖获得所需动物类中药材，是解决这一矛盾，实现可持续利用最为有效的手段。

(一) 自然药用动物资源的可持续利用

目前，动物类中药材对单纯自然渠道供给的依赖度正逐年下滑，仍然主要依赖自然来源的品种包括海洋动物，如海龙、海马、海螵蛸等；人工养殖技术仍待突破的品种，该类药材以羚羊角为代表；需求量过小、难以商业化开发的品种，如九香虫、桑螵蛸、鼠妇虫、露蜂房、虻虫等。有些种类的动物类中药材现已进行人工养殖，受驯化程度较低、养殖技术不够成熟、市场等多种因素影响，产量不能满足市场需要，人工养殖品与自然品并用，以全蝎、蜈蚣、蝉蜕、蛇类药材等为代表。

一味地禁止药用动物资源开发利用并不利于资源的保护，有效保护珍稀濒危动物的野外资源，一方面取决于保护能力，使野生动物及其栖息地得到恢复和发展；另一方面，取决于监管能力，遏制市场需求对自然动物资源的破坏。目前，对于尚未实现人工养殖的动物药品种，首先应加强其基原动物自然种群及栖息地的保护，基于其资源情况，在保证生态平衡的前提下，合理开发利用。其次是替代品开发，如以水牛角取代犀角、狗骨取代虎骨、开发山羊角和藏羚羊角以弥补羚羊角资源短缺、培植灵猫香替代麝香等。

(二) 半驯养动物类中药材生产

半驯养动物类中药材生产的关键要素是根据药用动物生物学特性及对环境条件的要求，在其原生或相类似的自然环境中，通过环境保护及生态修复，采取自然更新或人工更新的方式增加种群数量，在保证种群能持续稳定发展的前提下，为市场提供相应的动物类中药材，确保资源的可持续利用。目前，通过半驯养方式生产的动物类中药材以蛤蟆油、散放鹿茸为代表。

半驯养药用动物的药材生产的关键要素是根据药用动物生物学特性及对环境条件的要求，在其原生或相类似的自然环境中，通过环境保护及生态修复，采取自然更新或人工更新的方式增加种群数量，在保证种群能持续稳定发展的前提下，为市场提供相应的动物类中药材，确保资源的可持续利用。

（三）全驯养动物类中药材生产

目前，人工驯化养殖是动物药供给的主要途径，如人工养殖梅花鹿与马鹿生产鹿茸、养殖黑熊引流取胆汁生产熊胆粉、人工培育珍珠、人工培植牛黄、人工养殖林麝活体取香、养殖复齿鼯鼠生产五灵脂等，乌鸡、美洲大蠊已经实现工厂化养殖。

我国梅花鹿（东北梅花鹿）的养殖历史超过300年，目前我国人工驯养的鹿类主要有梅花鹿（东北梅花鹿）、马鹿（东北马鹿、天山马鹿、阿尔泰马鹿）。鹿的饲养遍布全国，主要养殖区集中在吉林、辽宁、黑龙江、内蒙古、新疆等地区，其次是山东、河北、山西、甘肃等地区。经过人工驯养和选育，培育出了鹿茸生产性能高、品质好的双阳梅花鹿、西丰梅花鹿、敖东梅花鹿、四平梅花鹿、兴凯湖梅花鹿、东丰梅花鹿、长白山梅花鹿、清原马鹿、塔河马鹿等优良的茸用鹿品种。全国梅花鹿存栏约50万头、马鹿约10万头，产品基本能满足市场需求。

传统熊胆的采收主要通过自然猎取黑熊和棕熊获得，20世纪80年代初期，黑熊引流取胆技术自国外传入我国，通过胆囊造瘘手术以引流方式取出熊胆囊中的胆汁，经干燥后制成熊胆粉。初期相关技术不够成熟，饱受争议，很快"无管引流"技术的成功推广有效减轻了引流过程对熊体产生的伤害，同时也提高了熊胆汁的质量与产量。我国养熊业初期相关法律法规不健全，一度发展到近500家。经过清理整顿，"养熊取胆"场调整至目前较规范的68家，养殖黑熊数量近8 000只，年产熊胆粉基本可以满足市场需求，人工养熊业的发展较好地解决了保护熊类物种、维持生物多样性与开发和利用熊类资源之间的矛盾，实现了保护和利用自然资源上的双赢。

麝香的国内外需求量大，一直供不应求。根据1999—2001年全国麝资源专项调查，我国野生麝数量由20世纪60年代250万～350万头下降到6万～7万头，不足20世纪60年代自然种群数量的5%，栖息地快速缩小并呈"岛屿状"分布，野生麝资源濒于枯竭。我国于2003年2月将麝属各种从国家二级保护自然动物提升为一级保护野生动物，禁止从野外猎取麝与麝香。国际上把麝类动物列入《濒临绝种自然动植物国际贸易公约》（CITES）附录Ⅱ。《世界自然保护联盟濒危物种红色名录》（*The IUCN Red List*）：濒危物种（EN）。我国1958年开始林麝的人工养殖，进入20世纪70年代林麝的养殖技术基本成熟，目前麝香的生产主要通过人工养殖林麝获取，其他麝类养殖数量很少。林麝在陕西凤县、留坝县，四川都江堰、马尔康、汉源等地饲养初具规模，成为当地经济发展的支柱产业之一。由于漳州片仔獷、北京同仁堂、四川逢春等大型制药企业对林麝养殖进行了大量投资，林麝养殖近年来呈现快速发展的态势。目前，全国麝存栏总量在 4.5 万头左右，麝香年产量在 160 千克左右。通过对制药企业与其他使用麝香的行业的调查显示，在不包括市场增量的情况下，我国对天然麝香的需求量需要 200 万头林麝的养殖规模才能满足市场的需求。因此，林麝养殖规模亟待提高，市场前景非常广阔。

20 世纪 80 年代末，复齿鼯鼠自然资源的锐减，山西大学王福麟教授在山西灵石、介休最早开始人工家养鼯鼠，取得成功。1987 年，陕西省动物研究所在陕西秦岭东段南麓的商洛地区开始复齿鼯鼠人工家养技术研究，取得了鼯鼠自然变家养、鼯鼠人工繁育、五灵脂初加工等系列技术成果，家养种群数量发展较快，到 20 世纪末，商州区、山阳、柞水、镇安、丹凤、洛南等各地都有不同规模和数量的鼯鼠养殖场(户)。目前，随着国家扶贫工程和乡村振兴战略的实施，当地鼯鼠养殖专业合作社不断发展壮大，仅陕西商州区家养鼯鼠存栏达 3 万余只，年产五灵脂 100 吨以上，成为全国规模最大的鼯鼠人工繁育基地，存栏数量居全国首位。

天然珍珠资源稀少，目前市面上的药用珍珠为养殖珍珠。养殖珍珠与天然珍珠一样，分为海水珍珠、淡水珍珠。人工海水育珠主要集中在合浦、廉江、海南岛等沿海地区，为该区域的大宗海产道地药材之一，以广西合浦所产的为代表，俗称廉珠、南珠，是药用珍珠的主流品种。来源于江河湖泊的淡水珍珠习称“东珠”，人工养殖淡水珍珠主要在浙江、湖南、江苏、安徽等省。我国淡水珍珠养殖刚起步时只有江苏、浙江 2 省是主产区，后来江西、湖南、湖北、安徽等 4 省陆续成为主产区。全国淡水珍珠养殖最高峰时面积达 150 万亩、产量超过 5 100 吨，目前养殖面积约 50 万亩、产量在 940 吨左右。我国海水珍珠养殖主要集中在南方沿海的 3 个省区，分别是广东的雷州半岛、广西的北海及防城港和海南的三亚及陵水。产量最大的是广东省，年产量在 8 吨左右，其次是广西，产量在 7 吨左右，海南产量不到 0.5 吨。珍珠药用以淡水珍珠为主，产量能满足药用需求。

此外，我国通过人工养殖获得的动物类中药材还有阿胶、蜂蜜、僵蚕、乌鸡、鳖甲、龟甲、美洲大蠊、牡蛎、石决明、瓦楞子等。我国的药用动物养殖业基本上是始于二十世纪中叶，多为自然或半驯化的动物，驯化时间短、驯化程度较低，相关基础研究相对薄弱，尚处于发展完善阶段。作为中药重要来源的动物类中药材，有着广阔的发展前景和巨大的发展潜力，需要建立体现中医药文化内涵、符合中医临床实践特点，并与其自身特点相契合的开发、利用、研究体系，助力中医药事业的健康发展。

第六节
动物类中药材高质量发展探索

长期以来,动物类药材主要是通过猎捕自然药用动物获得,多数药用动物资源萎缩,濒危种类增加,资源保护与开发利用的矛盾凸显;动物药材所涉及的药用动物种类众多,生态习性各异,除了家蚕、蜜蜂、乌鸡、驴等少数几个品种,多为自然或半驯化的动物,时有误解与质疑。基于动物药的特点及现状,围绕其资源保护、开发与利用、质量控制与评价等该领域中的关键难题制定严格、科学的管理措施,进行深入系统的研究,为相关产业的高质量发展奠定基础。

一、动物类中药材资源保护方面

动物类中药材开发利用应遵循“保护优先,合理利用”的基本原则。2021 年 2 月国家林草局会同农业农村部调整发布了《国家重点保护野生动物名录》。此次调整是自 1989 年《野生动物保护法》施行同时发布保护名录以来,第一次开展系统、全面的调整。与原名录相比,新调整的名录新增 517 种(类)野生动物,总数达 988 种(类)。2022 年 4 月全国人大通过新修订的《中华人民共和国野生动物保护法》。其中,第四条规定国家对野生动物实行保护优先、规范利用、严格监管的原则,鼓励开展野生动物科学研究,培育公民保护野生动物的意识,促进人与自然和谐发展。同年,国家林草局印发《罚没野生动植物及其制品保管处置管理办法(征求意见稿)》,意见提出对于死体野生动植物及其制品,可以利用的,以公益捐赠、调配、公开拍卖、变卖等方式处置;禁止利用的,除用于公益性活动外,以保管封存或者无害化处理的方式处置。公益捐赠、调配的对象应当是国有单位,公益捐赠、调配的野生动植物及其制品仅限用于科学研究、种质资源保存、科普宣教、展示或者人工繁(培)育等公益性活动。至此国家对犀牛角、穿山甲、林麝等动物类中药材进行严格管控。

二、动物类中药材生产方面

(一) 化学合成或人工配制的动物类中药材

1. 人工麝香 麝香除药用外，还用作高级香料，市场需求量大，一直供不应求。1975年，卫生部药政局和中国药材公司联合诸多机构经20多年的协作攻关，对麝香中各类成分的化学组成及其相对含量进行了全面分析，基本搞清了这些成分在麝香中所占比例，并确定了这些成分具有的药理作用，在此基础上开发出了以麝香酮为生理活性成分的人工麝香。

2. 人工牛黄 牛黄为牛科动物牛胆囊的胆结石，天然资源日益稀缺，难以满足临床用药的需要，国家药品监督管理部门批准了3个牛黄代用品，即人工牛黄、培植牛黄和体外培育牛黄。人工合成牛黄是按照天然牛黄的主要成分胆红素、胆酸、胆固醇、无机盐等，人工配制的一种牛黄代用品，其制作工艺简单，人工合成牛黄价格还不到天然牛黄的0.5%，在一定程度上满足了普通百姓的用药需求。人工牛黄占据了98%的市场份额，成为天然牛黄的主要替代品。但是，人工牛黄与天然牛黄相比，无论在成分、结构还是药效上都存在着一定的差距。因此，许多传统名贵中药品种采取"一药两方"，价格较低的方子用的是人工牛黄，另一个方子使用天然牛黄。国家药品监督管理部门规定，"安宫牛黄丸"等42种临床急重病症用药不得以人工牛黄替代天然牛黄入药。

3. 人工合成熊胆 牛磺熊去氧胆酸是熊胆的有效成分，治疗胆结石及肝病具有明显的疗效。人工合成熊胆主要是牛磺熊去氧胆酸的合成，其合成主要以混合酸配法、酞氯法、缩合酰胺键法、活性硫酯中间体法、氧化法等化学半合成法为主。人工合成熊胆的药效在镇静、利胆方面的作用已经接近天然熊胆粉，而且其红外吸收光谱图中的主要成分牛磺熊去氧胆酸在人工熊胆粉中的含量高于天然熊胆粉。人工合成熊胆能否和是否需要替代天然熊胆仍然存在较大争议，但该技术方法已初步建立，为后续药材替代品的研究提供了参考和思路。

(二) 科学利用生物技术生产的动物类中药材

1. 体外培育牛黄 体外培育牛黄是由华中科技大学同济医院蔡红娇教授主持研发的具有自主知识产权的国家一类中药新药。其性状、成分、含量及药效、临床功效等方面与天然牛黄几乎完全一致。是根据天然牛黄体内形成的原理和生化过程，在体外利用牛胆囊胆汁培育得来的牛胆红素钙结石。体外培育牛黄是我国具有自主知识产权的天然名贵药材牛黄的法定替代品，其成功研制和应用突破了传统中药只能来源于天然的限制，为人工培养与合成到工业化生产启发了思路，也对中药的主要成分和有效成分的认识提供新的视角。

2. 人工培植牛黄 是通过一定的外科手术，在牛胆系统内放置特制的异物，并注射特制的菌苗，在异物和菌苗的刺激下，在牛胆系统内形成牛黄。人工培植的牛黄，其质量和疗效与天然牛黄完全相同。

3. 人工熊胆 基于牛磺熊去氧胆酸为熊胆的主要有效成分，在生物技术领域也开展了获得牛磺熊去氧胆酸的研究，主要是基于工程菌株 BL21 - αβ 规模化发酵培养来获得人工熊胆粉的制备工艺和使用泡木贼镰刀菌 90 - 9 菌株转化石胆酸为熊去氧胆酸。此外，还有应用工程酿酒酵母表达的活性物质生物催化制备人工熊胆粉的方法，也有完全使用天然来源的禽畜胆汁作为人工熊胆制备的原料，通过体外模拟肝肠循环过程将禽畜胆汁生物转化为与天然熊胆粉化学等值的人工熊胆粉。

4. 重组水蛭素 水蛭素相对分子质量小，可渗透至血栓，对血栓结合的凝血酶发挥作用。与肝素、阿司匹林等传统抗凝药物相比，水蛭素用量少、疗效高、不良反应少。1986 年，水蛭素的 cDNA 被克隆出来之后，获得了建立在多种载体上的重组水蛭素，包括在大肠杆菌、枯草杆菌、酵母菌及真核细胞等的成功表达。已成功应用基因工程方法获得了结构与药理活性与天然水蛭素基本相同的重组水蛭素，重组水蛭素及其类似物已经广泛地应用于血栓引发病症的治疗，很大程度上缓解了水蛭资源不足的状况。

5. 重组蚓激酶 蚓激酶是从人工饲养的赤子爱胜蚓中分离纯化出的一类具有溶栓效果的混合蛋白水解酶，其结构稳定，对纤维蛋白专一性高，可以多种途径促进纤维蛋白的溶解，广泛应用于心脑血管疾病的预防和治疗。利用基因工程手段生产单一组分的蚓激酶的研究进展迅速，部分基因已在毕赤酵母、大肠埃希菌、枯草芽孢杆菌和奶牛、山羊乳腺细胞等宿主细胞中成功获得异源表达。植物表达系统也成为生产药用蚓激酶的潜在替代表达平台，如生菜也可作为有效表达平台，通过生物活性测试表明利用该平台技术生产的蚓激酶胶囊活性良好，预示着蚓激酶未来可能在更多的植物或蔬菜水果中表达。

三、动物类中药材质量控制与评价方面

（一）基于指标性成分的质量评价模式

主要是依据动物类中药材中特征性成分或专属性成分或有效成分为代表的指标性成分，对其进行质量控制与评价，动物类中药材中分泌物类药材成分相对简单、也较容易分离检测，人们率先从分泌物类动物类中药材中分离得到指标性成分，例如，从蟾酥中分离得到华蟾酥毒基和脂蟾毒配基、从麝香中分离得到麝香酮、从熊胆中分离得到牛磺熊去氧胆酸和熊去氧胆酸等，并用于其药材及制剂的质量评价。多数动物类中药材的物质组成以蛋白质类、肽类、氨基酸类、糖类、脂肪酸类、核苷类等初生代谢产物为主，分离检测较植物类中药材复杂得多，长期以来进展较为缓慢。近年来，随着现代高效液相色谱、凝胶电泳、高效毛细管电泳、液相质谱联用、多维色谱联用、蛋白质组学等技术应用于以蛋白质类、肽类、氨基酸类为代表的动物类中药材指标性或特征性成分的分离、检测，动物类中药材质量评价水平得到

有效提升。

（二）基于主要成分或一类成分的质量评价模式

动物类中药材相对植物药材成分更为复杂，化学成分多是蛋白质、多糖、核苷等生物大分子物质，药用物质基础尚未完全清楚，很难将其已知各部分成分与其功能主治相对应，用于动物类中药材的质量评价。对于动物类中药材这种多成分复杂体系，单一成分为指标，难以实现动物药质量评价的突破，应增加相应的检测手段，同时建立其除特征成分以外的多种成分为质控指标的质控方法，尤其是在特征成分尚不明确的情况下，是现阶段对动物类中药材的整体质量进行综合评价主要手段。

（三）生物评价

1. 基于功效或毒性的动物药生物活性评价 生物评价具有关联功效的优势，对成分复杂不清、测定困难，而且即使可以测定的指标成分也不能反映其临床功效的动物类中药材尤其适用。关联功效或毒性的生物活性检测可以定量表征动物药的功效、活性或生物效应。

（1）攻毒散结类：攻毒散结类动物类中药材以蜈蚣、全蝎、斑蝥为代表。主要从其对癌细胞生长抑制作用、对 RNA 和蛋白质合成的抑制作用、诱导细胞凋亡、抑制鸡胚血管生成等方面进行生物评价。

（2）清热解毒类：清热解毒类动物类中药材以水牛角、牛黄、麝香为代表。抗菌作用可采用微量量热法对铜绿假单孢菌、大肠杆菌、金黄色葡萄球菌等进行测定。抗炎作用可采用大鼠关节肿胀度实验、足趾肿胀度实验、耳郭肿胀实验、体外抑制环氧合酶-2 试剂盒以及比色法测定血浆中超氧化物歧化酶，丙二醛和谷胱甘肽过氧化物酶活性等进行测定。解热作用一般采用家兔退热实验测定。抗肿瘤作用可通过考察动物药对癌细胞生长抑制作用、对 RNA 和蛋白质合成的抑制作用以及诱导细胞凋亡等实验进行测定。

（3）活血化瘀类：活血化瘀类动物药材代表药材有水蛭、地鳖虫、地龙、虻虫等。抑制血小板聚集一般通过测定血小板聚集率进行评价。抗凝血作用可以通过测定凝血酶原时间、凝血酶时间、活化部分凝血酶原时间、纤维蛋白原含量等进行测定。纤溶酶作用一般采用血浆鱼精蛋白副凝固试验、测定血清纤维蛋白降解产物和 D-二聚体、测定凝血酶时间、测定血浆纤溶酶原、测定血浆组织纤溶酶原活化剂、测定血浆纤溶酶原活化抑制物、测定血浆 2 纤溶酶抑制物的方法等进行测定。内皮细胞功能可以通过测定血浆一氧化氮、一氧化氮合成酶、内皮素含量以评价内皮功能、测定内皮细胞数量等方法进行测定。

（4）补血滋阴类：补血滋阴类动物药材以阿胶、龟甲、冬虫夏草为代表。增强造血作用可以根据不同病症的血虚证，选择促进血细胞生成、促进造血干细胞分化、增殖等功能等指标进行评价。免疫调节作用一般选用吞噬细胞、树突状细胞、NK 细胞、T 淋巴细胞等免疫学功能的改变等指标进行评价。抗衰老作用通常选用 D-半乳糖致细胞衰老模型、线虫等模式生物衰老模型，辐射致衰老小鼠模型等进行评价。

（5）壮阳益肾类：壮阳益肾类动物药材以鹿茸、冬虫夏草、海马、蛤蚧等为代表。抗骨质疏松作用整体实验一般采用去势骨质疏松模型，检测其骨密度、骨强度、骨形态学、骨代谢生化指标等，体外实验多采用成骨细胞和破骨细胞，检测细胞的增殖和矿化等指标进行评价。性激素样作用一般通过检测血浆睾酮、雌二醇等指标，反映对内分泌腺的兴奋作用情况进行评价。增强物质代谢作用可以从葡萄糖、蛋白质合成、DNA 合成的改变等指标进行评价。

（6）祛风通络类：祛风通络类代表动物药材主要有全蝎、地龙、僵蚕及蛇类药材等。抗风湿作用通常采用大鼠足肿胀实验、小鼠耳肿胀实验、大鼠慢性肉芽肿实验、大鼠佐剂性关节炎实验等指标进行评价。镇痛作用一般采用醋酸腹腔刺激致小鼠扭体镇痛实验，小鼠热水甩尾潜伏期实验等指标进行评价。抗炎作用可采用大鼠关节肿胀度实验、足趾肿胀度实验、耳郭肿胀实验、体外抑制 COX－2 试剂盒以及比色法测定血浆中 SOD、MDA 和 GSH－Px 活性等方法进行评价。免疫抑制多采用 MTT 法测定 T、B 淋巴细胞的增殖情况进行评价。

（7）其他：以麝香、蟾酥等为代表的具有开窍醒神功效的动物药材，主要用于各种窍闭神昏证。可以从其对中枢神经系统的影响、脑保护及抗炎作用等进行开窍活性方面的评价。

2. 生物活性评价

（1）生物芯片：将动物药材中特定的基因或 DNA 序列作为探针固定在玻片上制成基因芯片，动物药材样本中若具有能够和其互补的特定基因片段，基因芯片就能测试出来。生物芯片可以将动物药材研究与基因组学、蛋白质组学等系统生物学内容联系起来，在基因、蛋白质等分子水平阐明动物药材的作用靶点和机制，通过高通量检测及表达谱形式表征其药效，在其质量评价和控制研究领域的应用已日益增多。

（2）组学生物标志物：在动物药材质量评价领域，生物标志物可以灵敏、综合地反映其生物效应，为药效的定量表征提供依据。

（3）高内涵分析技术：高内涵分析技术是一种基于细胞表型分析的高效筛选技术，能够在保持细胞结构和功能完整的前提下，同时检测待测样品对细胞形态、生长、周期、迁移、凋亡、代谢途径及信号传导等方面的影响，从单一试验中获取大量有关信息，从而确定化合物的生物活性以及潜在毒性，从而以更直观、动态、定量的方式反映动物药材质量及药效。

（4）生物自显影技术：薄层色谱-生物自显影技术可使活性成分在薄层色谱板上直接显现肉眼可见的活性斑点，在动物药材检验中可直观地对其活性成分作定性鉴别，实现了传统薄层鉴别目的，且也可用于定量，能反映其活性的强弱。目前，较广泛地应用于对抗菌作用、胆碱酶抑制作用和抗氧化作用的评价。

（四）基于 DNA 条形码技术、DNA 指纹图谱技术的动物药材真伪鉴别

1. DNA 条形码　DNA 条形码由于其基因序列较短、有充足的基因变化、测序较为简

单、鉴别度较高等优点正在逐年增加其在中药材鉴定中的应用，特别是在名贵中药材方面，不仅可以鉴别其真伪，亦能发现物种之间的生物亲缘关系，从而获得更加准确的物种分类信息。随着生物信息技术的不断发展，DNA 条形码技术已成熟，也为动物药材的品种鉴别提供了准确和可靠的方法。

2. DNA 指纹图谱 目前主要是基于短串联重复序列（short tandem repeat，STR），亦称微卫星 DNA。由于不同个体之间在一个同源 STR 位点的重复次数不同，如同指纹一样，在用于检测人类及哺乳动物的基因组时，可以明确区分个体与个体的不同。STR 分型技术是通过 PCR 扩增长度差异分型，比较鉴定生物个体的一种 DNA 分析技术。司法上仅使用 13 个 STR 位点，即可对全世界 70 亿人口进行个体识别。近年来，STR 分型技术的应用领域越来越广泛，现已应用于动物药材鉴别。随着现代生物技术发展，有望成为动物类药材研究鉴定的主要技术之一，通用 DNA 指纹图谱鉴别方法在鉴定没有背景信息的动物药材样品方面具有优势，能够推动动物药材鉴别技术的现代化进程。

（五）基于灰色关联度模型的动物药材质量评价模式

因动物药成分复杂，建立灰色关联度质量评价模型数据集可构建主成分之间多元相关回归方程，为简化动物药的鉴别及质量评价指标提供依据。通过对动物药材中的总蛋白质、总多糖、总磷脂、核苷类、多胺类主成分含量进行测定和分析比较，构建灰色关联度模型，可对动物药材商品做出包括鉴别在内的较为全面的质量评价。

四、存在问题以及展望

（一）药用动物养殖方面

药用动物养殖业大多数是始于 20 世纪中叶，涉及的药用动物种类繁多，生物学特性、对环境条件要求差别巨大，尚处于发展完善阶段。人工养殖的药用动物除了家蚕、乌鸡、驴等少数几个品种，多为自然或半驯化的动物，驯化时间短、驯化程度较低，具体体现在以下几个方面。

（1）应激反应强，对人工饲养条件及环境未完全适应，易受到刺激，造成伤害，影响到正常的生长发育，如林麝、赛加羚羊等。

（2）对人工饲料适应性较差，对于大多数药用动物在各生长发育阶段营养需求方面的基础研究不够深入，养殖过程的食物供给基本上是基于同类动物生长发育所需营养素进行配制，与其自然采食的食物种类的契合程度较低，对人工饲料接受程度较低，如海龙、海马、蛤蚧等。

（3）通过药用动物养殖，可以获得比自然状态下更多的产品，这样使得动物密度比野外增大许多，种群结构、年龄比例、性别比例都会发生很大变化，多数药用动物尚未适应这些人为的安排，突出地表现为疫病、相互打斗等。

(4) 疾病防治是药用养殖过程中不可缺少的环节，目前缺乏根据不同药用动物的生物学特性、易感疾病的种类、发生季节及流行规律等开发生产的专门疫苗、兽药和消毒剂。

(二) 产地加工方面

不同种类的动物药材采收方法各异，产地加工方法各不相同，而且对其质量有直接影响。目前多数动物药材的采收加工方法比较混乱，应加快制定合理规范的操作规程。

(三) 质量控制方面

动物药材因其来源复杂，药效成分不明确，关于其有效成分或专属性成分研究不够深入，致使其质量控制困难。2020年版《中国药典》(一部)收载动物药材51种(占收载中药材及饮片总数的8.2%)，收载含有动物药材中成药品种504种(占收载成方制剂和单味制剂总数的31.36%)。对18种动物药材收载了显微鉴别，25种动物药材收载了化学鉴别，包括薄层鉴别、钙盐检测、显色鉴别法等，并对乌梢蛇、金钱白花蛇、蕲蛇3种爬行动物收载了聚合酶链式反应法，22种动物药材收载了含量测定，包括乙二胺四醋酸二钠滴定法、薄层色谱扫描法、高效液相色谱法、气相色谱法、紫外-可见分光光度法、高效液相色谱-质谱法等。

现行动物药材质量评价的基本模式多数还是沿用植物药材的方法，借鉴化学品质控模式建立，化学定性定量分析是其主要内容，不能全面准确呈现动物药材自身的特点。动物药材质量评价应在基于中医理论的基础上，借鉴生物芯片、组学技术、生物自显影薄层色谱和高内涵分析等为代表的现代技术，以相关基因、细胞、靶点、通路或关键生化因子为抓手，增加对动物类药材质量进行生物评价的内容，建立关联生物效应及机制的品质评价方法，构建体现中医药文化内涵、符合中医临床实践特点的动物药材质量评价体系。

第六章
中药材质量控制

中药材质量是对中药有效性和安全性的反映和表征，其质量的优劣不仅影响药效的发挥，还直接关系使用者的健康和生命安全。近年来，中药材质量评价模式和技术逐渐系统化和多元化，质量标准也日趋完善。同时，经过近10年的探索，中药材追溯体系建设已初具规模。《中华人民共和国中医药法》（主席令第五十九号）明确鼓励建立中药材流通追溯体系，国家发改委和中医药管理局也将中药材追溯体系建设列为药品追溯体系建设的重点之一。健全的质量评价体系、全过程的质量追溯体系以及不同层级质量标准体系的构建，将为中药材质量控制提供坚实保障。本章将重点围绕中药材质量评价及标准、中药材追溯体系建设并结合国家中药材标准化与质量评估创新联盟的追溯实践展开介绍。

第一节 中药材整体质量概况

中药产业是中医药事业不可分割的一部分。中药材是中药产业的源头,其质量的优劣直接影响中药全产业及中医药大健康产业的发展。加强中药材质量的监督和管理,有效规范种植、采收、加工炮制、包装、贮藏、运输等过程,对于保障中药材、中药饮片、中成药临床药效、维护公众健康,推动中医药事业可持续发展有重要意义。在《"十四五"中医要发展规划》中明确提出要加强中药安全监管,提高中药产业发展水平,为中药事业的发展指明了方向。

随着《中华人民共和国药品管理法》《中华人民共和国中医药法》的颁布,国家药品监督管理局协同各级地方药品监督管理部门围绕中药材质量监管的重点和难点,加大了对中药的监督检查和抽查力度,依法查处和曝光违法、违规的企业和不合格产品,中药材质量状况明显改善。随着中药产业和市场化的不断扩大和升级,一些中药材质量相关问题日益突出,如资源紧缺导致的供需矛盾,从业人员质量意识薄弱和生产操作不规范问题,产业链条长所致产品质量难追溯等。2022 年 3 月 17 日,新版《中药材生产质量管理规范》正式颁布,该管理规范是中药材生产企业规范化生产的技术指导原则,是中药生产企业供应商质量审核的技术标准,也是药品监督管理部门延伸检查的技术依据,从源头保障了中药材的质量,也成为中药材基地企业、行业主管部门和地方人民政府发展中药的抓手。

中药材质量的监管引起了行业内的高度重视,各级中医药学会、协会也围绕中药材的质量、标准和监管等开展了系列研讨、协商,积极引导带动企业、科研院所推出团体标准、行业标准,保障中药的质量,规范中药行业有序发展的同时,推动产业的可持续发展。2020—2022 年,中药材质量持续向好,但仍然存在一些问题,如栽培种植药材品质下降、成分含量不合格,重金属及农药残留污染现象依然存在,掺假掺伪及近缘种药材混用等。

一、总体情况

自 2013 年起全国各省(区、市)药品检验机构继续开展中药材(含饮片)的监督检验、评价抽验和专项抽验等工作。2020、2021 和 2022 年陆续公布了上年抽检的结果。2019、2020 和 2021 年全国 31 省、自治区、直辖市(不包含香港、澳门和台湾地区)分别抽检药材 54 188 批、45 712 批和 51 194 批,合格批次分别为 49 188 批、44 098 批和 49 807 批,全国平均合格率分别为 91%、96%和 97%,合格率逐年提高。抽检合格率的提高体现了中药的质量稳中向好的趋势,说明了中药质量监管带来的积极影响,同时也说明生产企业责任主体意识越来越强。通过比较,自 2013 年以来全国中药材质量抽检数据,合格率从 2013 年抽检的 64%,到 2021 年的 97%,说明中药材质量呈现逐年提升、稳中向好的发展态势(图 6-1、6-2)。

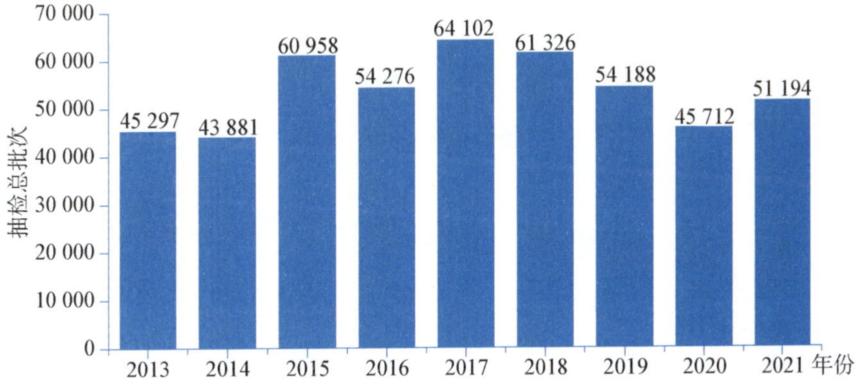

图 6-1　2013—2021 年全国中药材抽检总批次

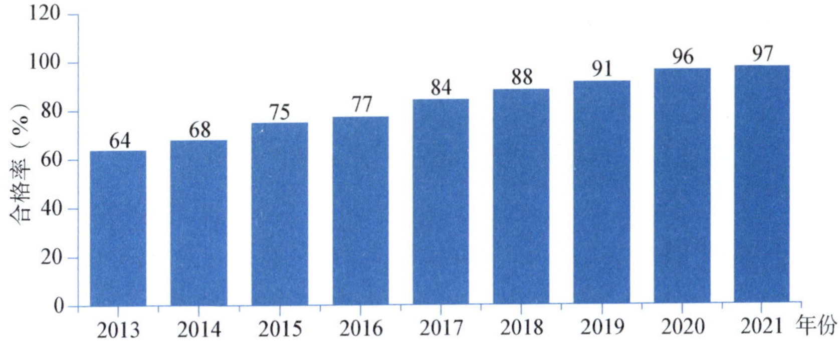

图 6-2　2013—2021 年全国中药材抽检合格率

2021 年中药材质量监测共抽取 9 个品种 378 批次样品,其中,药品生产企业 264 批次,市场集散地或种植集中区 114 批次。所有样品按照不同品种特点,针对相应项目进行了研究性检验,主要针对掺杂掺伪、加工炮制规范、农药残留、植物生长调节剂使用等问题开展。抽检结果及监测结果提示,我国中药材总体质量状况良好。中药材生产企业应重视中药材种植源头控制质量安全问题,规范种植并加强生产各环节质量管理,加强对药材采收后、饮片炮制加工前的药材供货商环节的质量把控,重视贮存环节管理,重点关注掺伪、有害物质残留等问题；加强药材溯源管理，督促药品生产企业强化质量管理意识；强化药材市场监测，建立健全药材质量长效监测机制，保证药材流通质量。

二、2021 年抽检结果中不合格中药材概况

2021 年全国抽检的中药材中，抽检批次大于 100 批，且不合格率大于 4%的药材有 34 种，决明子、五加皮、蒲公英、前胡、柏子仁、款冬花、羌活、川贝母、淫羊藿、肉苁蓉、山楂、独活、苍术、阿胶、大黄、酸枣仁、没药、人参、地骨皮、秦艽、通草、栝楼、何首乌、地龙、黄精、麦芽、莲子、柴胡、土茯苓、防风、甘草、白鲜皮、红花、玄参，不合格率在 4.0%到 18.97%之间。不合格项目主要涉及性状（27 种）、水分（13 种）、总灰分及酸不溶性灰分（17 种）、检查（3 种）、含量测定（15）、杂质（9 种）、鉴别（12 种）、浸出物（4 种）、挥发油含量（1 种）、特征图谱（1 种）、酸败度（1 种）、农药残留（2 种）、黄曲霉毒素（2 种）、二氧化硫残留（1 种）（图 6－3、6－4）。

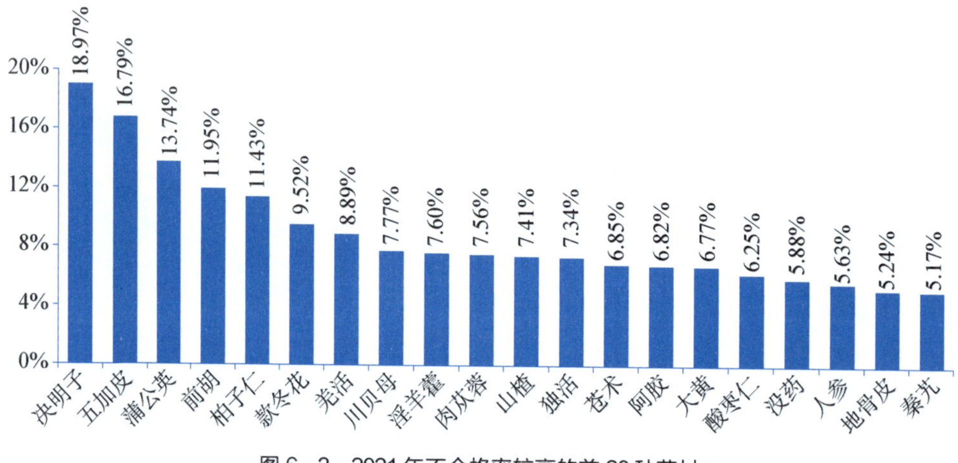

图 6－3　2021 年不合格率较高的前 20 种药材

决明子的不合格项涉及含量测定（大黄酚和橙黄决明素含量）、黄曲霉毒素和总灰分，主要是由储藏不当引起的霉变；五加皮的不合格项涉及浸出物，总灰分、性状、鉴别等，主要原因是掺伪（香加皮）和储藏不当引起的虫蛀。性状不符合药典标准是所有规定项中最多的，主要涉及了混伪品冒充正品使用、掺伪等原因，如苋菜子冒充青葙子使用；湖北贝母冒充浙贝母；小通草中掺伪西南绣球等。杂质、总灰分不合格问题主要原因是非药用部位及外源性杂质，如淫羊藿残留较多的茎、叶柄等非药用部位；柴胡有较多的残茎；款冬花中残留较多的花梗；防风、南沙参中无机杂质泥沙较多，总灰分不合格；皮类药材有的不去除木芯，如白鲜皮、牡丹皮、远志等，有的不去除外层栓皮或粗皮，如杜仲、南沙参、防己等；掺砂石现象多发生在细小的种子或花粉粒药材，如蒲黄、海金沙、菟丝子、青葙子中砂石较多。水分、挥发油含量、酸败度、黄曲霉毒素超标等问题主要是储藏养护不当导致，如蒲公英吸潮，法半夏、山

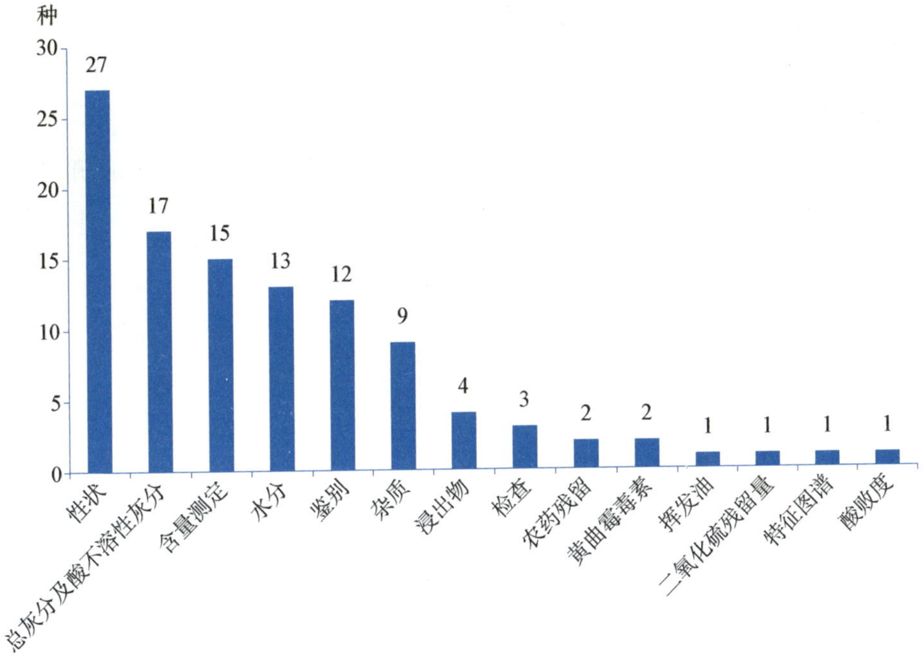

图 6-4　不合格规定项目的分布

注：某些不符合规定产品涉及多个不符合规定项目

楂、麻黄、五味子、党参等水分超标，延胡索、槟榔、三七霉变等含挥发油的品种极易导致挥发油挥散而损失，如砂仁、艾叶、苍术中挥发油含量偏低，荆芥穗、薄荷放置过久，挥发油含量不合格；含糖类、蛋白质类成分较高的药材储存时间长易霉变、虫蛀，如胖大海、款冬花、知母易霉变，苍术、黄精、玉竹、百部、薏苡仁、豆蔻等易虫蛀。

因此，在中药储存、使用和流通期内定期养护、检查、检测样品，合理规范储存条件，进行科学有效地监管已成为中药行业的当务之急。

农药残留、浸出物含量不合格主要与种植养殖药材质量下降相关，由于生长年限短或提前采收，化学成分的积累不够，出现了栽培品检测成分含量不合格情况，如前胡中白花前胡甲素和白花前胡乙素含量不达标，五味子中五味子醇甲、防风中升麻素苷含量低。中药材在种植养殖过程中抢青采收、过度使用禁用的农药、施肥较多、未考虑药材的道地性和道地产区盲从栽培，这些都会导致其内在质量下降和农药残留超标等问题，如菊花、金银花等花类药材有机氯、有机磷农药残留超标严重，南五味子提前采收等。

积极推动道地产区的中药材合理规范种植是保证其临床药效和内在质量的基础，也是保障中药产业持续稳定发展的重要基石。

2021 年，在国家各级抽检工作中，依然有些品种二氧化硫的残留量超标，如当归、党参、黄芩、葛根、白芍、百合、天冬、平贝母、延胡索、板蓝根、山药、百部等。

三、2021年药监公布的不合格中药材概况

通过对2021年国家和各省市药监官网公布数据统计，共计有254种、786批次中药材(含饮片)不符合规定。其中排名前20种的药材品种(图6-5)是五加皮、前胡、山药、柴胡、小通草、苍术、地骨皮、净山楂、白鲜皮、海风藤、桑叶、淫羊藿、羌活、补骨脂、炒酸枣仁、车前草、骨碎补、大蓟、地龙、蒲公英。

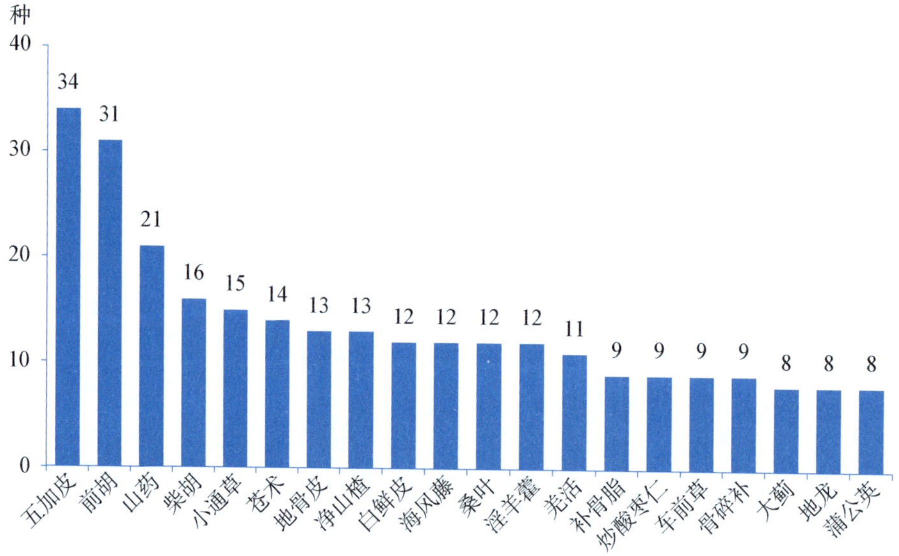

图6-5 前20种不合格药材品种

在质量不合格的中药材(含饮片)中涉及的项目主要有性状、水分、总灰分及酸不溶性灰分、检查、含量测定、杂质、鉴别、浸出物、薄层色谱、二氧化硫残留量、虫蛀、黄曲霉毒素等19项，主项主要有性状、检查、含量测定、鉴别、浸出物和炮制6项(图6-6)，各项分布图见图

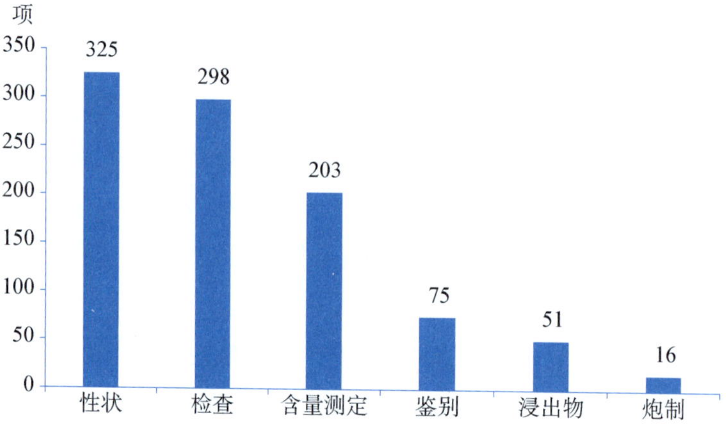

图6-6 主要质量不合格项

6－7。其中性状项最为突出占了 325 项，主要与掺伪、药材种植、养殖等因素有关，如五加皮伪品香加皮。含量测定不合格现象也比较突出，如前胡中白花前胡甲素、白花前胡乙素含量不达标，淫羊藿中淫羊藿苷的含量不达标等。

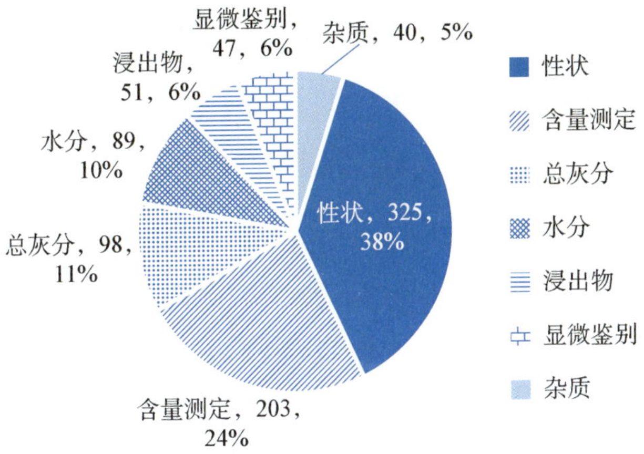

图 6－7　主要质量不合格项

外源污染物中黄曲霉毒素超标主要有 7 批次，有柏子仁(2)、醋延胡索(2)、酸枣仁(1)、莲子(1)和槟榔(1)等药材。农药残留超标有 6 批次，主要是根茎类的人参和西洋参各 3 批，农药以有机氯农药为主。重金属及有害元素 2 批，黄芪和水蛭各 1 批。二氧化硫残留超标 20 批次，主要有白及、白芷、党参、百合、炒白芍、甘草、菊花、平贝母、山麦冬、山药、天冬、天麻、延胡索等药材。

从全国不合格药材的分布来看涉及 28 个省、自治区和直辖市(不含香港、澳门和台湾地区)，其中湖北、江西、新疆、福建和内蒙古 5 省份的不合格批次最高，均高于 50 批次(图 6－8)。

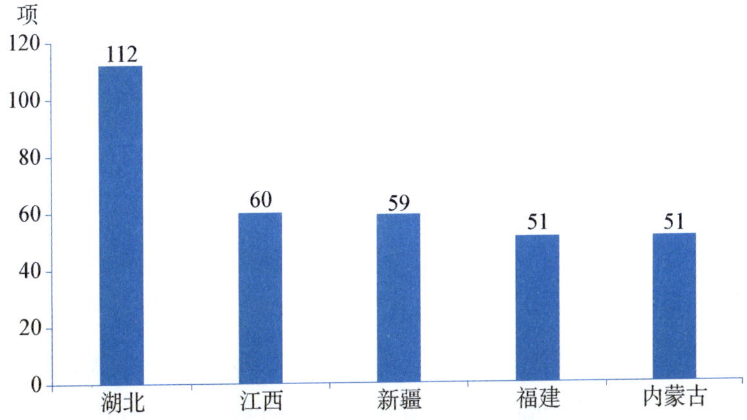

图 6－8　不合格药材分布前 5 省份

经数据统计发现，中药材质量不合格批次呈现逐年下降的趋势（2020 年 1 047 批、2019 年 2 260 批、2018 年 2 385 批）。该结果表明在国家对中药的监管下，各中药产业从业者重视促使中药质量持续向好。尤其是对中药农药残留、黄曲霉毒素和二氧化硫残留等安全项目监管力度的加大，促使各企业保障中药材的安全性和有效性。随着国家中药材生产质量管理规范的实施、追溯体系建立等必将全面地控制好中药材的质量。

四、中药材质量存在的主要问题

（一）混伪品冒充正品，掺伪、掺杂

中药产业的发展，促使中药材资源不足问题凸显，市场上出现了一些地方中药材或地方习用品种作为商品药材销售和使用的现象。如华南谷精草冒充谷精草、湖北贝母冒充浙贝母使用等。此外，还用部分名称相同或外观相似而混用，如骨碎补与大叶骨碎补、通草与小通草等。掺杂问题多为非药用部位及外源性杂质，如柴胡、细辛等掺入较多地上部分；山茱萸果核过多；牡丹皮、远志未去木芯；僵蚕裹有石灰；地龙、土鳖虫腹部泥土未去除干净；蒲黄、海金沙、菟丝子中砂石较多。

（二）非法染色，过度硫熏

染色多为采用色素或有机染料将劣质药材或伪造品进行染色处理，以掩盖真实质量信息。经过近几年的市场监管和严厉打击，染色造假违法行为得到了有效遏制，但市场上仍然有一些品种存在少量的染色现象，如五味子、南五味子、朱砂、血竭、红花、西红花、丹参、蒲黄、延胡索、石斛、姜黄、黄芩、黄连、黄柏、关黄柏、乌梅、青黛等。

随着《中华人民共和国药典》2015 年版二氧化硫残留量检测法及限度标准的实施，目前，中药材的硫黄过度熏蒸现象得到明显改善，但仍有药材存在过度硫熏的现象，如当归、党参、黄芩、葛根、白芍、百合、天冬、平贝母、延胡索、板蓝根、山药、百部等。

（三）贮藏养护不当导致虫蛀与霉变

中药材种类繁多，基质组成复杂，成分性质各异，在贮藏过程中如果处理不当，易发霉变质、吸潮软化及虫蛀等现象。含挥发油的品种极易导致挥发油挥散而损失。含糖类、蛋白质类成分较高的中药材储存时间长易霉变、虫蛀。

（四）种植养殖药材质量不稳定

中药材的种植养殖是中药产业发展的必然趋势，促进中药产业可持续发展，缓解中药资源紧缺的难题。近年来发现栽培药材在质量方面出现了一些问题。性状方面，由于栽培地土质肥沃、人工施肥干预，药材通体较粗壮，质地变化较大，如甘草、防风、苦参断面颜色较野生品浅，裂隙少；当归、西洋参、黄芪、人参质地较为柔韧等；浸出物和成分含量方面，由于生长年限短或提前采收，化学成分的积累不够，出现了栽培品检测成分含量不合格情况。另

外，种植产地不适宜、采收加工方法不规范等均会导致中药材质量下降。如秦艽药材以前多来源于野生品，产地以甘肃、内蒙古、河北、山西、陕西等地质量为优。近年来，由于野生资源不足，大量栽培秦艽替代野生品使用，地域发生改变，生存条件好，生长较快，与野生品相比，栽培秦艽药材较粗壮、质地较坚实、韧性强、表面颜色较浅、断面裂隙少、油性强。

中药材在种植养殖过程中，抢青采收、过度使用禁用的农药、施肥较多、未考虑药材的道地性和道地产区盲从栽培，这些都会导致其内在质量下降和农药残留超标等问题。因此，中药材的种植养殖要严格按照新版的《中药材生产质量管理规范》执行，保障中药质量。

第二节 中药材质量评价及标准

《中医药发展战略规划纲要(2016—2030年)》指出,为促进中医药事业健康发展,需要健全完善中药质量标准体系,加强中药质量管理,重点强化中药鉴定等标准制定与质量管理,加快国内标准向国际标准转化。由此可见,中药材质量和安全性是其临床疗效发挥的基础;而构建完善的质量评价体系和标准体系则是保障中药安全与质量可追溯的重要举措,推进其国际化和标准化进程。

一、中药材质量评价

中药真伪及其品质优劣直接影响临床用药的有效性、安全性。建立科学的中药质量评价体系是保障中药国际化、标准化的关键。近年来,业界从传统性状鉴别和单个指标成分含量测定逐渐转化为多指标、多维度、可追溯的质量评价体系。在评价的手段上也逐步引入新型分析技术,注重自动化、精准化和数字化。

(一) 中药材真伪评价

中药四大经典鉴定方法包括来源鉴别、性状鉴别、显微鉴别及理化鉴别。随着科学技术的不断发展,基于DNA的分子鉴定方法得到了快速发展,弥补了传统鉴定方法的不足。近年来,基于现代技术的新型真伪评价手段已逐步应用于中药质量评价研究中,提升了中药材真伪评价的精确性、客观性和可行性,进一步推动了中药研究的发展。

1. 性状鉴别 性状鉴别是以形状、大小、色泽、表面、质地、断面、气、味等特征为依据对中药材进行鉴别的方法。传统的性状鉴别多以人工为主,存在主观性过大的缺点。

近年来,中药饮片性状数字化借助先进仪器对饮片的外观特征参数进行分析,使判别结果更加客观化、直观化和标准化,弥补了传统经验评价的不足。显微性状鉴别法通过借助高清体视显微镜等观察中药材表面肉眼不易察觉的细微性状特征,并采用景深合成技术得出清晰的图像,从而对中药质量进行评价,使得中药鉴别从宏观进入亚微观阶段。目前,该技术已应用于200余种中药材的鉴别中，如金银花、广藿香、紫苏子、淫羊藿、乌梢蛇等，可用于中药品种、真伪、掺杂、增重、霉变、非法染色等质量问题的控制。激光衍射粒度分布检测技术应用于对粉性中药材(如甘草)的粒度分布研究，为"粉性"的量化提供参考，将中药材粉体特征鉴别指标客观化、量化。

此外，仿生技术如电子鼻、电子眼和电子舌应用于川贝母、麝香、酸枣仁、川芎等多种中药色泽与气味客观量化分析、质构仪应用于不同炮制方法制备中药饮片(如附子)质地的客观评价、红外光谱技术应用于炭药(如大黄炭)炮制终点评价等，将数字化表征的性状与中药质量相关联，为中药材的"形、色、气、味、质"的客观化鉴别提供了技术基础，为现代中药鉴定数字化发展提供了新方法、新思路。

2. 显微鉴别 中药显微鉴别是指利用显微镜对药材(饮片)切片、粉末、表面、解离组织或磨片制片，以及含饮片粉末的制剂观察，并根据组织、细胞或内含物等特征进行相应药材鉴别的一种方法。专属性显微特征是指仅存于某一种中药材的单一显微特征或几个显微特征，在多基原药材(饮片)(如黄连)、不同部位药材(饮片)(如三七主根、支根及根茎)、未知粉末、中药掺伪(如蒲黄)、中药成方制剂鉴定中应用广泛。

显微定量法是利用药材某种组织具有相对稳定数量的特点，采用质量分析法或容量分析法测定成分含量的一种方法，适用于药材本身含有显微特征且显微特征具有固定常数，可用于含量测定、质量判别、易混淆药材鉴别等。研究表明黄柏中石细胞显微特征常数与盐酸小檗碱含量有较好的线性关系且呈高正相关，枸杞中种皮石细胞显微特征常数与枸杞多糖含量呈高负相关。

近年来，偏光显微镜、扫描电镜、显微摄影与图像分析新技术在中药显微鉴别研究中也被逐渐应用，进一步弥补了传统显微鉴别人为主观误差的不足。将人工智能技术与中药粉末显微特征图像相结合，可对包含有一种或多种类型中药成分的中药粉末进行鉴别，确定中药粉末样品的成分类型、真伪及是否规范投料，为中药粉末智能化鉴别提供了新途径。

3. 理化鉴别 中药理化鉴别是利用某些物理、化学或仪器分析方法，鉴定中药真伪优劣的方法。目前，中药材的理化鉴别方法主要包括薄层色谱法、紫外分光光度法、红外光谱法、高效/超高效液相色谱指纹图谱、核磁共振氢谱等。其中，薄层色谱法以中药化学对照品、对照药材或其提取物为参照，进行特定的显色反应来进行药材的真伪鉴定。红外光谱法是将中药材在化学物质上的差别或不同表现在红外光谱上，从而达到鉴别中药材的目的。中药指纹(特征)图谱能够体现中药内在化学成分整体性和动态性等特点，评价方法主要有随行对照评价、特征峰分析评价、相似度评价3种方式，是一种综合、可量化的鉴别手段。《中国药典》自2010年版开始收载中药指纹(特征)图谱的测定，至2020年版收载药材和饮片、植物油脂和提取物、成方制剂和单味制剂指纹(特征)图谱的数量增加到了73个。

近年来，一些更加快速、便捷和环境友好的新技术也应用于中药的真伪鉴别中。例如，基于振荡化学的电化学指纹图谱技术，该技术无需进行提纯以及分离等相关操作，只需将药材处理到所需要的粒度大小，已应用于黄芪、黄精等不同产地中药材的鉴别，符合中药的整体性评价理念。类似地，近红外光谱分析技术也是一个绿色无损的检测技术，可实现样品的直接检测，在名贵中药材的真伪鉴别（如贝母、三七）、种类鉴别（如红景天）和产地鉴别（如灵芝）中应用广泛。此外，太赫兹时域光谱（THz - TDS）是一种基于飞秒超快激光技术的 THz 波段光谱测量的新技术，也已应用到不同种类中药材（如人参和西洋参）、同种药材的规格或产地（如天然牛黄和人工牛黄）、同种药材不同加工品（如附子、大黄）、提取物（如银杏叶提取物）的鉴别中，可作为中药质量一致性评价的新技术。

4. 分子鉴别 分子鉴定既可以指 DNA 水平的鉴定，又可以包括蛋白质水平或小分子化合物水平的鉴定。DNA 分子鉴定根据 DNA 序列的差异进行物种鉴别，PCR 是其常用的技术手段，具有准确性高、重复性好的优点。

常用的分子鉴定技术包括 DNA 条形码技术、随机扩增多肽 DNA 标记（RAPD）、简单重复序列（ISSR）、高分辨率熔解曲线（HRM）、限制性内切酶片段长度多态性（RFLP）、环介导等温扩增（LAMP）等。

目前，《中国药典》2020 年版一部中共收录了动物药 3 个品种（蕲蛇、乌梢蛇、金钱白花蛇饮片）的 PCR 鉴定法、植物药 2 个品种（川贝母、霍山石斛）的 PCR - RFLP 鉴定法，在通则中收录了《中药材 DNA 条形码分子鉴定法指导原则》。近年来，高通量测序技术的发展使中成药复杂成分的分子鉴定成为可能，基于 DNA 宏条形码技术可有效鉴别含有中药原料药的丸剂（龙胆泻肝丸）、散剂（生脉散）等中成药，为精准监测中成药物种组成提供了依据。总的来说，DNA 分子鉴定技术在易混淆品种、濒危珍贵动植物药材、破碎药材、掺伪药材、含中药原形的中成药等鉴定中发挥了突出的技术优势，为解决传统鉴别方法难以解决的问题提供了新的途径。

5. 其他鉴别方法 近年来，多学科交叉融合的中药鉴定新方法的开发为中药鉴定提供了新的思路。例如，将物种特异性 PCR 技术与氧化石墨烯荧光传感技术相结合，根据氧化石墨烯高效的荧光猝灭效率和对单链/双链 DNA 吸附能力的不同，将氧化石墨烯荧光传感技术应用于中药海马的真伪鉴别中。将红外光谱技术与显微技术结合的显微红外光谱法，既可以观察被测样品微观结构也可以对样品选定的微小区域进行红外光谱测试，已被用于人工和天然牛黄、不同产地多花黄精的鉴别。将微性状鉴别与 AI 图像识别技术相结合，用于实现难区分的细小种子类中药（如青葙子）及其混伪品的鉴别，具有快速、准确度高等优势。将电化学技术与 DNA 条形码技术相结合，构建纳米电化学草药传感器，实现中草药西红花及其易混品的免测序快速鉴定。

（二）中药材品质评价

中药材品质评价策略和评价技术的发展是中药质量标准建设的核心，也是药材质量分级的重要依据。在国家战略规划和行业重大需求的指引下，广大中药学者围绕中药材功效成分/指标性成分、内源毒性物质和外源有毒有害物质控制等方面开展了较全面和深入的工作，已逐渐形成趋于科学和系统的质量评价体系。

1. 中药材功效成分/指标性成分质量评价模式

（1）基于成分-药效关联的中药质量标准与评价研究。基于成分与药效关联的质量控制方法，在继承传统中医用药理论和实践经验的基础上，应用现代药物科学技术深入研究中药药效物质和药物效应，进一步发挥传统中医药独特优势。

由于中药"多成分、多靶点"的特性，其药效物质研究具有较大的挑战性，化学成分的全面准确定性定量分析存在困难，以及药效成分发现的效率不高、不够全面。因此推动中药质量标准向因药制宜、效用关联的评控方向转变，保证中药材质量可控，产品优质，临床有效，为中药行业可持续发展提供有力科技支撑。

为推进以临床为导向的中药质量评价体系发展，业界多名学者开展基于成分-药效关联的中药材质量标准与评价研究，比如基于"成分-药效"关联模式的菊花、阿胶、鹿角胶等的质量评价研究，通过成分-药效关联以及质量控制研究为中药材临床用药安全提供保障。近十年间，为了阐明中药复杂体系的化学组成，在一定程度上推动了相关仪器分析技术的发展，在传统的四大名谱的基础上加入新颖的分析方法，如多维色谱、联用技术、生物色谱以及质谱成像技术都应用在中药分析中。

中药自身的化学组成复杂，单一成分显然不能完全代表中药的药效物质，因此需要建立符合中药多组分特点的研究方法体系，近几年的研究主要包括谱-效关系、血清药物化学、药动学-药效学关联、活性成分敲除、中药药效物质谱以及网络药理学等。

（2）基于生物活性与效应基准的中药质量评价研究。生物评价是完善中药质量标准、保证临床功效和安全性评价的重要方法，已成为中药质量标准化发展趋势之一，以理化分析和常规检定为物质化前提，常规检定以生物评价为效应性判定，两者应是相辅相成、互为补充，共同完善中药质量评价体系。

2006 年首次提出将生物评价作为中药质量评价的重要内容，构建基于道地药材和生物评价的中药质量评价模式，促进了中药质量生物评价的蓬勃发展。继 2010 年版《中国药典》一部收录的"中药生物活性测定指导原则"后，2015 年版《中国药典》增加了"基于基因芯片的药物评价技术与方法指导"和"中药材 DNA 条形码分子鉴定法指导原则"，2020 年版《中国药典》又增加了"DNA 测序技术指导原则"和"标准核酸序列建立指导原则"。此外，美国 FDA 也于 2015 年发布《植物药开发指南（草案）》，明确指出与临床疗效相关的生物检测方法是植物药质量控制手段的发展方向，预示着生物测定必将成为中药质量评价体系中的重要指标之一。

近年来，随着生物技术的发展，生物评价也有了新的手段，如热活性指纹图谱、细胞指纹图谱、生物自显影薄层色谱和生物芯片等检测方法，能够同时满足对中药的定性鉴别与定量评价，在中药质量一致性评价中具有优势。

生物检定法则以临床疗效为导向，借以生物活体、组织或细胞等为评价模式，具有关联疗效的优点，可切实反映中药质量。生物效价测定法可以很好地反映中药的整体活性和临床疗效，在评价中药质量的安全性和有效性方面具有独特的优势；效应成分指数整合了化学评价和生物评价的技术优势，具有多指标整合量化集成的特点；生物效应表达谱具有专属性和特异性，可促进中药质量一致性评价。

基于效应基准的中药质量控制方法，用于中药质量控制的生物标志物(Q-Bio-marker)也随之出现，能够反映中药临床功效或药理作用的生物活性指标，可以将生物效应进行量化，关联中药的有效性、安全性和一致性。目前，对于中药中 Q-Bio-marker 研究较为深入的评价方法有生物效价、生物毒价、效应成分指数、生物效应响应谱等系列方法。有学者将生物标志物应用在了板蓝根、川乌、附子、鸡内金以及冬虫夏草等不同种类中药的质量评价中。

(3) 一测多评的中药质量评价研究。一测多评(quantitative analysis of multi-components by single-marker, QAMS)是利用中药有效成分之间内在的函数和比例关系，通过测定一个成分(对照品廉价或易得)，实现多个成分(对照品难以得到或难供应)同步测定的技术。它克服了多指标质量控制面临的对照品短缺和检测成本高昂的问题，使中药的多指标质量控制和评价模式应用于实际生产成为可能。

目前，QAMS 法已广泛应用于中药材、中药饮片、中药提取物、中成药等多个领域，实现了中药复杂体系中黄酮类、皂苷类、蒽醌类、生物碱、有机酸等多种成分的定量分析。自 2010 年版《中国药典》首次收录 QAMS 法用于黄连的质量评价以来，到 2020 年版《中国药典》应用 QAMS 法进行质量控制的中药已达到 15 个。此外，QAMS 法也受到国际天然药物质控研究领域的持续关注，如《美国药典》38 版中共收录 90 个植物药的质量标准应用了 QAMS 法。一测多评为中药材多组分的质量控制提供了新的思路和方法，为中药质量控制提供了新模式。目前，指纹图谱、模式识别技术已广泛应用于中药质量评价中，两者各有优势，在实际生产中，常以多种方式结合的方法，在指纹图谱的研究基础上，结合一测多评法、模式识别技术已经成为了中药质量控制的趋势。

近年来，基于指纹图谱结合一测多评法对多种中药进行多指标质量评价，不仅可以从含量的角度阐述主要药效成分间的联系，还能在指纹图谱的基础上进行定量分析。如今该种方法广泛用于中药饮片中，如应用于丹参药材中丹酚酸类和丹参酮类定量，以柚皮苷为内标测定枳壳中的黄酮类成分类成分；同时还应用于多种中成药中活性成分（如紫龙金片中丹参酮类、复方血栓通胶囊8个成分、大黄䗪虫片中5个蒽醌类成分）的质量评价研究。

（4）基于中药质量标志物（Q-marker）的质量标准与评价研究。中药质量标志物是存在于中药材和中药产品（如中药饮片、中药煎剂、中药提取物、中成药制剂）中固有的或加工制备过程中形成的、与中药的功能属性密切相关的化学物质，作为反映中药安全性和有效性的标示性物质进行质量控制。

长期以来，中药质量控制手段、质量评价指标及质量标准与中药的有效性关联性不强，缺少能反映中药有效性的核心质量概念的统领。而中药Q-marker概念的提出，进一步增强中药有效性-物质基础-质量控制标志性成分的关联度。并且，其以物质-功能为核心贯穿中药形成及生产全过程，以中药饮片标准汤剂为研究的核心范本进行质量研究，确定Q-marker，并向药材和饮片（及炮制品）溯源，向复方制剂和中成药延伸，有利于建立中药全程质量控制及质量溯源体系。

随着中药Q-Marker研究的不断深入，形成“指纹成分-工艺过程可重现性”“生物学-有效性、安全性”“中药功效-作用机制关联性”“质量物质可测性”和“质量标准稳定性”五要素，完善质量和风险控制的“药材-饮片-成药”全过程质量追溯系统，形成具有国家和国际影响的中药新制剂，对建立全新的质量管理体系具有实践应用价值。业界学者提出了基于性-效-物三元论、五原则、中医方证代谢组学、组学判别-灰色关联-生物活性策略、层次分析-熵权法等一系列中药Q-Marker研究思路和策略。

如何将“安全、有效、质量可控”的药品需求与中药特性相结合，是中药质量研究与控制的关键科学问题。该概念的提出为中药质控指标的合理选择，以及实现中药全过程质量控制和质量追溯体系提供了较好的研究路径，有助于中药质量的科学监管。

（5）基于组学的评价标准与质量研究。随着中药研究的快速发展，近年来分子生物学技术的发展使得中医药研究有了新的思路，它能够促进中医药发展到新的高度。分子生物学技术中，组学主要包括基因组学、蛋白质组学、代谢组学、转录组学、脂类组学、免疫组学、糖组学和RNA组学等。

通过组学技术可以更加准确地确定中药成分、中药复方的组分及其含量，研究药物的合成以及调控机制。通过转录组学研究，可以获得生物体基因表达的信息，这有助于研究者从基因组的角度解释中药的作用机制。

蛋白质组学主要以蛋白质组为研究目标，研究在个体发育的不同阶段，各种细胞内蛋白质的种类、数量、结构和功能状态，从而阐明基因的功能，研究差异蛋白在生命过程中的作用，对疾病防治以及药物开发具有重大意义。例如，研究采用剂量和时间依赖性毒性作用、RNA-seq和代谢组学的组合，以探究雷公藤内酯诱导肝损伤的潜在机制，确定酰基肉碱为早期检测雷公藤内酯诱导的肝损伤的潜在生物标志物。

代谢组学与中医药的辨证论治、整体观特征相契合，以其高通量、整体性的研究特性高效解析中药整体药效作用过程。将中医药理论与代谢组学技术有机融合，可为深层次阐明中药的有效性、物质基础、作用机制等科学问题提供关键技术，为中药质量控制与评价标准体系的建立奠定基础。例如，植物代谢组学和网络药理学结合，以黄柏的干根皮为研究对象，制定一种发现中药潜在品质标志物的新策略。

脂质组学作为代谢组学的一个重要分支，寻找潜在生物标志物是目前研究的热点，随着技术不断完善和提高，能够实现更好、更全面地表征、鉴定及定量分析。

基于组学的新技术方法为探索中医药的科学内涵以及建立质量评价标准提供了新的模式。

2. 中药材内源性毒性物质的研究进展 药材内源性毒性物质是指在药用植物生长发育过程中经生物代谢形成的一类有毒性作用的物质。中药的质量控制涵盖从药材、饮片以及制剂过程中的多个环节，包括药材种植、采收、加工、炮制、制剂生产等，不同研究阶段对中药的质量安全均具有一定的影响。

中药的内源性毒性物质往往是其重要的组成部分，兼具药效和毒性的内源性毒性成分表现出较强的“量-效”关系，使用合理的剂量是发挥药效的关键，不合理剂量(一般为超量使用时)则易产生毒性。内源性毒性物质主要包括生物碱类、苷类、毒蛋白、萜类及内酯类、金属元素类，可能对人体的运动系统、神经系统、内分泌系统、血液循环系统、呼吸系统等造成损伤。

《中国药典》(2020年版，一部)记载有毒类中药材及饮片83种，其中大毒10种，有毒42种、小毒31种，此外仍有大量的民族毒性药材未被收录，有毒中药材的使用存在一定的普遍性。因此，对内源性毒性成分的检测与控制是确保药物安全性和有效性的前提。

中药毒性成分检测方法众多，常规检测方法包括毛细管电泳法、薄层色谱法、气相色谱法和液相色谱法。

随着分析方法的改进，质谱联用技术、免疫学检测技术和一些快速检测技术等正在被广泛应用于中药材的毒性成分分析。未来，研发中药有害成分和添加物的高通量、快速检测技术，构建递进式检测方法体系将成为主要的发展方向。随着技术的不断发展，基于莨菪烷生物碱的广谱单克隆抗体已成功制备，并通过间接竞争性酶联免疫吸附试验快速筛选猪尿、猪肉和谷粉样品中的多种莨菪烷生物碱。化学发光免疫测定法等新型荧光探针用于马兜铃酸等中药内源性有毒物质的分析，具有高灵敏度、实时性、快速响应和提高方法灵敏度、低成本等优势。

光学、免疫学、分子生物学、自动化等技术的发展，对于建立快捷灵敏的中药毒性安全检测方法将起到积极的促进作用。

3. 中药材外源性有毒有害物质残留分析进展 除内源性毒性物质引起的药材安全问题外，中药材在种植、加工、运输、制剂、贮存等过程中易受到外源性有毒有害物质的污染，也可能带来潜在的药用和食用风险。中药中典型外源性有毒有害物质主要包括重金属及有害元素、农药残留、二氧化硫和真菌毒素等，其主要来源有土壤、水、大气等环境污染，种植过程中人为引入的有害物质，以及不当贮藏、加工生成或残留的有毒有害物质。

(1) 重金属及有害元素残留控制现状。中药在种植等环节不可避免地受到环境(土壤、河流、海洋、空气等)的影响，植物自身特性(如富集元素)、不规范种植(如滥用化肥、农药，在受污染土地、矿区种植)等因素，导致中药材中存在不同程度的重金属及有害元素残留。

中药中少量的重金属及有害元素即可对人体各脏器及代谢系统产生危害，世界卫生组织、欧盟、中国、日本等多个组织与国家对重金属及有害元素都有各自的限定标准(表 6-1)。《中国药典》2020 年版四部通则“2321 铅、镉、砷、汞、铜测定法”已收载较为完善的铅、镉、砷、汞、铜 5 种重金属及有害元素测定方法，包括原子吸收分光光度法、电感耦合等离子体质谱法。《中国药典》2020 年版指导原则规定药材(植物类)铅不得过 5.0 mg/kg、镉不得过 1.0 mg/kg、砷不得过 2.0 mg/kg、汞 0.2 mg/kg、铜不得过 20.0 mg/kg。

表 6-1 不同国家或地区规定的五种重金属及有害元素的限量标准(mg/kg)

国家/地区/组织	Pb	As	Cd	Hg	Cu	适用范围	权威组织或规章
马来西亚	10	5	0.3	0.5	—	传统药物制剂	《国家药品管制局》
新加坡	20	5	—	0.5	—	中成药和中药材	《科学卫生管理局》
韩国	5	3	0.3	0.2	—	生药材	《韩国药典》
泰国	10	4	0.3	—	—	草药	《泰国草药典》2018 年
英国	5	5	1	0.1	—	草药	《英国药典》
美国	5	2	0.3	0.2	—	草药	《美国药典/国家处方集》
越南	10	4	1	0.5	—	草药	《越南药典》
日本	20	5	—	—	10	生药材	《日本药局方》
中国	5	2	1	0.2	20	中药材	《中国药典》2020 年
中国香港	5	2	1	0.2	150	中药材	《香港中药材标准》
美国加利福尼亚州	0.5	10	4.1	—	—	草药	加利福尼亚州 65 号提案
世界卫生组织	10	—	0.3	—	—	原药材	《世界卫生组织关于针对污染物和残留物评估草药质量的指南》2007 年
欧盟	5	—	1	0.1	—	草药	《欧盟药典》
不同国家最低限量	0.5	2	0.3	0.1	10	—	—
不同国家最高限量	20	5	1	0.5	150	—	—

(2) 农药残留控制现状。在规模化中药农业生产中,种植生产者为了保障产量,不得不施用化学农药,但对农药的田间使用缺乏科学管理,导致药材存在不同程度的农药残留。

世界卫生组织、美国食品药品监督管理局等组织机构对不同农药设置了最大残留限量参考(表 6-2)。《中国药典》2000 年版首次在国家标准层面对中药农药残留进行了规定,制定了甘草、黄芪中 9 种有机氯类农药限量标准,并收载了相应的检测方法。到《中国药典》2020 年版,检测方法也由检测少量农药指标的气相色谱测定法发展至现在可以同时检测多种不同种类农药残留的气相色谱-串联质谱法和液相色谱-串联质谱法,其方法可对 526 种农药进行检测,并规定中药材、中药饮片中不得检出中药材种植过程中禁用的 33 种农药。研究表明,从近五年分析结果来看,中药材农残污染呈现下降的趋势,相较于最高时期,有机氯类农药检出率降低约 2/3,超标率下降了 47.23%;氨基甲酸酯类检出率降低约 1/2,超标率下降了 10.78%;有机磷类检出率降低约 3/4,超标率下降了 7.22%;拟除虫菊酯类检出率降低约 1/2,超标率下降了 11.05%;其他类型农药检出率降低约 1/2。

表 6-2 中药材农药最大残留限量参考(mg/kg)

农药	农药残留联席会议	世界卫生组织	美国食品药品监督管理局/美国环境保护署	农药	农药残留联席会议	世界卫生组织	美国食品药品监督管理局/美国环境保护署
2,4-滴	400	400	—	联苯肼酯	40	20	—
2-苯基苯酚	60	60	—	联苯菊酯	4	30	30
阿维菌素	0.2	0.2	0.2	苄呋菊酯	1	1	—
高灭磷	50	50	—	联苯三唑醇	3	3	—
啶虫脒	40	2	50	联苯吡菌胺	60	60	—
乙草胺	3	3	—	啶酰菌胺	60	5	—
涕灭威	1	1	—	溴化物离子	1 000	1 000	—
艾氏剂	1	1	—	溴螨酯	3	3	—
唑嘧菌胺	50	30	—	噻嗪酮	30	2	30
氨基吡啶	70	70	—	硫线磷	—	0.01	—
双甲脒	0.5	0.5	—	克菌丹	—	50	—
氨基三唑	0.05	0.05	—	西维因	—	250	—
谷硫磷	10	10	—	多菌灵	—	20	—
偶氮环锡	0.3	0.3	—	卡巴呋喃	—	2	—
嘧菌酯	300	30	300	丁硫克百威		0.3	—
苯霜灵	1	1	—	唑草酮	—	—	—
灭草松	2	2	—	氯虫酰胺	—	50	50
苯并烯氟菌唑	4	4	—	氯虫腈	—	99	—

续 表

农药	农药残留联席会议	世界卫生组织	美国食品药品监督管理局/美国环境保护署	农药	农药残留联席会议	世界卫生组织	美国食品药品监督管理局/美国环境保护署
矮壮素阳离子	—	10	—	阿乐丹	—	2	—
百菌清	70	70	—	呋虫胺	—	8	—
氯苯胺灵	—	30	—	二苯胺	—	10	—
毒死蜱	—	5	5	敌草枯	—	50	—
甲基毒死蜱	—	20	—	乙拌磷	—	10	—
烯草酮	—	10	—	二噻农	—	300	—
四螨嗪	—	5	3	代森锰锌	—	30	—
噻虫胺	—	2	70	多果定	—	5	—
氰虫酰胺	80	20	—	甲维盐	—	1	—
氰唑胺	15	—	—	硫丹	—	10	—
环氧二胺	—	90	—	草多索	—	—	0.1
氟氯氰菊酯/β-氟氯氰菊酯	—	4	1	异狄氏剂	—	0.1	—
氯氟氰菊酯	—	3	—	高氰戊菊酯	—	2	—
环己烯	—	5	—	乙烯磷	7	50	—
氯氰菊酯	3	30	—	乙硫磷	—	5	—
环康唑	—	5	—	丙线磷	—	0.2	—
环丙地尼	—	300	170	促长啉	—	3	—
环丙嗪	—	10	—	醚菊酯	—	8	—
滴滴涕	—	5	—	乙螨唑	—	15	15
溴氰菊酯	—	5	—	恶唑菌酮	—	7	—
二嗪农	—	5	—	咪菌灭	—	—	0.8
麦草畏	—	50	—	克线磷	—	0.05	—
抑菌灵	—	20	—	氯苯嘧啶醇	—	5	—
氯硝胺	—	15	—	腈苯唑	—	60	—
敌敌畏	—	15	—	苯丁锡	—	100	—
三氯杀螨醇	—	40	50	环酰菌胺	—	30	2.5
苯醚甲环唑	0.6	9	—	杀螟硫磷	—	40	—
除虫脲	—	40	—	甲氰菊酯	—	10	2
噻吩草胺	—	0.01	—	丁苯吗啉	—	—	—
噻节因	—	1	—	唑螨酯	—	10	20
乐果	—	5	—	倍硫磷	—	2	—
烯酰吗啉	—	80	—	氰戊菊酯	—	—	—

续 表

农药	农药残留联席会议	世界卫生组织	美国食品药品监督管理局/美国环境保护署	农药	农药残留联席会议	世界卫生组织	美国食品药品监督管理局/美国环境保护署
氟虫腈	—	0.1	—	利谷隆	—	—	9
氟啶虫酰胺	20	—	—	虱螨脲	2	—	—
氟虫酰胺	—	60	—	氰戊马拉松	—	25	—
咯菌腈	—	60	65	马来酰肼	—	50	—
氟氯苯菊酯	—	0.2	—	双炔酰菌胺	—	90	200
丙炔氟草胺	7	—	—	二甲四氯	—	500	—
氟吡菌胺	—	—	7	精甲霜灵	—	—	55
氟吡菌酰胺	40	5	—	消螨多	—	0.5	—
氟硅唑	—	5	—	氰氟虫腙	—	7	—
氟酰胺	—	10	—	甲霜灵	—	10	3
粉唑醇	20	20	—	甲胺磷	—	1	—
氟唑菌酰胺	150	30	—	杀扑磷	—	—	5
灭菌丹	—	50	—	灭虫威	—	2	—
草铵膦	—	8	—	灭多虫	—	20	—
草甘膦	—	500	1.5	甲氧普林	—	200	—
双胍盐	—	5	—	甲氧虫酰肼	—	80	—
吡氟氯禾灵	—	7	—	甲基溴	—	10	—
恶草灵	—	5	—	腈菌唑	—	2	10
七氯	—	0.2	—	敌草胺	—	40	—
噻螨酮	—	15	1	氧化乐果	—	0.05	—
磷化氢	—	0.1	—	草氨酰	—	5	—
抑霉唑	—	5	—	氟噻唑吡乙酮	—	—	—
甲咪唑烟酸	0.5	3	—	砜吸磷	—	0.2	—
灭草烟	6	0.3	—	乙氧氟草醚	—	—	0.05
吡虫啉	1	0.01	—	百草枯	—	10	—
茚虫威	—	60	—	对硫磷	—	0.2	—
异菌脲	—	30	4	甲基对硫磷	—	5	—
吡唑萘菌胺	—	3	—	戊菌唑	—	0.5	—
异恶唑草酮	—	0.2	—	吡噻菌胺	—	200	—
醚菌酯	—	5	—	苄氯菊酯	—	100	—
λ-氰氟氰菊酯	2	—	6	稻丰散	—	7	—
林丹	—	0.1	—	甲拌磷	0.5	0.3	—

续 表

农药	农药残留联席会议	世界卫生组织	美国食品药品监督管理局/美国环境保护署	农药	农药残留联席会议	世界卫生组织	美国食品药品监督管理局/美国环境保护署
伏杀磷	—	5	—	多杀菌素	—	—	—
亚胺硫磷	—	10	—	螺螨酯	—	40	—
啶氧菌酯	—	—	—	螺虫酯	—	—	40
胡椒基丁醚	—	200	—	螺虫乙酯	2	30	—
抗蚜威	—	60	—	砜虫啶	—	6	3.6
安定磷	—	15	—	硫酰氟	—	3	—
咪鲜胺	—	40	—	戊唑醇	2	40	—
丙溴磷	3	20	—	虫酰肼	—	30	3
扑草净	—	—	1.5	四氯硝基苯	—	20	—
霜霉威	—	100	—	伏虫脲	—	1	—
克螨特	—	100	10	特丁硫磷	—	0.3	—
丙环唑	2	9	—	氟醚唑	—	—	0.15
丙烯	—	—	300	涕必灵	—	60	—
戊炔草胺	—	—	—	噻虫啉	—	10	—
丙硫菌唑	—	5	—	噻虫嗪	—	20	—
吡蚜酮	—	—	—	甲基立枯磷	—	2	—
吡唑醚菌酯	—	30	—	唑虫酰胺	—	30	8
拟除虫菊酯	—	—	—	对甲抑菌灵	—	50	—
哒螨灵	—	—	—	三唑酮	—	10	—
嘧霉胺	15	40	—	三唑醇	—	10	—
吡丙醚	—	0.5	3	三唑磷	4	1	—
稗草净	1.5	—	—	肟菌酯	0.05	40	—
喹氧灵	—	20	—	氟菌唑	—	30	—
五氯硝基苯	—	2	—	嗪氨灵	—	5	—
苯嘧磺草胺	—	0.7	—	抗倒酯	—	8	—
氟唑环菌胺	—	0.1	—	农利灵	—	0.05	—
乙基多杀菌素	—	10	—	氯氧菌胺	—	—	—

综上，中药材农药残留问题得到明显改善，药材安全性不断提升，但农药残留仍是影响中药材质量和安全性的重要因素，建议进一步完善中药材农药残留控制标准，加强对生产中实际大量应用的农药种类的监测，推广中药材生态种植模式。

（3）二氧化硫的残留控制现状。硫熏法是我国传统中药材养护方法之一，既有利也有弊，利在于可以漂白、防霉、防虫和延长贮藏期，弊在于可能改变药性和化学成分，从而影响质量，甚至危害人体健康。调查发现，行业内使用硫黄处理中药材及饮片的目的多是用于改善外观等，而且大多没有使用规范，存在过度使用的现象。

针对二氧化硫残留问题，不同国家药典对中草药中二氧化硫残留进行了限度规定（表 6－3）。其中，《中国药典》2020 年版四部通则收载了不同的检测方法，包括酸碱滴定法、气相色谱法和离子色谱法等，且联合国粮食和农业组织（FAO）、世界卫生组织（WHO）、《美国药典》、《中国药典》、《日本药典》等组织或国家也制定了中药材中二氧化硫残留限量标准。

表 6－3　不同国家药典中二氧化硫限量（mg/kg）

国家标准	中　药　材	限量
《中国药典》	山药（毛山药和光山药）、牛膝、粉葛、天麻、天冬、天花粉、白及、白术、白芍和党参	400
	其他药材	150
《韩国药典》	金银花、桔梗、芦根、丹参、当归、白果等 266 种	30
《日本药典》	中草药	50
《美国药典》	中草药	50

从全国抽检情况来看，无论是从品种上还是从数量上，近年来硫黄熏蒸情况均有所降低，硫黄熏蒸问题得到了产业界的普遍重视和有效控制，有些地区还推行了"无硫"药材及饮片加工、趁鲜加工、新型干燥及贮藏技术等，一些科学规范的无硫生产加工和贮藏技术正被行业内推广和使用。

（4）真菌毒素污染控制现状。真菌毒素一般是指药材中易污染，毒性大的黄曲霉毒素 B_1、B_2、G_1、G_2，赭曲霉毒素 A，呕吐毒素，玉米赤霉烯酮，展青霉素，伏马毒素 B_1、B_2 及 T－2 毒素等。

中药材在生产加工和贮存过程中极易受到产毒真菌和真菌毒素的污染，尤其是一些含油脂、蛋白质或多糖较高的中药材及饮片在高温高湿条件下极易被污染。真菌毒素具有致癌、致畸等毒害作用，对人体健康造成巨大隐患和威胁。其中，黄曲霉毒素的毒性最强，国际上不建议设定黄曲霉毒素的安全耐受量和无毒作用剂量，也无最大限量理论值计算公式。

目前，不同国家或地区对中草药中部分真菌毒素最大残留限量见表 6－4。其中，《中国药典》2020 年版四部通则针对黄曲霉毒素、赭曲霉毒素 A、玉米赤霉烯酮、呕吐毒素和展青霉素分别收录了测定方法。其中，黄曲霉毒素的测定方法包括液相色谱法、液相色谱-串联质谱法和酶联免疫法，赭曲霉毒素 A、呕吐毒素和玉米赤霉烯酮的测定方法包括液相色谱法和液相色谱-串联质谱法，展青霉素测定法为液相色谱-串联质谱法。此外，还收载了能同时测定多种真菌毒素的液相色谱-串联质谱法。

表 6-4　不同国家或组织对中药材中真菌毒素最大残留限量规定

真菌毒素	国家或组织	适用范围	标准	版本	限量(μg/kg)
AFB_1（AFB_1、AFB_2、AFG_1、AFG_2）	中国	柏子仁、大枣、水蛭、地龙、肉豆蔻、全蝎、决明子、远志、陈皮、使君子、胖大海、莲子、桃仁、蜈蚣、槟榔、酸枣仁、薏苡仁、僵蚕、麦芽、延胡索、土鳖虫、九香虫、蜂房、马钱子	《中国药典》	2020	5(10)
		药用植物和制剂	《药用植物及制剂进出口绿色行业标准》(GSMPP)	WM/T2-2004	5
	英国	中药材	《英国药典》	2017	2(4)
	韩国	甘草、决明子、桃仁、半夏、柏子仁、槟榔、酸枣仁、远志、红花、肉豆蔻、栝楼仁、龟板、木瓜、白扁豆、莲子肉、郁金、枳椇子、巴豆、杏仁	《韩国药典》	11	10(15)
	阿根廷	草药、用于中药汤剂的中药材	《阿根廷药典》	8	5(10)
	日本	草药和草药制剂	《日本药典》	17	(10)
		莲子及其制品(含 5%以上)	JETRO	2010	不得检出（不得检出）
	美国	辣椒粉	《食品准则》	2009 年 10 月	10
	欧盟	肉豆蔻、姜黄、干姜、白胡椒、黑胡椒	《欧盟委员会条例》	EC NO. 1881/2006EC NO. 165/2010	5(10)
		无花果干	《欧盟委员会条例》	EC NO. 1881/2006EC NO. 11058/20122	6(10)
		药用植物和草药产品	《欧洲药典》	8.0	2(4)
OTA	欧盟	姜黄	《欧盟委员会条例》	EC NO. 1881/2006	15
		甘草、草药浸出成分			20
		甘草	《欧洲药典》	9.0	20
	英国	甘草	《英国药典》	2017	20
		甘草醇提取物、甘草苷提取物			
ZEN	中国	薏苡仁	《中国药典》	2020	500

《中国药典》2020 年版一部在前 2 版药典标准对 19 个中药材品种规定黄曲霉毒素限量

标准的基础上，增加蜂房、土鳖虫等5个中药材品种黄曲霉毒素 B_1（≤5 μg/kg）及黄曲霉毒素 B_1、黄曲霉毒素 B_2、黄曲霉毒素 G_1、黄曲霉毒素 G_2 总和（≤10 μg/kg）的限量要求；且薏苡仁项下新增了玉米赤霉烯酮（≤500 μg/kg）的限量标准。

二、中药材质量标准

中药质量标准对人民用药安全和中医药行业发展具有重要意义，是保证其质量等级、安全性及有效性的重要手段，具有一定的法律效力，是中药生产、供应、使用和管理等环节共同遵循的规范。中药标准可分为国际标准、药典标准、部颁标准、局颁标准、行业标准、地方标准、团体标准及企业标准等。此部分主要解析在中药领域应用较为广泛的ISO国际标准、《中华人民共和国药典》（2020版）及团体标准。

（一）ISO国际标准

2009年9月，国际标准化组织ISO成立了中医药技术委员会，编号TC 249，简称ISO/TC 249。截至2022年9月，已经出版89项中医药ISO标准，27项正在研制中。“十三五”期间，我国主导制定颁布了37项中药国际质量标准，促进了中药产业竞争力和行业治理能力的提升。根据《推进中医药高质量融入共建“一带一路”发展规划（2021—2025年）》设定的发展目标，“十四五”时期，我国继续颁布30项中医药国际标准，将进一步提升中医药服务体系、人才、传承创新、产业和健康服务业、文化、开放发展、治理能力等方面。

ISO/TC249的工作范畴：所有起源于古代中医并能共享同一套标准的传统医学体系标准化领域的工作，涵盖传统与现代继承发展的两大领域。具体负责中药原材料质量与安全、中药制成品质量与安全、中医医疗设备质量与安全及信息等领域的标准化工作，也包括服务类标准，但仅限于设备和药品的安全使用及传递，不涉及临床或者产品的操作，截至2023年2月，TC 249累计发布ISO标准94项。

ISO/TC 249第一工作组为原药材与传统炮制质量与安全工作组（quality and safety of raw materials and traditional processing），主导发布原药材的ISO标准，其标准草案内容涵盖前言、引言、适用范围、引用标准、术语和定语、质量控制、制样方法、检测方法、检测报告、包装存储及运输要求、附件及参考文献。其中质量控制部分详细规定对中药材的性状描述、鉴别、水分、灰分、浸出物、指标性成分、重金属及有害元素、农药残留、二氧化硫及真菌毒素等。ISO/TC 249第二工作组为中药制成品质量安全工作组（quality and safety of manufactured TCM products），该工作组规范了中药颗粒制造程序和质量保证的一般要求、原药材和制剂的仓储要求等。同时重点规范了中药中有毒有害物质的检测方法并推荐了对应物质的限量标准，如中药中的农药残留、重金属及有害元素、二氧化硫、黄曲霉毒素、赭曲霉毒素A、乌头碱、马兜铃酸、微生物、苯并芘等。

上述中医药体系 ISO 标准的制定为保障中药质量安全以及中医药文化在世界范围内的传播交流奠定了坚实基础。

(二) 中华人民共和国药典标准

《中华人民共和国药典》是中国政府为保证人民用药安全有效、质量可控而制定的技术规范，是药品生产、供应、使用单位、检验机构和监督管理部门共同遵守的法定依据，由国家药典委员会主导编制完成。自 1953 年颁布第一版以来，已经形成了 11 个版本的《中国药典》，其秉承科学性、先进性、实用性和规范性的原则，使中药质量标准体系更加完善、标准制定更加规范、标准内容更加严谨、与国际标准更加协调，中药标准整体水平得到了进一步提升，可反映出我国中医药发展和检测技术应用的现状，在提高我国中药质量，保障公众用药安全，促进中医药产业健康发展等方面发挥着重要作用。

《中国药典》2020 年版新增品种 319 种，修订 3 177 种，不再收载 10 种，品种调整合并 4 种，共收载品种 5 911 种；一部中药收载 2 711 种中药材及复方制剂的质量标准(新增 117 种、修订 452 种)，包括药材和饮片、植物油脂和提取物、成方制剂和单味制剂，标准主要描述内容为药材的来源、性状、鉴别、检查、浸出物、含量测定，对应饮片的炮制、性状、性味归经、功能主治、用法用量及贮藏等方面，较为全面地完善了中药及复方制剂的质量标准体系(表 6-5)。《中国药典》2020 年版四部收载通用技术要求 361 个，其中制剂通则 38 个(修订 35 个)、检测方法及其他通则 281 个(新增 35 个、修订 51 个)、指导原则 42 个(新增 12 个、修订 12 个)；药用辅料收载 335 种，其中新增 65 种、修订 212 种。

表 6-5　2020 版《中国药典》新增及修订关于植物类中药材安全性控制项目

项目类别	相关规定	备注
禁用农药	甲胺磷等 33 种禁用农药不得检出(不得超过定量限) 新增：药材及饮片(植物类)中禁用农药多残留测定法	0212 药材与饮片检定通则
重金属及有害元素	通用技术要求中限度指导值为： Pb≤5 mg/kg；Cd≤1 mg/kg；As≤2 mg/kg； Hg≤0.2 mg/kg；Cu≤20 mg/kg； 品种按以上限度进行具体规定：黄芪、金银花、西洋参、白芍、甘草、丹参、山楂、枸杞、白芷、当归、葛根、黄精、人参、三七、栀子、桃仁、酸枣仁、山茱萸	
真菌毒素	新增项目：延胡索(元胡)、土鳖虫、九香虫、蜂房、马钱子新增黄曲霉毒素限度，薏苡仁在原有黄曲霉毒素限度基础上新增玉米赤霉烯酮限度	
其他	不再收载：天仙藤、马兜铃(含马兜铃酸类致癌物质)； 九味羌活丸新增马兜铃酸 I 限量的检查项 不再收载：黄连羊肝丸(含药味夜明砂)	不再收载品种执行 2015 版《中国药典》标准

近几版《中国药典》在不断扩大成熟分析技术应用的同时，也兼顾了标准的实用性与适

用性。同时，为不断提高中药的安全性，分别在控制具有潜在风险的外源性有害物质方面和控制内源性毒性成分方面作出了较大修改。例如，《中国药典》2020年版修订了“0212 药材与饮片检定通则”(四部)，规定植物类药材及饮片禁用农药(33种禁用农药)不得检出，并在“2341 农药残留量测定法”中新增第五法“药材及饮片(植物类)中禁用农药多残留测定法”，修订“9302 中药有害残留物限量制定指导原则”，新增第五项“中药中重金属及有害元素一致性限量指导值(植物类)”，开展了中药中所含成分与肝肾毒性的毒-效关系研究，对于具有较高潜在风险的中药品种则不再收载，具体修订内容见表6-5。

此外，中药质量控制技术体系以中医临床为导向得到进一步完善。首先，根据植物、动物、矿物分类学等领域的研究成果，对部分品种来源项目中中文名称、拉丁学名等进行了规范化修订，使其来源表述更加规范化；其次，完善了饮片质量标准体系，进一步突出中医药特色。例如，金银花在新版药典标准中增加环烯醚萜苷类成分控制的特征图谱，用以说明金银花的清热解毒功能。综上，2020年版《中国药典》经修订完善后，质量控制手段不断增强，标准体系逐渐完善，药品安全性及有效性保障能力得到了显著提高，充分体现了我国医药发展和检测技术应用的现状，并将在促进医药产业健康发展和提升《中国药典》国际影响力等方面发挥重要的作用。

(三) 团体标准

2015年国务院印发了《深化标准化工作改革方案》，旨在建成结构合理、衔接配套、覆盖全面、适应经济社会发展需求的新型标准体系，其中包括国家标准、行业标准、地方标准、团体标准和企业标准。2017年颁布的新《标准化法》中进一步明确了团体标准的法律地位。

研究认为，中药优质产品的团体标准可有效提升中药产品的质量，制定中药饮片团体标准是保证疗效、促进行业有序发展的必要措施，同时团体标准有助于形成药品质量水平与价格水平相协调的市场机制，提升中药产品的质量水平、技术水平，促进行业竞争与交流。

围绕中药全产业链领域已发布相关团体标准，如《中药材规范化生产技术规程(165项)》(T/CACM 1374.1～165-2021)，其中包括《中药材规范化生产技术规程通则 植物药材》及人参、三七、大枣等164类中药的规范化生产技术规程团体标准；《中药材商品规格等级(226种)》(T/CACM 1021.1～226-2018)，其中包括《中药材商品规格等级》(T/CACM 1021.1-2016)及人参、西洋参等225类中药材商品规格等级团体标准；《药用植物顽拗性种子超低温保存技术通则》(T/CACM 1326.1-2019)及降香、益智及槟榔等48类中药材种子超低温保存技术规程(T/CACM 1326.2～49-2019)。此外，针对加工及仓储等环节也发布了系列标准，如《当归、党参、黄芪(鲜制)无硫加工技术规范》《中药材及饮片防霉变储藏规范通则》《中药材采收与产地初加工技术通则》等。

上述团体标准的发布将进一步合理引导中药材生产，规范中药材交易及可持续健康发展。团体标准是新型标准体系的重要组成部分，团体标准基础研究是推动标准制定、应用与创新的基石。然而，团体标准的数量及应用广泛性有待提高，亟需提高国家标准、行业标准、团体标准之间的协调性，开展并形成基于实际需求并具有实用价值的团体标准。

三、存在的问题及展望

（一）中药材鉴别的问题和建议

准确鉴别中药材以确保其来源正确对保障药材质量和安全至关重要。目前，我国常用的600多种中药材中有300多种已实现人工种养、栽培、养殖。研究表明栽培品与野生品中药在组织构造和粉末特征存在显微差异，如赤芍野生品粉末草酸钙簇晶较多，淀粉粒较少而小；栽培品粉末中淀粉粒较多且大，草酸钙簇晶较少。然而，中药显微鉴别标准都是采用野生药材制定并收录于《中国药典》沿用至今。因此，在修订标准时有必要研究栽培与野生中药的显微差异，将栽培与野生中药的显微鉴别特征分列，从而确保标准的权威性、可操作性。

中药DNA分子鉴定方法可以弥补传统鉴定方法的不足。然而，其在法定检验中的应用尚不广泛，已有的标准方法在实际应用中的执行力度不够，且多数《中国药典》药材与饮片品种项下尚无相关方法。因此，应重视和加强标准建设，加快推进中药DNA分子鉴定方法相关的标准研究，同时注重标准研究的规范性，从而建立更多行之有效的中药分子鉴定标准方法。

指纹（特征）图谱技术为中药质量控制提供了技术支持。目前，《中国药典》2020年版对个别中药品种项下多基原植物已通过指纹（特征）图谱加以区别。《中国药典》收载的中药材多基原几乎占1/3，多部位也有近1/5，对于药材基原为同属多种植物的中药，应分别建立鉴别方法并加以区分，提高质量标准的科学性和严谨性。

（二）中药材品质评价的问题和建议

近年来，中药质量和安全性评价体系趋于科学和不断完善，但也存在一些问题，比如指标性成分的选择依据和代表性有待进一步完善，评价技术和手段需要进一步规范化和数字化，外源性有毒有害物质的快速检测尚处于起步阶段，需进行深入系统的研究并大力推广应用。未来，指标性成分的选择需要考虑成分的特征性、生药含量以及生物活性，质控指标不在于多，主要是能代表药材的质量。对于既是有毒又是有效成分，应考虑同时设置其含量上限和下限。对于多基原的药材，需开展深入的基础研究，以决定能否用统一的质控手段和要求来规范；指标性成分的限量制定均要求样品具有足够的批次和代表性。对于外源性有毒有害物质检测，《中国药典》2020年版首次收录了酶联免疫法测定黄曲霉毒素B_1和黄曲霉毒素总量，因此，外源有毒有害物质的快速检测是大趋势，可以考虑优先在团体标准和企业标准中先进行推广。中药材生产链条长，污染环节多，实时快速检测需求量大，但由于中药材品种多、基质复杂，未来快检技术研发需要更多关注其方法的重复性和抗干扰能力，尽可能避免假阳性和假阴性的发生。

（三）中药材标准制定的问题和建议

在标准制定过程中，既要重视技术的先进性，也要考虑标准的普适性，做好衔接和过渡，不能一味地提高技术门槛，导致标准不符合生产实际，既要做共性要求，也要注重品种差异，不能一概而论。在标准制定方面，除具有强制性实施的《中国药典》标准外，其余类型标准较多存在标准发布即搁置的问题。因此，中药质量标准的研发需遵循市场规律，同时标准的实施与推广工作应紧密相连。应当将中药材标准通过产业化研究，促进规范化的生产和运用，增强中药产业综合竞争力。此外，应逐步加强中药团体标准的宣传推广，促进标准的执行与应用，定期追踪反馈已颁布标准的实际应用情况并更新完善标准体系。此外，面对团体标准数量较少的情况，应加强中药标准体系的理论基础研究，构建中药团体标准研究的技术体系，从基础研究层面推动中药团体标准的发展，最终促使中药团体标准成为中医药发展的战略支撑。

在经济全球化的进程中，国际标准化已成为各国科学技术与经济发展的重要战略和提高其国际竞争力的重要手段，同时，中医药国际标准的主导权也逐渐成为了中医药国际贸易保障的重要措施。因此，我国应加强中医药国际标准化建设，扩大我国在世界范围内中医药的话语权，进而不断提高我国的国际竞争力。未来，应着重开展中医药标准化发展战略及规划研究，加强中医药的理论和应用的共性及难点研究，不断扩大中医药标准化建设专家及专业人才队伍，同时做好宣传普及和应用各类标准的工作。

第三节
中药材追溯体系建设

中药材追溯体系建设从 2012 年开始，已经走过了 10 年的时间。从政府启动试点到企业内部探索，从鼓励支持到依法推进，中药追溯体系建设这一保障中药材质量和人民用药安全的民生工程一直在行动。通过全行业、全社会的共同努力，正在形成一个良好的工作局面。

一、中药材质量追溯体系建设的国家共识

“追溯体系建设是采集记录产品生产、流通、消费等环节信息，实现来源可查、去向可追、责任可究，强化全过程质量安全管理与风险控制的有效措施”。这是《关于加快推进重要产品追溯体系建设的意见》(国办发〔2015〕95 号)对追溯体系建设的首次定义，是国家食品药品质量安全保障和风险防控体系建设的重大民生工程，也是中药企业质量保证体系和品牌建设的有效抓手和自律责任。

国家推动中药材质量追溯体系建设，中药材列入重要产品追溯：

2010 年 11 月，第 3 届中医药现代化国际科技大会上提出了中药材质量可追溯体系的概念。

2011 年 12 月国务院常务会议讨论通过《国家药品安全规划(2011—2015 年)》，指出要“建立中药材流通追溯体系，促进常用中药材规范化生产”。

2012 年 10 月，商务部办公厅印发《关于开展中药材流通追溯体系建设试点的通知》，支持保定、亳州、成都、玉林开展中药材流通追溯试点，发布了 5 个追溯指导性规范，启动了国家中药材流通追溯工作。

2013 年 10 月，食品药品监管总局等 8 部门联合发出《关于进一步加强中药材管理的通知》(食药监〔2013〕208 号)，明确提出构建中药材流通追溯体系，通过政策引导逐步形成可追溯的倒逼约束机制。

2015年4月,《中药材保护和发展规划(2015—2020)》提出,构建中药材质量保障体系,建立覆盖主要中药材品种的全过程追溯体系,从种植养殖、加工、收购、储存、运输、销售到使用全过程追溯,实现来源可查、去向可追、责任可究,推动中药生产企业使用源头明确的中药材原料。

2015年12月,国务院办公厅发布《关于加快推进重要产品追溯体系建设的意见》(国办发〔2015〕95号),将农产品、食品和药品(中药材)等重要产品追溯体系建设工作推进到实施阶段,明确了追溯的指导思想、基本原则、主要目标,要求统一规划、分类推进,统一标准、互联互通,多方参与、合力推进,挖掘价值、扩大应用,完善制度、强化保障。

2016年2月,国务院印发了《中医药发展战略规划纲要(2016—2030年)》(国发〔2016〕15号),指出:"建立中药材生产流通全程质控追溯体系。"2016年9月,国家食品药品监督管理总局发布《关于推动食品药品生产经营者完善追溯体系的意见》(食药监科〔2016〕122号),鼓励生产经营者运用信息技术建立食品药品追溯体系,鼓励信息技术企业作为第三方提供专业服务,鼓励行业协会组织搭建追溯信息查询平台。2016年12月,《中华人民共和国中医药法》(主席令第五十九号)发布,明确鼓励建立中药材流通追溯体系。

2017年1月,国家发展改革委和国家中医药管理局共同组织启动了"国家中药标准化项目",该项目涉及百余个中药材品种,可为中药材信息化追溯体系建立提供较为丰富的实践经验。2017年2月,商务部、食品药品监督管理总局等七部门联合发布《关于推进重要产品信息化追溯体系建设的指导意见》(商秩发〔2017〕53号),将中药材追溯体系建设列为药品追溯体系建设的重点之一。

2018年10月,国家药品监督管理局发布《关于药品信息化追溯体系建设的指导意见》(国药监药管〔2018〕35号),明确了该项工作的工作目标、基本原则、主要任务,提出了工作重点、分类分步实施等具体要求,是药品追溯体系建设的纲领性文件。

2019年8月,新修订的《中华人民共和国药品管理法》发布,药品追溯是其中一个非常重要的制度性设计,在总则中明确规定了国家要建立健全药品追溯制度,要求药品上市许可持有人、药品生产企业、药品经营企业和医疗机构建立药品追溯体系。自此,药品信息化追溯首次正式纳入国家法律。

二、中药材追溯系统研发与服务平台建设

(一)中药材追溯系统研发概况

近年来,国家各级政府对中药材追溯体系建设逐渐重视,第三方追溯机构层出不穷,涌现出"百花齐放"的态势。随着现代信息化技术的发展和应用,多家国内中药头部企业纷纷自行研发追溯系统。在新涌现的追溯系统中,多数采用互联网、物联网、区块链、大数据、云

计算等数字化手段，为中药农业、中药工业、中药商业等提供全流程、可追溯的数字化运营服务，甚至有企业探索智慧农业、智慧城市，为中药材追溯领域不断开拓新的疆域。

北京新望本草科技有限公司、北京道地良品技术发展有限公司等技术服务企业所推出的定制化追溯系统，在行业内应用较为广泛。

北京新望本草科技有限公司遵循国家药监局关于药品追溯有关要求和中国中药协会发布的中药追溯团体标准，结合药品生产企业质量控制及市场品牌宣传的业务需求，开发追溯系统，并在底层架构设计考虑了区块链技术应用，与蚂蚁链和华为链合作，可以实现不同环节追溯数据的分布式上链存证，已为近百家药品生产企业提供全程质量追溯服务。针对医院药房在中药饮片使用场景的管理和追溯需求，提供医院药房的中药饮片管理和追溯服务。

与中国医学科学院药用植物研究所合作，依据《中药材生产质量管理规范》开发中药材GAP生产管理云平台，考虑企业和基地生产管理业务场景，结合手机小程序移动端的应用，能满足中药材GAP对药材基地生产管理要求，目前服务基地超过700个。

针对当前政府药监和医管部门在中药饮片质量监管方面的需求，以城市为单位推动饮片原料、加工、流通、医院使用、政府监管的中药饮片全程追溯和质量提升的综合服务。目前，已在北京市、天津市开展了中药饮片全程溯源及质量监管的试点，在福建省开展了中药材种植追溯省级平台建设。

面向药材产区关于药材规范生产、促进药材产业升级的需求，开展地产药材产业数字化管理和升级综合服务。目前已建设了福建省中药全程追溯质量监管服务平台、浙江"浙产好药"道地药园生产溯源平台、山西(长治)中药材全产业链大数据服务平台等，为全国超过20多个产区政府提供产业升级数字化服务。

北京道地良品科技有限公司研发的追溯系统则应用于多个领域。中药农业方面，对种植、生产、加工、仓储、流通等全过程进行数字化管理，实现道地中药材从种植管理到采收加工全链条质量安全控制；中药工业方面，中药饮片、颗粒剂从原料入库、生产加工、质量确认、包装出库等全过程实现可视化，从田间地头到临床应用全流程可追溯，全面提升中药饮片质量；中药商业方面，代煎配送等环节过程信息和物流信息扫码可查，实现全过程追溯代煎配送服务流程，保障公众放心安全用药；医疗机构方面，药品采购、验收入库、处方调配、药房出库等全流程闭环管理可追溯，保证药品信息准确与质量安全。

其与中国科学院自动化所、中科曙光云计算中心、中国中医科学院、中国医学科学院药用植物研究所、国家中药材标准化与质量评估创新联盟("三无一全")、北京中医药大学等科研院所展开了深入的交流与合作。道地良品自主研发了中药全产业溯源服务平台(涵盖药材种植、养殖、饮片、代煎、医疗机构使用环节)、区域追溯监管协同平台、中药材GAP管理系统(基于 2022 版中药材 GAP 建设)、GMP 饮片生产管理系统，并获得国家专利及计算机软件著作权多项。

道地良品推出的基于优质中药材生产及全产业链质量追溯管理平台，服务种植加工者(公司＋合作社＋农户)、医药制造企业(饮片、成药、提取物、保健品)、农资农技服务商(良种、农资投入品、农技)、医院药房、金融服务机构、政府部门、终端消费者，实现数据高效共享和协同发展。其与贵州、陕西、山西、四川、广西等省级溯源平台和磐安县中药产业大脑等区域平台的建设及运营，受到国家相关部门的认可和支持。

当前，行业内还有很多在溯源领域提供技术服务的单位，他们各有优势，都为中医药产业科学化、规范化、标准化，为构建数字中药体系，为中医药产业传承创新发展作出了贡献。

(二) 中药追溯标准化体系建设

1. 重点产品追溯标准 国家标准化管理委员会、国家市场监督管理总局等十部委于 2019 年 10 月 18 日发布实施 6 项重点产品追溯标准，包括《重要产品追溯 追溯体系通用要求》《重要产品追溯 产品追溯系统基本要求》《重要产品追溯 核心元数据》《重要产品追溯 交易记录总体要求》《重要产品追溯 追溯管理平台建设规范》《重要产品追溯 追溯码编码规范》。该标准已在商务部及 18 个试点省(市)中药材追溯平台应用。

2. 中药追溯团体标准实施 自 2019 年至今，中国中药协会中药追溯专业委员会共发布《中药追溯体系实施指南》(T/CATCM005～007－2019)(T/CATCM014－2021)4 个团体标准，这 4 项标准填补了行业追溯标准的空白，为提升中药行业追溯意识、提升产品质量、促进行业诚信体系建设发挥了重要作用。目前，已有近 200 家单位采用该团标。

(三) 中国中药协会追溯服务平台

2016 年 11 月底，由中国中药公司委托成都中医药大学数字医药研究所开发的中药质量追溯系统在完成试点的基础上，在中国中药协会面向会员企业提供追溯技术试用服务，开启行业协会追溯平台服务。

2017 年 7 月，中国中药有限公司发起成立的中国中药协会中药追溯专业委员会在广州举行揭牌成立大会。中药追溯专业委员会成立后，围绕“建平台，促追溯，护品牌”的工作目标，宣传国家有关追溯体系建设的方针政策，推进中药企业建设追溯体系；组织中药追溯团体标准制定和推广；开展中药追溯交流活动；组织开发追溯系统升级和辅助功能开发，满足用户不断增长的新需求；组织开展行业追溯服务平台的建设和维护管理；参与组织中药材基地共建共享联盟(国家中药材标准化与质量评估创新联盟前身)对企业全程追溯实施情况进行评估核查，确保追溯信息的真实、准确和完整；促进追溯平台和企业的追溯信息交流和研讨，为中药行业追溯体系建设提供了有力的技术支持和咨询服务。

图 6-9　中药材与饮片追溯推进会在天津举行

(四) 省级中药材质量追溯服务平台

目前,多省也已经建立了自己的追溯平台,如云南、湖北、河北、福建等。其中云南省中药材质量追溯公共服务平台(简称“云药追溯平台”)利用国家“中药追溯”和云南“云药追溯”双标联用方式,实现了对中药材追溯企业进行授权管理和服务,对企业基地进行现场核查,重点对基地面积、生产人员、投入品管理、采收加工等生产过程的真实性、规范性进行核查。引导产销对接,打通产需屏障,促进企业优质追溯产品与市场化运作相结合,最大限度发挥追溯体系的服务功能。截至 2021 年 12 月,云药追溯平台已有 139 家企业入驻,品种发展到 30 个,涉及中药材有效追溯面积达 50 万余亩,录入中药材种植生产追溯信息达 2 598 万条,生成中药材一物一码 306 万个。

第四节 联盟中药材追溯管理实践

一、"三无一全"申报与评审系统

"三无一全"是国家中药材标准化与质量评估创新联盟提出并推广应用的优质药材品牌标准,在行业内引起了广泛关注。全过程可追溯是"三无一全"的重要考核指标。近年来,随着质量意识的提高,中药材生产企业积极申报,目前已经有数十家企业申报并达到了该标准。为了扎实、稳步推进"三无一全"评审工作,方便申报企业填报资料,提高评审专家的工作效率,联盟于 2021 年 6 月 24 日自主研发的"三无一全"申报、评审系统正式上线(图 6 - 10、6 -

图 6 - 10 国家中药材标准化与质量评估创新联盟评审系统

11、6－12）。联盟通过该系统的应用，“以评促建”，在审核企业规范化程度的同时，也帮助企业通过系统要求，尤其是系统中嵌入的对中药材质量追溯方面的要求，自我规范基地建设。该系统的上线，标志着联盟信息化、标准化工作拉开帷幕。专家的评审意见在线评审、在线反馈汇总，加快了企业整改速度，深受企业好评。

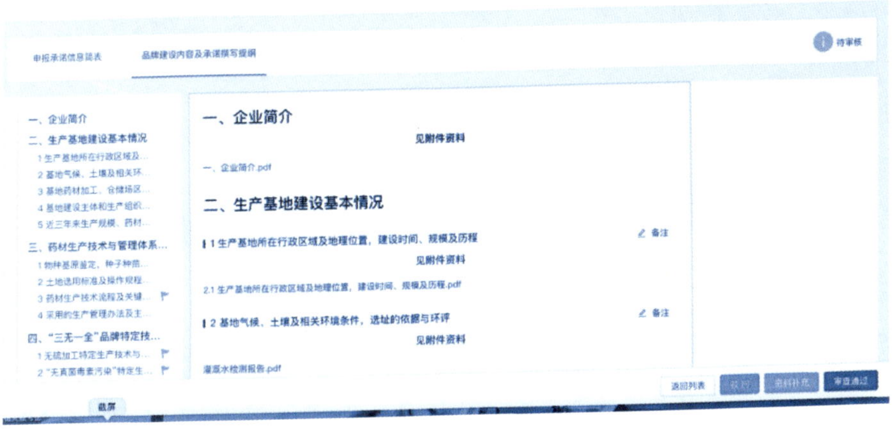

图 6－11　联盟生产基地建设情况

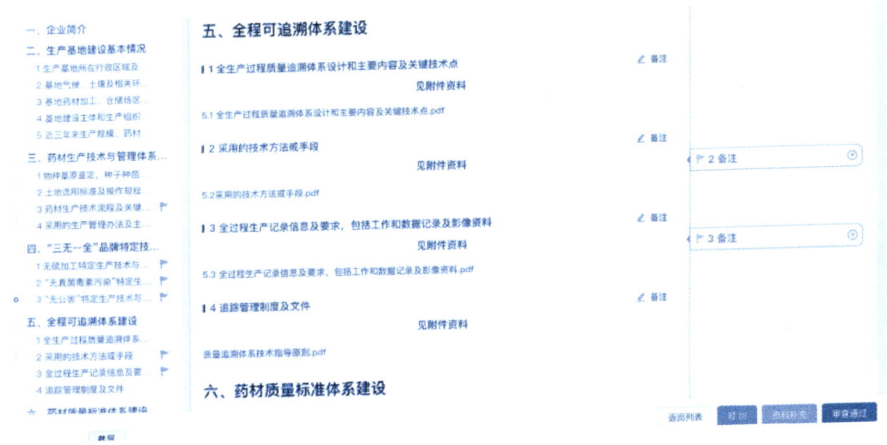

图 6－12　联盟追溯体系建设

二、联盟中药材质量追溯管理信息平台

“联盟中药材质量追溯管理信息平台”是由联盟主导建设，为广大盟员单位提供药材追溯和基地管理的信息服务工具平台，旨在推进药材生产的规范化管理，促进药材基地产能和质量的数字化展示，以及基地资源的共建共享。平台于 2023 年 2 月 6 日正式上线运营服务（图 6－13）。

图 6-13　联盟中药材质量追溯管理信息平台

追溯平台的设计按照中药材 GAP 管理规范要求，基于云服务、物联网、移动互联网、GIS、区块链等新兴技术开发。追溯平台具有对内管理、对外展示、便捷操作三大特点，既可以满足盟员单位对基地实现 GAP 规范、“三无一全”等严格标准的信息化管理，也兼容简单便捷的药材溯源管理需求，可面向管理要求不同的基地主体提供软件平台服务(图 6-14)。

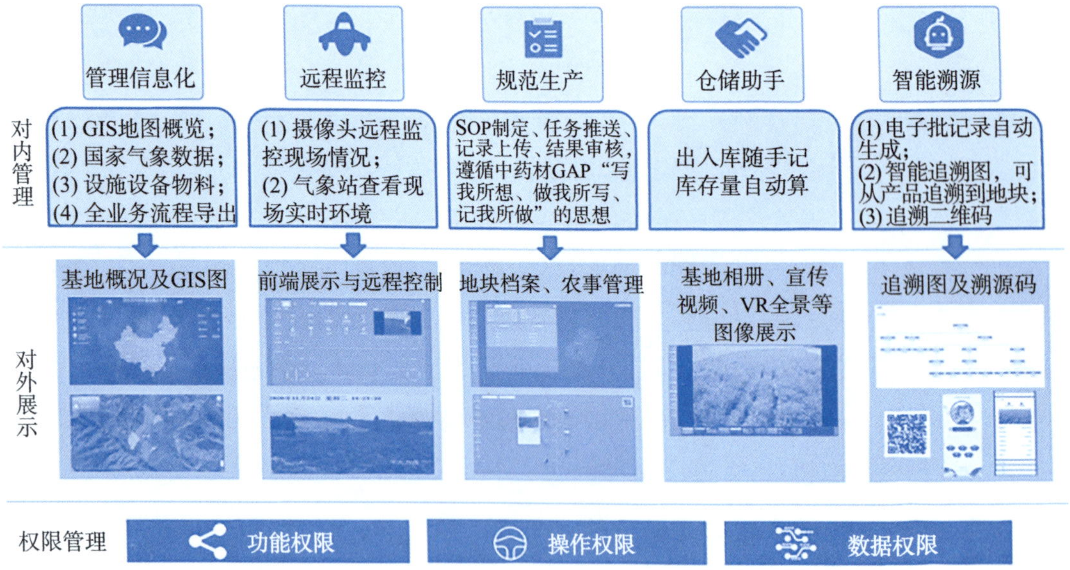

图 6-14　联盟中药材质量追溯管理信息平台管理体系

(一) 对内管理

追溯平台通过基地生产要素数字化、农民生产单元组织化、生产流程管理精细化、物联网监控智能化、电子批记录档案化，实现药材基地生产的对内管理。

追溯平台覆盖了 GAP 生产的全部环节，并基于公共资源数据库如：GB/T 31774－2015《中药编码规则及编码》、农业部农药肥料审定产品清单，国家自然资源部提供的地理信息公共服务平台——天地图、国家气象局的天气预报数据等，搭建了底层技术平台和基础数据库作为支撑（图 6－15、6－16）。

图 6－15　联盟中药材质量追溯管理信息平台基地管理、基地信息

图 6－16　联盟中药材质量追溯管理信息平台基地管理、气象数据

（二）对外展示

追溯平台设计了基地数据仓和溯源履历展示的功能，方便基地对外宣传展示。基地数

据仓全方位展示基地选址、生产、物联监控、溯源、产品等信息。溯源履历通过扫码查询，用户可在朋友圈、药材标签、送货清单等场景使用（图 6－17）。

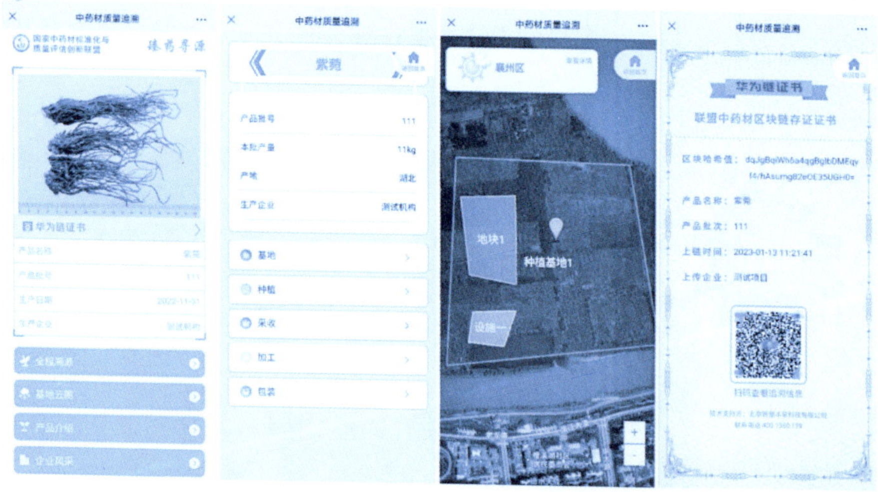

图 6－17　联盟中药材质量追溯案例展示

（三）便捷化操作

追溯平台充分利用手机办公的便捷性，结合基地实际业务场景配套开发了微信小程序和“一站式录入”功能，实现移动办公的协同管理和便捷化操作。“三无一全”、联盟基地等信息化较强的企业，可采用“电脑端＋手机端”对药材种植基地进行信息化、智能化、标准化管理，落实“写我要做，做我所写，记我所做”的 GAP 管理理念。同时普通基地、合作社等信息化较弱的经营主体可以通过小程序“一站式录入”功能，快捷录入生成药材全流程追溯信息。

此外，平台还基于华为区块链开发了智能合约，具备数据上链存证、获取华为链证书的功能，并可以根据企业个性化需求，进行药材溯源数据的跨平台对接，以及水肥一体管理、病虫害预警等智能化协同管控。

（四）平台推广情况

目前，平台已开始在联盟盟员单位内开展推广服务，已有江苏、甘肃、山东等地企业使用。

同时，针对联盟下设各省市地方联络站，平台也启动了推广和对接服务。面向已自建药材溯源平台的联络站，联盟平台开放标准接口，接入地方联络站的优质药材基地基本数据以及药材溯源数据，并为联络站提供专属的展示窗口；针对尚未自建和使用第三方溯源平台的地区，联盟平台可以为其提供独立的药材溯源平台账号，帮助其建设药材溯源管理服务体系。

三、联盟天津市中药饮片追溯及质量监管服务平台

“天津市中药饮片追溯及质量监管服务平台”是由天津市卫健委立项支持，国家中药材标准化与质量评估创新联盟承担建设的，面向流入天津市临床应用的饮片质量追溯及质量监管服务平台。平台于 2021 年 12 月 30 日上线运行，围绕饮片的生产、流通、医疗机构使用以及饮片原料延伸监管开展全流程的质量追溯和监管服务，全面推进中医药行业高质量发展，促进优质中药饮片的临床应用。

（一）平台功能介绍

平台围绕国家颁布的药品追溯相关政策要求和技术规范进行设计，基于云服务、物联网、移动互联网、GIS 等新兴技术进行开发。通过平台建设与运行，建立天津市中药饮片质量追溯及质量监管体系，为饮片生产和流通企业、中医院及中药房、原料药材基地提供饮片全程追溯服务。实现天津市中药饮片全流程质量数据、供应使用数据、第三方质量监测数据的采集、沉淀以及统计分析，加快中药供应链质量监管的数字化建设，为政府部门提供饮片质量监管服务，为政府智能决策、质量预警等提供数据依据。平台主要分为 5 个功能板块。

1. 医疗机构追溯子系统 该板块针对医疗机构端的饮片质量追溯数据管理查询、药品订单与验收管理、药库管理、饮片使用追溯、供应商质量管理等功能进行设计应用，帮助中药房实现了医疗机构饮片使用场景的线上管理和质量追溯，提升了中药房的业务管理效率和精细化程度，并补足了饮片追溯的最后环节。

2. 饮片企业追溯子系统 该板块针对饮片生产企业和流通企业的业务场景，围绕饮片的 GMP 生产全流程开展溯源管理服务，包括原料药材的采购、原料质检、原料库存、饮片炮制加工、包装、成品质检、成品仓储、发货等生产环节，也包括饮片采购、仓储、发货等流通环节。同时，系统针对医疗机构的订单管理，帮助饮片企业实现了订单的接收、核对、发货等信息化管理，以及医疗机构在供应商管理场景中的相关业务应答支持。

3. 药材基地追溯子系统 该板块针对药材生产基地的业务场景，围绕中药材的种植、养殖全程开展质量追溯数据采集和管理服务，并将药材溯源数据对接给饮片企业追溯子系统。

4. 政府监管与数据展示子系统 该板块主要面向平台运营方和政府部门的监管需求，提供追溯数据的监管与展示功能，包括饮片质量追溯的主体备案、各环节溯源数据库管理以及溯源数据一张图展示分析。平台运营方和政府部门可以通过该板块对追溯数据进行统计分析、查询以及可视化展示。

5. 公众查询子系统 该子系统面向社会，公众可以通过药品或者处方单的追溯二维码，在手机端查询相关饮片的质量追溯信息。

（二）平台推广应用情况

目前，平台已在天津多家医疗机构及饮片企业开展应用，并延伸服务了天津市饮片供应商 15 家。

在品种覆盖度方面，上述天津的试点医院实现了饮片几乎全品种的生产溯源（GMP 环节），部分重点品种延伸到药材生产追溯。追溯饮片品种超过 1 200 个品规，产品批次超过 2 万批次（图 6-18）。

图 6-18　天津市中药饮片追溯及质量监管服务平台

第七章
中药材品牌建设

中药材产业的新旧动能转换要通过市场引领，坚持以市场为导向，实现从依靠数量、低价的粗放式扩张向依靠质量、品牌的动能转换，通过品牌建立中药材的核心竞争优势、深挖市场潜力，促进中草药产业的可持续发展。目前，国家、地区及企业等高度重视中药材产业发展，各省通过区域品牌建设，打造一批中药材的知名品牌；联盟通过"三无一全"品牌的建设，审核通过品牌基地优质药材累计 56 个品种，面积达到 110 万亩以上；联盟现有盟员单位 100 余家，形成典型的现代化中药材生产模式，诸如无公害种植、生态种植、仿野生等模式，保障药材质量，推动中医药全产业链发展。

第一节
区 域 品 牌

近年来，国家高度重视中药材产业发展，持续出台了一系列纲领性文件，使我国中药材产业化呈现出良好发展态势。为了推动中药材产业发展水平再上新台阶，各省积极推进中药材品牌建设，培育一批历史悠久、品质独特的优势品种，打响一批中药材知名品牌，推动中医药全产业链发展(表 7-1)。

表 7-1　中药材区域品牌一览表

省份	品牌	代 表 品 种
黑龙江	龙九味	刺五加、五味子、人参、西洋参、汉麻(火麻仁)、关防风、赤芍、板蓝根、鹿茸
吉林	吉林优势品种	人参、鹿茸、蛤蟆油、西洋参、五味子、平贝母、天麻、(北)苍术、细辛、淫羊藿
辽宁	辽药六宝	人参、鹿茸、辽五味、辽细辛、蛤蟆油、关龙胆
河北	十大冀药	酸枣仁、连翘、柴胡、金银花、黄芩、北苍术、苦杏仁、知母、防风、半夏
	八大祁药	祁紫菀、祁薏米、祁芥穗、祁白芷、祁菊花、祁花粉、祁沙参、祁山药
山西	十大晋药	黄芪、党参、连翘、远志、柴胡、黄芩、酸枣仁、苦参、山楂、桃仁
陕西	十大秦药	黄芪、柴胡、延胡索、丹参、附子、杜仲、天麻、猪苓、黄芩、山茱萸
甘肃	十大陇药	当归、党参、黄芪、大黄、甘草、枸杞、板蓝根、柴胡、红芪、半夏
浙江	浙八味	浙贝母、白术、延胡索、玄参、杭白芍、杭白菊、浙麦冬、温郁金
	新浙八味	铁皮石斛、衢枳壳、乌药、三叶青、覆盆子、前胡、灵芝、西红花
福建	福九味	建莲子、太子参、金线莲、铁皮石斛、薏苡仁、巴戟天、黄精、灵芝、绞股蓝
湖南	湘九味	百合、玉竹、黄精、山银花、枳壳、博落回、茯苓、杜仲、湘莲
安徽	十大皖药	霍山石斛、灵芝、亳白芍、黄精、茯苓、宣木瓜、菊花、牡丹皮、断血流、桔梗
广西	桂十味	肉桂、罗汉果、八角茴香、广西莪术、龙眼肉、山豆根、鸡血藤、鸡骨草、两面针、广地龙
江西	赣十味	枳壳、车前子、江栀子、吴茱萸、信前胡、江香薷、蔓荆子、艾、泽泻、天然冰片
	赣食十味	白莲、粉葛、芡实、百合、泰和乌鸡、陈皮、铁皮石斛、覆盆子、黄精、栝楼

续　表

省份	品牌		代表品种
云南	十大云药		三七、滇重楼、灯盏花、石斛、砂仁、天麻、云茯苓、云当归、云木香、滇龙胆
湖北	荆楚药材		包括获国家地理标志产品保护及特色品种：茯苓、玄参、白及、北柴胡、绞股蓝、莲子、百合、龟鳖甲、射干、白术、苍术、蕲艾、夏枯草、木瓜、桔梗、党参、厚朴、独活、金银花、麦冬、杜仲、薏苡仁、福白菊、银杏、半夏、黄连、山药、天麻、大黄、党参、黄柏、续断、湖北贝母、黄精、野菊花、金刚藤、山茱萸等
	鄂优十六味	十大楚药	蕲艾、半夏、天麻、黄连、茯苓、福白菊、苍术、龟鳖甲、银杏、紫油厚朴和黄精
		五大特色药材	资丘木瓜、野菊花、虎杖、金刚藤（菝葜）、马蹄大黄
贵州	“黔药”优势品种		天麻、钩藤、太子参、薏苡仁、半夏、黄精、白及、花椒、艾纳香、何首乌、党参、茯苓、头花蓼、金（山）银花、生姜
山东	鲁十味		金银花、阿胶、丹参、西洋参、全蝎、蟾酥、黄芩、北沙参、栝楼、山楂
	山东优势品种		金银花、丹参、西洋参、山楂、银杏叶、黄芩、阿胶、全蝎、蟾酥、水蛭等
宁夏	宁夏地域品牌		枸杞、甘草、黄芪、银柴胡等

第二节 “三无一全”品牌建设

为使联盟盟员单位生产的中药材形成行业品牌优势，引领中药材行业高质量发展。2018 年联盟首次提出了“三无一全”的概念，要求盟员单位的中药材要率先达到“无硫黄加工，无黄曲霉毒素污染，无公害生产（包括无农残超标、无重金属超标、无使用生长调节剂促进采收器官的生长），全过程可追溯”的标准。“三无一全”的提出，顺应了时代的发展和社会的需求。

一、“三无一全”品牌特点

1. 基原准确 种子、种苗经科研院所或专家鉴定为药典品种。

2. 过程可控 在种植过程中接受全过程监管，农药肥料必须备案，使用过农药的成品药需进行农残检测。

3. 绿色安全 生产出来的药材成品针对农残和重金属经过 2～3 次检测，不超标方可进入市场。提倡生态种植，利用植物相生相克的原理防治病、虫、草、害，条件不具备必须使用农药和化肥的，需要严格记录出入库，使用农药做备案登记，成品需要检测该药物的农药残留情况。

4. 高于国家药典标准 有效成分高于国家药典标准，部分趋于野生标准，全过程黄曲霉毒素监控（土壤、采收储存、加工储存和产品流通过程）。

5. 全溯源管理 从种子种苗到运输加工具有全过程文字及影像记录。

二、“三无一全”的评审

“三无一全”的评审由天津中医药药大学、北京中医药大学、南京农业大学、华中农业大学、中国医学科学院药用植物研究所、中国中医科学院中药研究所等知名大学、研究所的 30 多位知名专家作为专家组固定成员参与评审，并根据评审品种不同，邀请其他知名专家加入评审，保证了评审的专业性与严谨性。截至2022年，全国“三无一全”基地总部署128个，有69家企业56个品种达到了“三无一全”标准。

通过在中药材行业倡导推行“三无一全”品牌药材，促进中药材及中药饮片高质量发展，不仅使有担当的中药材生产企业获得更好的社会信誉，重要的是能为中药制药企业提供可追溯优质原料药材，真正实现“药材好，药才好”理念。

三、“三无一全”品牌优质特性

目前，我国通行的中药材标准主要有《中国药典》，每5年修订再版一次，《中国药典》所列中药材标准是目前行业内普遍可以达到也应该达到的最低标准。但不同地方所产同一种药材，由于地理气候和特殊加工工艺不同，其质量会存在较大差异，如何突出其优良性显得尤为重要。地方政府可以制定高于《中国药典》的地方标准，企业可以制定高于地方标准的企业标准，同时，中药材行业也可以制定反映行业需求和特点的行业标准，并形成品牌效应。这对中药材产业高质量发展，保障中药质量和安全，更具有迫切的现实意义。

近年来，联盟通过农业企业专委会组织相关专家进行顶层设计，对“三无一全”品牌药材制定了相关标准，经试行，中药材生产企业“跳一跳”可以达到，优质中药材用户“用一用”无不满意，充分彰显了高标准可溯源的优质特性。

2022年3月，为了更好地服务于“三无一全”基地企业，联盟从企业角度出发，设计调研问卷，剖析“三无一全”基地企业现状与潜在的问题，评估“三无一全”基地企业的持续供货能力，明确了联盟“三无一全”未来的发展导向，以期更好更全面地服务社会。

四、“三无一全”品牌总体要求

（一）坚持产区道地性原则

中药材生产基地有本草记载且为公认的传统道地产区。道地药材是我国传统优质药材的代表，是指经过中医临床长期优选出来的，在特定地域，通过特定生产过程所产的，较其他地区所产的同种药材品质佳、疗效好，具有较高知名度的药材。道地药材源自特定产区，具有独特药效，需要在特定地域内生产。优选无环境污染的药材道地产区及生态适宜地区建立基地，对各项农事操作严格管理，尤其在农药和肥料的使用管控方面，坚持“尽量不用”的原则。对必须用药的情况，也要求在生药生产标准书所规定的范围内，选择低毒性、低残留、易分解、来源可靠的农药，同时在农药使用履历表中进行详细记录。

（二）坚持基原正品性原则

中药材物种必须为现行《中国药典》规定的正品基原。中药材种植环境一旦发生改变，药效就会有不同程度的降低。按照传统经验，中药材如果需要异地种植，必须经过三代繁殖，并验证其疗效好、安全可靠后才算引种成功（即用第一代的种子种第二代，第二代的种子再种第三代，直到三代药材的疗效和原产地药材一致），才允许移植。

道地产地一定要保留相应的道地药材野生种源地，野生种源不断与人工培育的优良品种进行杂交，使优良品种保持基原纯正、品质好、产量高，并保持野生品质。其次，建议只允许在道地产地种植道地品种，反对盲目地北药南移与南药北种。同时，药材种植要恢复原生态，提倡原生态仿野生种植，不能只追求经济效益而不顾药材品质，杜绝滥用农药和壮根灵等生长调节剂。最后，药材采收采挖的时间和方法要科学规范。

（三）坚持产品优质性原则

中药材种子、种苗、中药材或中药饮片质量内控标准和质量管理体系符合“三无一全”品牌技术指标规定。

制定涵盖种子种苗、中药材、中药饮片、中成药生产全过程质量控制的规范和标准，产品等级标准。构建从药材来源及加工、饮片生产、中成药生产到市场终端的全过程质量溯源体系，保障中药产品的质量。通过在全国中药材主产区和重要集散地，建设大型中药材供应保障中心，成为源头可追溯、质量有保障的新型供应网络。

（四）坚持管理规范性原则

有完备的生产基地选址、种子种苗生产、良种繁育、中药材种植（养殖）、病虫害防控、适宜采收期、产地初加工和仓储等技术规程和关键环节的标准操作规程。饮片符合国家饮片GMP要求。

目前中药材生产的各环节还主要依靠手工操作。但随着农村劳动力的大量减少和劳动力成本的大幅度上升，农场化基地越来越多，现代中药农业企业的发展，中药农业机械化近年快速推进。从土地整理、种子处理、播种移栽、灌溉、施肥、农药使用、中耕除草、采收采挖、清洗净制分级、干燥保鲜、包装都在探索推进机械化进程。

利用现代物联网技术，通过温度、湿度、光照、土壤水分等多种传感器对中药材的生长过程进行全程监控和数据化管理。建立了一套病虫害预测预报制度，采取生态防治、生物防治、物理防治等综合防治方法，不使用任何化学合成的农药、肥料，达到安全、稳定、高产、优质的目的。

（五）坚持全程可追溯原则

申报品种的生产过程有详实、完备的生产记录，含纸质、影像资料或电子网络追溯系统等。中药材在生产环节具有农产品的属性，但同时又是药品，从生产到最终消费产业链很长，经过的环节很多。作为药品，安全性和有效性至关重要。建立中药材从种植（养殖）、加工、收购、储存、运输、销售到使用全过程可追溯体系，实现来源可查、去向可追、责任可究，是有效保障中药材质量可靠性的重要措施。

（六）坚持规模稳定性原则

申报审核认定的基地规模具有示范带动性，且需完成 2 个采收期。基地要坚持“规模化”，大宗品种一般要求 5 000 亩以上，特殊品种不能达到 5 000 亩种植规模的，也应属于国内同品种种植面积较大规模，具有稳定的可持续供应能力。

（七）坚持承诺真实性原则

申报主体自愿向社会承诺符合“三无一全”品牌药材的指标要求，接受社会监督。企业获得中药材“三无一全”品牌称号后，无论企业形象还是具体中药材价值都会在行业内广为赞誉，利于企业良性发展。同时，联盟鼓励社会监督，查实处理社会举报，开展“回头看”，复查已授证企业及基地，与承诺出入较大的将注销认定，以维护联盟的中药材“三无一全”品牌形象。

响应国家非粮化政策，愈来愈多的中药材正开展生态种植模式的研究与实践，在欠发达地区应用林下种植、拟境栽培、野生抚育等生态种植模式，正在乡村振兴中发挥积极作用，更是“两山理论”的生动实践。2020 年，《国务院办公厅关于防止耕地“非粮化”稳定粮食生产的意见》发布后，在森林、草原、宜林荒山荒地荒滩、退耕还林地等区域开展林草中药材生态种植更成为中药材生产的首选模式。

“三无一全”是业界对中药材产业的新要求，是将药材优质化推向社会，是在脱贫攻坚中尽一份责，也是对中药材产业的深切期待。以政府为引导、以企业为主体、以市场需求为导向、以技术为支撑、以流通和使用单位为出口，不断推广应用“三无一全”，是其有效机制。

五、“三无一全”品牌建设对行业和社会的影响

“三无一全”优质药材品牌生产基地，经过 5 年持续建设对中药材行业发展产生了积极的引领作用，促进中药材规范化、规模化水平不断提高，在保障药材质量、产量以及价格方面形成了良好影响。一大批有责任、有实力的中药材、中药饮片和中药制药企业，积极响应联盟号召，主动与联盟的核心技术单位和专家进行合作，按“三无一全”标准进行生产，创建品牌药材生产基地。《浙江省中医药发展“十四五”规划》的中药材规范化种植基地专栏中，将建设“三无一全”基地列为中药谷建设的重要内容。

中药材 GAP 是保证中药材生产质量的法规性文件，“三无一全”品牌基地建设为实施中药材 GAP 奠定了良好基础。联盟鼓励优秀基地企业根据自身情况，对照中药材 GAP 要求，完善基地建设，提升管理水平，从优秀基地中遴选培育符合新版中药材 GAP 要求的基地。2022 年 4 月，联盟按照新版中药材 GAP 的标准，从符合“三无一全”标准的基地企业中，遴选与中药材 GAP 规范要求较为接近的企业，与企业沟通后，确定为联盟重点培育新版中药材 GAP 基地。对遴选企业进行专业指导、评估，打造符合新版中药材 GAP 要求的基地。首

批选定7家企业9种药材——西红花、砂仁、重楼(2个企业)、甘草、黄芪、枸杞、铁皮石斛、灵芝、当归。

“三无一全”品牌建设的药材生产基地，多数地处贫困地区，在脱贫攻坚中发挥了积极作用。联盟配合政府和行业相关部门，将基地建设与贫困地区的脱贫有机结合，几年来根据国家的要求在技术支持上，在供需对接上，扎扎实实开展了中药材产业扶贫工作，在当今的乡村振兴产业开发方面必将发挥更大作用。

第三节
典型案例

“三无一全”品牌推广 5 年以来，联盟遴选、培育了一批优秀药材基地企业，在每年联盟交流大会上以推荐手册及大会报告的形式向社会推介，既协助基地企业共享优质资源，又向行业树立规范生产的典范，以期推广相对规范的基地建设模式。联盟现有盟员单位 100 余家，形成了典型的现代化中药材生产模式，诸如无公害种植、生态种植、仿野生种植等模式。由于篇幅限制，本节仅列举少部分中药材品种的种植模式供读者了解。

一、内蒙古黄芪生态种植模式

内蒙古盛齐堂生态药植有限公司采用“公司＋基地＋专业合作社”运营模式，从种子种苗、土壤检测、肥药控制、田间管理、鲜货加工、仓储物流一体化管理，形成了科学繁育、绿色道地、高品质的蒙古黄芪生态种植模式。在内蒙古道地产区建立了种植规模超万亩、仓储加工面积近万平方米、储量 8 000 吨的蒙古黄芪生态种植、加工仓储一体化的对医院和药企“产地直供”基地。年销售黄芪 1 000 多吨，销售收入 3 000 多万元。

通过与全国领先的药植领域专家合作，开展了蒙古黄芪良种繁育、新品种选育及专用土肥开发、病虫草害防治研究，成立了若干个产学研合作平台，建成蒙古黄芪生态种植溯源体系。将科研成果应用于解决生态种植中的问题，科技赋能下的生态种植效益逐渐显现。

(一) 完善蒙古黄芪种植产业链提升蒙古黄芪品牌影响力

严格执行“三无一全”承诺，在严保蒙古黄芪高品质基础上，打造“新品种选育、种苗繁育、专用肥药研发推广、格式化田间管理、起获检测、鲜货修剪分选、仓储物流”模块化运营体系，通过规模化运营，拓展“产地直供”新空间，提升道地产区蒙古黄芪品质。

1. 品牌品种规范化生产 优良黄芪种苗繁育与专业合作社采取订单育苗模式，建立超 1 000 亩育苗基地，为标准化生态种植提供基本保证。

2. 规范化种植 种植加工全过程节点有 17 项具体技术操作规范，保证出品高品质蒙古黄芪。

3. 严格按照“三无一全”认证要求实施技术规范化操作与管理 坚持人工除草不用除草剂，采用第三代肥药兼效型微生物肥料“生物多抗一号”，规范农药防止病虫害，加工过程在专门的鲜货收储棚进行，利用内蒙古特殊的风干气候黄芪自然阴干、通风，防止霉变，避免产生黄曲霉毒素。

(二) 全程溯源

通过应用的“中药材供应保障系统平台”进行药材的全程溯源，该平台包括中药材的基源管理、种源管理、种植任务管理、田间农事管理、采收、加工、仓储、流通、追溯等全过程信息管理。每批产品包装标签上都印有种植生产全程信息的二维码标识。

(三) 质量等级标准建设与质控体系建设

质控前移至种植前端及全过程，订单种植验收标准以第三方谱尼检测报告为基准，把住蒙古黄芪进口端。

二、云南三七无公害栽培的实践

云南文山三七是公认的“道地药材”。文山苗乡三七公司建立了种子种苗培育、大田种植、产地加工、饮片精深加工，从田间到车间的全产业链条的生产体系，保证三七的原料安全，保障三七的原料品质稳定。

目前三七种植虽已形成较为成熟的栽培体系，然而其栽培过程中，存在着农残高、病虫害及连作障碍严重等问题，阻碍了三七产业的可持续发展。针对三七产业中的瓶颈，通过聚焦三七新品种选育、连作障碍克服、标准体系建立等方面，建立无公害三七持续种植复合技术体系，保障三七药材品质及产业发展。整个栽培技术体系在三七传统种植生产的基础上，对影响三七药材安全质量的生产环节进行质量控制，包括三七种植生产场地环境、土壤环境、灌溉水、人工投入品的肥料和农药、产品的运输、加工过程和包装、仓储等。

(一) 三七种植选址

生态环境与药材质量其密切相关，是道地药材形成的重要因素，直接影响到道地药材的生长发育和有效成分的形成和积累。三七药材生产基地的选择需遵循地域性原则，最适栽培区主要为云南及广西小部分地区，适宜栽培三七的区域月平均气温最低温度不低于 0 ℃，最高温度不高于 35 ℃，平均年降水量在 1 000～1 500 mm，种植土壤多为红壤和棕红壤，海拔高度在 1 000～2 200 m。其中云南文山具有低纬度高海拔气候条件，有效促进三七皂苷物质的积累，是至今名副其实的道地产区，其产量、内在品质及外观上均优于其他产区，且具有显著特点。

在种植土地选定控制方面，以合作单位开发的《药用植物全球产地生态适宜性分析系统》对所在区域进行三七产地适应性分析，并对三七种植土壤环境风险进行评估。

在前期联合研究的基础上，还专门制定了《苗乡三七基地选址标准管理规程》，对三七生产的生态环境土壤制定了严格的要求，包括生态环境良好、无污染的地区，即远离工矿区、公路和铁路主干线；不能选择冶炼工业（工厂）下风向 3 km 内，并且选择周围阔叶林或阔叶林与针叶林的混交林生态环境作为无公害三七的种植生产环境，且空气环境质量应符合规程标准值要求。

（二）种子种苗的繁育

通过长期坚持开展三七的品种选育及良种繁育基地建设，从种源上保障种植生产安全。采用集团选育、系统选育和分子辅助选育方法成功选育“苗乡 1 号”“苗乡 2 号”“苗乡抗 1 号”等三七新品种及良种 9 个，其中 2 个为具有国家植物新品种权的品种。优良新品种的选育将推动三七产业的可持续发展，特别是抗病新品种的选育和应用，该品种目前生产应用中对根腐病表现显著的抗性，该品种的推广将有效减少农药的使用，为三七无公害栽培的推广提供基础。

（三）栽培技术

无公害三七栽培要实现产业化规模化发展是一个较复杂的系统工程，公司在 10 余年的实践中，完成了无公害三七生产必需的质量标准、配套技术、质控体系、基地模式 4 大支撑条件。

发布无公害三七药材及饮片的农药残留与重金属及有害元素限量标准。农药残留量及重金属含量是全社会关注的热点问题，以安全性为主要依据对三七进行品质等级划分，使消费者有更多的选择空间，是三七产业整体升级发展的必然选择。研究团队起草了《无公害三七药材及饮片的农药残留与重金属及有害元素限量》标准，由中国中药协会 2017 年 3 月 28 日作为团体标准发布，标准号 T/CATVM 003 - 2017。该标准参考日本、韩国、美国、欧盟等国家及组织的标准，规定了必检的 29 项农药残留量及 5 项重金属限量。该标准是我国中药材领域首个无公害标准，对中药材的品质提升具有引领作用。

建立无公害三七生产的配套技术。核心技术包括营养特点研究为主形成的无公害三七平衡施肥技术、病害普查及单项病害系统研究形成的无公害三七病虫害综合防治技术，制定了一整套以《无公害三七药材及饮片的农药残留与重金属及有害元素限量》标准相匹配的操作规程（三七良种繁育标准操作规程、无公害三七种植标准操作规程、无公害三七产地初加工标准操作规程），从技术层面保障无公害三七栽培的可行性。

建立无公害三七生产的质控体系。对无公害三七栽培的土壤、水源、空气环境条件进行了规定，严格遵守《无公害三七生产管理规程》《无公害三七生产肥料使用准则》和《无公害三七生产农药使用准则》等规程，产品的运输、加工过程和包装、仓储等规程。

创建“连锁农场”基地建设模式。针对三七具有生态脆弱性、分布区域较窄、病害多、种植成本高等特点，10 余年实践逐渐总结形成“连锁农场”基地建设模式。

该模式将复杂的三七大田管理模块化，形成可以复制的技术体系和管理体系，采用农场的方式进行无公害三七产业化基地建设，保障了各项技术、管理措施的落实到位，确保三七药材品质达到无公害三七的标准。

田间栽培过程质量控制。公司在基地中进行质量控制的机制有三，一是技术员负责技术指导和培训，质量监控员则对每个农事操作进行检查监督，认可后方可实施操作；二是通过技术员在农学领域把握技术关键点，质量监控员在质量控制方面严格把关，保障三七连锁农场基地各项 SOP 的落实；三是公司三七基地的种植地块有编号，每园三七有编号，每园三七的地沟有编号建立种植档案，田间管理和质量监控有记录，档案记录了种子或种苗来源编号信息及检测报告、田间操作。

（四）三七产地加工

在三七加工领域拥有专利 37 项，目前实现了年三七初加工 4 000 吨的产能。三七加工工序包括修剪、清洗、干燥（太阳能）、分选几个关键环节，水洗环节公司采用自主研发的三七专用水洗机（已获得专利授权）加工三七，有效杜绝三七二次污染，该工艺具有卫生、安全性高的特点，极大地提高了工作效率及水洗三七的质量。干燥主要以物理法为主，采用太阳大棚干燥技术（已取得国家发明专利），打破用炭火直接烘烤三七等影响三七质量和形象的加工方式，有效缩短三七干燥时间，过程无“硫”的使用，提升干燥质量。

（五）三七仓储

三七的储存不当可引起酶解、霉变、虫蛀、变色等，运输过程中还可能遇到雨水、暴晒、污染等，因此三七的保存方法得当，可避免各种污染。

为此，在源头控制上，采用现代化新型技术和设备，建立从原料、净选、清洗到烘干、贮藏养护的现代化技术和相关质量控制标准，实现三七药材加工、贮藏的规模化、标准化、现代化，确保三七药材的质量。从仓库的布局、库区的划分、货架摆放、物流通道等规划要从整体作业效率触发进行整体化设计。另外，融入 GMP 管理的思维，通过货位标识牌和把性质不同的物资进行更加精细化的管理，进而避免因霉变而导致的污染。

（六）溯源体系的完善或迭代升级

2020 年公司以多年从事三七种植、生产、研发形成的技术成果和建设的全产业链基础，针对三七产业目前现状及存在问题，联合文山学院三七研究院、云南农业大学、中国中医科学院中药研究所、文山市象水三七技术服务有限公司等单位共建“三七地”文山三七智慧农业平台，通过运用大数据、人工智能、区块链、5G 等数字技术构建三七产业互联网平台，为三七种植户提供一站式三七种植、加工、仓储、交易等专业化智慧服务。帮助三七种植户找良地、买良种，通过病虫害智能诊断及防治服务减少三七种植农药使用、提升三七品质；建立三七种植数字化追溯系统；实现云加工、云仓储、云交易，真正通过产业技术+数字技术赋能三七产业转型升级，推动三七产业高质量、高效率发展。最终实现一部手机帮助农户种出好三七，帮助药企、药店、医馆等买到高质量、可溯源好三七，三七药材产业整体进入标准化、数字化、高品质发展阶段。

三、浙江三叶青仿野生种植模式

广胜康养产业园三叶青中药材基地位于衢州市衢江区廿里镇富里万亩良田的中心区域，其中“新浙八味”重点培育品种之一的三叶青种植面积 1 000 亩，实现三叶青从种质资源遴选、种苗培育、无公害仿野生种植、农产品溯源、产地趁鲜加工、中药饮片质量安全溯源、销售及研发为一体的全产业链布局。

(一) 优选种源强基础

从 2018 年开始建立三叶青种质资源圃，目前已经收集浙江省内外三叶青地方种种质材料 41 份，完成了 14 份不同种质材料试种对比试验。通过试种对比、生产性对比等实验，进行优良种质扩繁，优选出“广胜一号”“广胜二号”两个主栽品系和“广胜三号”后备品系。建立了三叶青专用育苗圃和母本园，采用传统插穗无性繁殖的方式，从母本园采集插穗在育苗圃自行培育种苗，同时，采取每年选取优良单株和计划组培的方式提纯复壮三叶青基原植物的种性，为三叶青中药材新品种选育夯实基础。

(二) 仿野生种植求道地

基地农业种植自启动以来，始终坚持自然农业、生态农业的种植管理理念，遵循“绿色循环”的原则，以光伏板下土地的避光条件模拟三叶青林下野生环境，采取板下摆放专用种植袋基质栽培、植被群体综合管理、有机肥全程投入、化工产品零投入、节水微喷灌、有害生物群体调控等技术措施，着力营造“通风透气、避光避雨、耕休交替、与草共生”的三叶青自然生态环境。通过试种摸索与扩种试验于 2018 年春季完成 1 000 亩的三叶青种植目标，同时以三年为生长周期，实现每年轮收种三叶青 300 余亩。基地三叶青原药材获“有机产品认证”，《中国药典》所列的 33 种禁用农药在历次检验中均未检出，从源头上确保药材产品的自然属性和质量道地性。

(三) 精细加工出臻品

基地于每年立冬前后采挖水分含量较低，药用有效成分含量较高的三叶青块根，经净制、切制、真空低温干燥，超微低温粉碎等工艺加工成可直接口服的“精制三叶青”中药饮片，最大限度保留三叶青天然有效成分、提高生物利用度。

（四）数字溯源保安全

基于“全国中药材供应保障平台”、浙江省药品监督管理局的“药品安全智慧监管‘黑匣子’应用系统”、浙江省中药材产业协会的“浙产好药全产业链数字化服务平台”建立产品信息追溯平台，信息涵盖从种源、种植、田间管理、采收、加工、仓储、运输、检验以及物联网监控、周边气象数据等内容，实现了内部质量管控与监管部门外部监管双向互动，确保了基地三叶青产品的质量。此外，基地还于 2020 年 10 月与阿里健康等公司合作，在阿里健康“码上放心”平台上联合开发建成了衢州本地中药饮片质量安全追溯系统并成功应用在基地生产的三叶青粉中药饮片产品上，消费者可以通过扫描包装盒上的追溯码查询三叶青药品生产全过程，让客户买得放心，用得安心。

四、获得“三无一全”授牌的品种及企业

“三无一全”优质药材品牌生产基地，经过 5 年的持续建设，基地数量不断加大，生产面积不断增加，在中药材行业中产生了积极影响。2022 年，有 24 家企业、27 个品种、30 个基地达标。截至目前，审核通过品牌基地优质药材累计 56 个品种、69 家企业，面积达到 110 万亩以上，涉及 70 个以上的县，共有 103 个基地达到了“三无一全”标准。2020—2022 年通过审核的品牌药材生产及其情况见附表 2。

“三无一全”优质药材品牌建设企业，在基地建设过程中基地的组织化程度、可追溯建设、中药材质量保障等方面的水平得到显著提升。2022 年 3 月联盟对获得“三无一全”品牌的 41 家企业的 38 种药材进行了问卷调查。调查药材种类以常用大宗药材为主。38 种药材的生产面积均在 1 000 亩以上，其中最大为银杏 6 万亩，其次是黄芪 3.7 万余亩。药材单品种存量排在前三位的为黄芪、茯苓和地黄，均在 3 500 吨以上。

调查结果显示，大部分企业（63%）认为，基地建设增加了企业知名度，拓宽了销售渠道。据调查资料统计，品牌药材的市场流向，中药制药企业占 59%，中药饮片企业占 22%，中间贸易商占 15%。中药材用量最大的中药制药和中药饮片企业销售占到 80%以上。

凭借“三无一全”品牌药材的质量优势，部分省区政府部门开始出台相关政策，支持“三无一全”品牌药材的生产和采购。上海市中药饮片追溯体系建设方案（202108 文件）中，明确将采购“三无一全”药材原料，作为溯源饮片标准提升的一项措施。《福建省促进中医药传承创新发展若干措施》，在“大力推动中药品质提升和产业高质量发展”中，将“三无一全”品牌药材纳入药材采购招标优先条款。

第八章
中药材产业高质量发展展望

习近平总书记在党的二十大报告中指出，高质量发展是全面建设社会主义现代化国家的首要任务，实现高质量发展是中国式现代化的本质要求之一。要求我们要以高质量发展推进和拓展中国式现代化。

《"十四五"中医药发展规划》《质量强国建设纲要》《中医药振兴发展重大工程实施方案》等系列文件的出台，为中医药高质量发展提出了明确要求和具体任务。

新冠疫情发生以来，在中共中央、国务院的正确领导下，在全国人民团结一心的共同努力下，中医药早期介入、全程参与，点亮了中国抗疫方案，我们历经三年的疫情防控已经取得了重大决定性胜利，中医药的疗效优势也得到了彰显，优质药材的保障尤为重要。

一系列重要政策密集出台，标志着中药材产业高质量发展符合中国式现代化的时代特征，符合人民群众维护健康的现实需要，大力发展中药材产业恰逢其时。

当前，我国处于近代以来最好的发展时期，中华民族伟大复兴的战略全局与世界百年未有之大变局同步交织，相互激荡。"十四五"时期，我国将以高质量发展为主题，全面迈入高质量发展新阶段。中药材产业将在高质量发展中获得巨大的发展机遇，从而开启"新黄金十年"。

第一节
中药材产业发展的机遇

近十年来,中药材行业取得了显著成绩,并已经形成了良好发展态势。预计在未来几年,中药材产业在国家政策要求、资源现状以及市场大环境下,优质药材资源将逐步扩大,规范化程度和水平进一步提升。科技发展,尤其是数字化、信息化、智能化技术的应用,将为中药材行业发展带来新的机遇,甚至获得革命性提升。绿色生物防控技术、良种繁育技术、珍稀濒危药材替代研究等技术的发展与应用,有助于中药材生产与创新水平的整体提升。

随着国家政策扶持以及越来越多的群众对中医药的认可,中医药地位的提升,中药材需求量将显著增加。在"国家统一大市场"以及构建"以国内大循环为主体、国内国际双循环相互促进"的新发展格局政策引领下,中药材产业与其他领域间的商业和政策壁垒会逐步减弱,各区域的中药材产业将得到来自政府和民间的助力和资源聚集,中药材产业经济逐渐融合,各区域的比较优势将更加突显。"一带一路"政策,促进了中医药向世界范围内的传播。中药材产业将成为我国实现"碳达峰、碳中和"战略与乡村振兴战略的具体抓手。市场"优质优价、优质优先"的呼声与中药饮片集采的表面冲突,将倒逼中药材质量的提升,中药材质量标准的建立和完善将促进二者有机融合。

具体来说,中药材产业发展趋势主要体现在以下八方面。

一、道地药材发展提速,优质中药材需求持续增强

中医药在健康养生和防病治病领域发挥着不可替代的作用,道地药材是我国传统优质药材的代表,发展日益受到重视。

一是随着"健康中国"战略的深入实施,人民健康需求发生改变,中药材质量和安全性成为关注的焦点,2021 年国务院印发《关于加快中医药特色发展的若干政策措施》,提出"实施道地中药材提升工程",是继《全国道地药材生产基地建设规划(2018—2025 年)》后又一有

利政策，将使道地药材质量更优。

二是受我国提前进入深度老龄社会的影响，对老年人慢性病防控和健康促进方面的关注度会逐步提升，将使道地药材需求更旺。

三是新冠疫情在全球蔓延，中医药成为抗击新冠疫情的生力军，表现卓越，使得道地药材更受认可。预计未来 5 年，优质道地药材的需求会持续增强。

二、市场供求错位日趋严重，供给侧结构性改革势在必行

中药材生产的供给侧存在着发展不平衡和不充分的问题，供过于求和供需错位现象日趋严重，粮食价格的低迷和乡村振兴的发展，促使中药材种植面积呈现井喷式增长，而中药材供需又缺乏权威统一的信息发布渠道和制度，供需脱节导致跟风种植现象严重。坚持高质量发展是我国经济工作的根本要求，重规模求速度的中药材产业旧模式已不适应目前的发展形势，重质量求效益的新方向是必然选择。中药材产业高质量发展应该以需求为导向进行供给侧结构性改革，真正实现中药材产业的“有序、安全、有效”。在助推乡村振兴的道路上，中药材产业的供给侧结构性改革势在必行。

三、仿野生栽培成为趋势

中药材种植面积总体规模有增加趋势，但受到耕地“双非”政策影响，中药材种植将越来越成为林下经济的核心组成。种植模式上，在“不向农田抢地，不与草虫为敌，不惧山高林密，不负山青水绿”的中药生态农业“四不宣言”的指导下，生态栽培、野生抚育及仿野生栽培等中药材回归野生自然的栽培模式将逐步形成主流，部分重点品种的植物工厂生产也有望开始启动。

2020 年，《国务院办公厅关于防止耕地“非粮化”稳定粮食生产的意见》发布后，在森林、草原、宜林荒山荒地荒滩、退耕还林地等区域开展林草中药材生态种植更成为中药材生产的首选模式。同时，陕西、云南、甘肃、福建等地陆续出台深化落实《中共中央 国务院关于促进中医药传承创新发展的意见》的举措，明确提出推进中药材生态种植的具体目标。国家中医药管理局在各省设立《道地药材生态种植及质量保障》项目，全国农业技术推广服务中心也要求各省组织实施中药材生态种植技术集成与示范推广。

可以预见，生态种植、仿野生栽培将逐渐成为中药材的核心生产方式。

四、巩固脱贫攻坚成果，接续助力乡村振兴

中央农村工作会议强调，要坚决守住脱贫攻坚成果，做好巩固拓展脱贫攻坚成果与乡村振兴有效衔接，工作不留空当，政策不留空白。中药材产业是乡村振兴的重要抓手。在“十

三五”期间，中药材产业为我国脱贫攻坚作出了重要贡献，助力农民增收致富。“十四五”以来，中药材产业将继续发挥独特优势，是将青山绿水转化为金山银山的良好媒介，能够将保护生态环境和发展经济有机统一。我国经济落后地区中药材资源种类丰富，品质优良，加大对中药材种植扶持力度，促进中药材种植快速规范高质量发展，是巩固拓展脱贫攻坚成果，帮助农户致富的有效途径。

相信在国家及各级政府的大力推动下，中药材产业将在乡村振兴中绽放异彩。

五、药食同源类品种持续增长，“替抗”带来重大机遇

2010—2019 年，109 个“药食两用”品种(含 9 个试点品种，不含大枣和赤小豆)贡献了中药材 80.06%的需求增长。原料中包含药食同源类中药材的产品更加多样化、时尚化，更加迎合年轻人需求，包括咖啡、甜品、饮品、燕麦稀、黑芝麻丸等新品不断。2020 年国内中药保健品主要电商平台的销售量达到 4.34 亿件，销售额 229 亿元，同比增长 94.69%，药食同源产品需求持续增加。

此外，自 2020 年 1 月 1 日起，我国全面停止除中药以外的促生长类药物饲料添加剂的生产和进口，“替抗生素”中药类饲用产品需求势必持续增长。据推算，在未来 5～10 年，饲用产品对中药资源的需求量将远超过目前人用量，所涉及中药材的需求量将迎来新的持续增长。

六、追溯体系建设加快，“互联网+”浪潮涌现

中药材追溯体系建设已达 10 年，基于信息大数据的全过程追溯体系建设取得了良好进展。由于技术及管理的局限，传统溯源方式中存在中心化、不透明化和易被篡改等问题。随着以大数据、物联网、区块链等为核心的“互联网＋”信息技术的兴起，中药材质量追溯体系将解决产业内信息不对称的问题，加快全过程追溯技术的标准制定，提升综合数据采集集成与运用能力，逐步构建持续完善的“种源培育-种子/种质采收及储运-种苗繁育-种苗质量检测-栽培生境-栽培-田间管理-采收-初加工-包装与储运”中药材生产全过程质量追溯体系，实现追溯的规范化、标准化和信息化。现代化信息技术为产业升级转型赋能已成为趋势。

2019 年商务部等七部门联合印发《关于协同推进肉菜中药材等重要产品信息化追溯体系建设的意见》，2020 年《国家药品监督管理局关于促进中药传承创新发展的实施意见》提出“推动相关部门共同开展中药材信息化追溯体系建设”，质量追溯体系建设已成为中药材产业“互联网＋”的实践典范。同时，在供需管理、种植监测、仓储管理、质量追溯，以及信息分享等环节都具有广阔的发展空间。

国家中药材标准化与质量评估创新联盟质量追溯管理与信息平台、中药资源动态监测网、7S道地保真中药溯源服务平台、中药材天地网等一批溯源平台，正积极探索种植技术、供需信息等信息发布的新模式和新途径，取得了显著成效。

七、药用植物研究将取得系列突破进展

随着我国中医药战略的实施和多组学等现代科技的迅猛发展，药用植物及植物药的研究与开发将有望呈现全链条突破性发展。

主要栽培品种药材遗传本底与生物学机制解析有望取得重要进展，包括“千种本草基因组计划”实施等；根际微生物与药用植物微生物组的深入研究将为降低中药材栽培的连作障碍、深入解析药用植物次生代谢产物合成与代谢调控机理提供可能；随着分子标记与诊断等现代技术的快速发展，药用植物新品种选育与产业利用将迎来重大突破。

药用植物遗传基础与生物学机制的持续深入解析，为药用植物以传统的驯化选育向现代育种发展提供了理论与技术支撑，以“高药效品质、高产量、高抗性”为目标的药用植物新品种选育与新种质创制将迎来快速发展，包括中药材种质资源库建设；主要栽培品种基原的资源系统评价与核心种质库建设；快速驯化选育、种内杂交育种与分子育种的系统推进；同时，基于遗传功能元件与代谢通路等的深度解析，结合大数据支撑的表现组学研究，药用植物精准设计育种将提上日程；随着我国航天技术的发展，航天育种也有望在中药材高效育种中占据一定位置。

随着珍稀濒危繁殖生态学及育种生物学等持续深入研究，结合组培等离体培养技术持续优化，珍稀濒危药用植物人工繁育与利用技术将日益成熟。药用植物组培、种子大田直播、高效嫁接等综合繁育技术将形成完善体系。

八、相关法规出台助力产业发展

2022年3月1日开始实施的《中华人民共和国种子法》以及自2023年1月1日开始实施的《中华人民共和国农产品质量安全法》，成为保障中药材产业高质量发展的法律依据。

大部分中药材属于农产品的范畴，其质量影响着临床疗效和人民健康安全，而中药材的种子种苗则是中药材质量的关键环节，植物类中药材新品种保护制度是激励育种创新、保护育种成果的重要知识产权制度，加强种业知识产权保护是推进种业振兴的重要环节之一，逐渐受到国家重视。新修订的《农产品质量安全法》明确了农产品范围，包括从农业活动中获得的中药材。实现从田间地头到终端应用的全过程、全链条监管，进一步强化中药材质量安全法治保障。从法律层面压实中药材质量安全各方责任。把农户、农民专业合作社、农业生产企业及收储运环节等都纳入监管范围。明确中药材生产经营者应当对其生产经营的产品

质量安全负责，落实主体责任。进一步明确中药材质量安全标准的范围、内容，确保中药材质量安全标准作为国家强制执行的标准的严格实施。加大对违法行为的处罚力度。

《农产品质量安全法》《中华人民共和国种子法》的实施，全面强化了品种权的保护力度，并将进一步提高中药材质量。

第二节
中药材产业发展面临的挑战

回顾过去十年，中药材行业取得了显著成绩，中药材种植规模不断提升、规范化组织化水平显著增强、中药材及饮片质量持续向好，相关政策法规体系不断完善；分析当下，中药材行业还存在诸多问题，质量标准不完善、部分中药材资源匮乏、中药材市场小而散、中药材品牌效应不强等长期存在，制约着中药材产业高质量发展。

一、种业专业化水平有待提升

中药材种业正处于"四化一供"初期，商业化育种正处于萌芽阶段，新品种的选育、生产、繁育、加工、销售等环节的专业化水平不高，主要表现在以下 4 个方面。

一是绝大多数中药材没有主栽品种，品种布局区域化尚处于空白。由于很多中药材遗传背景狭窄，良种选育和野生品种驯化时间长、难度大，导致适宜推广的产量高、药性强、稳定性好的新品种不多，良种推广率尚不足 10%，仅石斛、枸杞、金银花、栝楼、罗汉果、杜仲等少数实现区域化布局。

二是种子生产专业化水平低。主要作物商品化率接近 100%，仅有粳稻、小麦、蔬菜、中药材等种子商品化率还有提升空间，其中中药材种子种苗商品化率不足 10%，导致数量充足、质量可靠的种子种苗不足，已有的繁育基地，规模和涵盖的中药材种类较少，远不能满足区域和行业发展需要。

三是种子种苗市场不规范。中药材种业主体缺乏，经营企业数量不足，基本处于"企业自繁自用、农户自产自销及乱引种苗"的状况，经销商以市集农户为主，绝大多数种子无包装，缺乏质量保证。

四是中药材植物新品种保护相对薄弱。农业农村部、国家林业和草原局共授予中药材植物新品种仅 49 件，虽然新《种子法》实施后，对非主要农作物实行登记管理，但是中药材尚未被纳入登记目录，仅有浙江、安徽、河南、广东等地开展了中药材新品种登记或评定工作。

二、道地产区意识和抗市场风险能力有待提高

我国中药材的种植面积尚未有官方统计数字，由于各地统计口径、渠道、方法和尺度等方面的差异，统计出的结果存在较大差异，难以准确服务宏观决策和生产规划。中药材讲究道地性，在实际生产中，各地道地药材意识还较为薄弱，滥用道地药材称呼、盲目引种和扩充产区的现象比较严重。对于价值高的道地药材，各地纷纷引入，一方面造成产区被动变迁，道地产区存在被所谓的新兴产区取代的风险；另一方面导致部分中药材供求失衡，市场价格呈现大幅波动趋势，陷入“一涨就种，一种就多，一多就跌”的怪圈，对抗风险能力较弱的农户造成了极大的经济风险。

整体来看，中药材市场供需信息缺乏，价格涨跌幅波动较大，亟待引起政策层面的高度关注。同时，中药材是一二三产紧密相连的特殊产业，存在“低、小、散”的种植现状，与生产成本和技术要求较高的矛盾突出；产品订单率较低，市场信息不对称，定价权由深加工企业掌握；农民小额贷款难，难以形成规模经营，并受自然灾害和市场波动双重影响，缺少产销合作组织和龙头加工企业带动，“产—加—销”一体的产业链尚未形成，抗市场风险能力较弱。

三、生态种植模式和配套技术体系有待完善

中药生态农业快速发展，但其中也存在一些问题。

一是种植模式和技术规范缺乏。除了拟境栽培、林下种植、野生抚育、间套轮作等主要模式。还涌现出草药伴生、地膜控草、春发草库、瘦土控苔等多样的农田生态种植技术措施。对于模式和技术缺乏系统性研究，形成的技术标准少。如检索全国标准信息服务平台发现，林下种植模式仅有 6 项林业行业标准，50 项地方标准，涉及三七、重楼、天麻、人参等 32 个中药材。同时，推广力度不够，在全国范围内尚缺乏知名度高的中药生态农业示范区。

二是部分模式下生态优先原则需要加强落实。如开展林下种植时，需要达到林地生态系统功能稳定和产出优质中药材的双重要求。实际生产中往往被忽视，种植时大面积翻耕土壤、清林过重现象较为普遍，忽视林木的经营管理，造成水土流失加重，生物多样性降低。整体来看，中药生态农业多为不同农业生产操作间的横向耦合，对于各种模式的描述通常局限在模式的结构搭配与组装，而对适用区域、结构组分之间的比例参数及阈值，以及病虫草害绿色防控、废弃物综合利用关键配套技术关注度不够，导致复制过程中可操作性不强，推广效果较差。

四、生产投入品合规使用有待加强

合规、合理使用投入品是规范化生产中药材的重要影响因素。中药材种类多、种植面积

相对较小、农药市场规模小和药害风险高等因素，导致企业开发和登记中药材用农药产品的积极性不高。中药材病虫草害防治需要的高效低毒低残留农药产品严重不足，甚至无药可用，中药材农药使用标准及规范的制定缺乏依据，中药材农药使用无法管理。

在生产中超范围使用、乱用滥施农药等现象较为普遍。甚至有的地方仍违规使用禁限用农药。在中国农药信息网初步查询，截至2021年6月，仅人参、三七、枸杞、白术、延胡索、铁皮石斛、菊花、山药、麦冬、芍药、玫瑰、牡丹皮、金银花、党参、百合、板蓝根、贝母、大黄、当归、黄精、黄连、玄参、苍术等23种中药材有农药登记，其中有些已过期，有些仅适用于观赏用途。而规模化种养的中药材在200种以上，农药登记数量远不能满足生产需要。已登记农药产品偏少，例如三七常见病虫害多达13种，而只针对黑斑病和根腐病，登记了2种农药5种产品；杭白菊害虫达18种，仅登记了用于防治根腐病、叶枯病、蚜虫、斜纹夜蛾的3种农药4个产品。

五、中药材生产机械化水平亟待提高

对国家中药材产业技术体系135个示范基地的调研数据显示，基地整体机械化水平为16.87%，种植、田间管理、收获及初加工环节的机械化水平分别为18.48%、22.24%、14.52%、13.78%，这与全国农作物耕种收综合机械化率超过67%，主要粮食作物耕种收综合机械化率超过80%相比，差距巨大。其中劳动量最大的环节是移栽和收获，随着人力成本的逐渐增加，其机械化需求最为迫切，“无机可用”和“有机难用”的现象明显，这一定程度代表了全国中药材生产机械化的情况。

相对于主要农作物，中药材有其特殊性，一是种类多、面积小、标准化程度低，难以实现规模化种植，这是推广机械化的最大难点；二是种植区域多为山区丘陵，尤其是耕地限制政策出台后，大田种植中药材的面积显著降低，农作物尚且难以实现机械化，中药材难度更大；三是部分传统初加工方式流程复杂，机械无法替代。以干燥环节为例，不同产地的中药材有自然晾晒、烘房烘干、带式干燥、蒸制干燥、微波干燥、红外干燥等多种方法，对于较高品质和高附加值的中药材，也采用真空冷冻干燥、真空脉动干燥等，装备和标准化程度各不相同。

六、进出口法规体系有待完善，文化差异阻碍中药材国际贸易

进出口药材涉及的法规体系存在不协调的情况，还有一些历史法规未及时更新或废止，这对中药材贸易带来了阻碍。比如药品监管法规和动植物检验检疫法规对部分药材的准入国规定不一致，导致部分药材进口困难；牛黄因为历史政策等限制无法进口，天花粉及其制剂因为历史政策原因无法出口；还有部分人工种植或养殖的药材，在办理物种证明或许可证过程中，存在办证难的问题。这些问题，需要通过深入改革、制度创新来打破其中的堵点和

难点，为中药材贸易创造更为适合的监管环境。

传统中医药理论与西方主流的现代医学理论属于两种完全不同的理论体系，二者存在较大差异，各个国家和地区与中药材相关的法规标准各不相同。所以，以中医药理论为指导的中药材，在出口时，一直遭遇到法规、标准和文化差异等一系列障碍，形成了中药材出口贸易的壁垒。一些药材因为不符合出口目的国家或地区的技术标准而遭遇退货或销毁；即使出口到海外市场后，也很难获得合法的“药品”身份，不能充分发挥“药”的作用。这需要我国积极主动与海外目标市场在监管合作、标准制定、人文交流等方面开展多层次的交流，逐步消除中药材贸易壁垒。

七、动物药领域亟需加强研究投入

动物药生产方面，人工麝香、人工牛黄、人工合成熊胆等化学合成或人工配制的动物药材获得进展，在一定程度上满足了普通百姓的用药需求；体外培育牛黄、人工熊胆、重组水蛭素、重组蚓激酶等利用生物技术生产的动物类药材也获得突破，为珍稀濒危动物药材的替代研究提供了示范，也开拓了思路。

但动物药质量控制与评价方法亟待加强。动物药基原动物和药用部位多样，成分复杂，药效物质基础大多不明确，凭传统的经验鉴别不能客观准确地控制动物药材及其制剂的质量。由于动物药材大多含有蛋白质、多糖、核苷等化学成分，并很难将其各部分成分与药材的功能主治一一对应，来进行动物药材的质量评价，因此对于这种多成分复杂体系，单以成分为指标，难以实现动物药质量控制的突破，亟待探索新的研究方法。科研院所、相关企业也需要加大投入力度，包括经费的投入和人才培养力度，加强动物药领域的综合研究实力。

八、推进 GAP 实施尚需形成行业共识

2022 年，中药材 GAP 发布以来，行业反响热烈。中药材种植规范化有了更加明确的要求，但是，如何落地仍存在困难。中药材种植乱象长期存在，全面规范化也是一个长期过程，从中药材目前的流通链条来看，药农、合作社及种植基地只管种植，市场商家只管销售，各管一块的现状不能解决，种植端不规范现象难以解决。中药材初加工缺乏规范，也影响着 GAP 的实施。

中药材 GAP 发布后，大部分中药材生产企业、饮片加工企业、采购中药材的工业企业仍存在迷茫，不了解 GAP 具体内容和实施要点，不清楚各主体的职责以及如何标识 GAP，GAP 的技术指导单位尚不明确。因此，实现中药材 GAP 的真正落地，需要加强培训，开展系统宣传工作，并形成行业共识。

第三节
中药材产业高质量发展的建议

实现中药材产业高质量发展，必须统揽全局，顶层设计，优化结构，立足现实问题，结合现代科学技术，不断提升中药材质量，提升中药品牌影响力和企业竞争力，提高中药材行业综合实力。加强平台建设，提升行业信息化水平，加强行业内交流，促进信息共享，资源共享；中药材产业的高质量发展需要现代科学技术的支持、需要广泛的社会需求以及合理的政策扶持，还需要在符合市场规律前提下加强引导与规范。

一、建立大型城市中药材战略储备库

在非典、甲流、新冠数次疫病流行期间，中医药发挥了重要作用，体现出了明显优势。然而，在应对如新冠疫情等特大公共卫生事件中，中医药的优势并未完全发挥出来，暴露出了一系列短板。公共卫生事件突发，用量激增导致药材价格飞涨，优质药材、饮片的短缺，对市场造成了巨大冲击，对中药材行业、对中医药的正常使用均造成不利影响。

在武汉、上海、北京等城市遭遇疫情时，本地特定中药材、中药饮片的需求量急剧增加，与当地药材常规储备不足形成了突出矛盾，需要紧急从外地调运，又因为防疫政策原因，交通不畅，难以保障供应，严重影响了中医药的正常使用。

因此，建立国家中药材战略储备库，能够提供充足的中药材，保障“战时状态”下中医药效能发挥具有现实意义和战略意义。

2012 年，国家开始规划建设中药材国家储备制度和中药材生产预警机制，以防止药材价格的剧烈波动。2015 年 4 月 27 日，《国务院办公厅关于转发工业和信息化部等部门中药材保护和发展规划(2015—2020 年)的通知》提到，加强中药材供应保障，依托中药生产流通企业和中药材生产企业，完善国家中药材应急储备，确保应对重大灾情、疫情及突发事件的用药需求。数家企业积极响应，康美药业、陕西必康药业、北京同仁堂等大型中药企业已经开展了相关工作。

但由于种种原因，整体上看，我国中药材战略储备并未充分发挥作用，地方政府及企业也并未建立强烈的储备意识。此次疫情所暴露出的问题提醒我们，应当重视这一问题，除积极推动战略储备政策落实外，应当予以调整、完善，具体建议如下。

一是为防止突发疫情造成中药材短缺问题，在北京、上海、广州、深圳、天津等特大型城市要建立相对独立的中药材战略储备库，并能自给自足，避免突发情况下因交通物流不畅而引起物资供应不足；在中药材资源短缺的较大城市，如哈尔滨等，也可根据情况建立储备库。

二是与既往静态的物理储备不同，应当采用中药材动态存储模式，保证药材定期循环，可探索建立储备单位轮换制度；应当根据所储备药材的特性，科学制定每种药材存储条件及年限，随用随补，保证库存最低储备量，同时防止药材/饮片长期存放而造成变质、浪费。

三是在存储数量上，应当根据所在城市人口数量，制定存储药材数量。之前国家储备防疫物资（包括中西药品）按照城市人口数量较小比例的规模进行储备。目前看，疫情初期进行中医药广泛干预，中药材储备应适当提高比例，可增至 5%～10%。例如 2 000 万人口，可储备 100 万至 200 万人份的药材。

四是从储备药材种类上看，建议以清热解毒、清热化湿类为主，具体药材品种名单由各地专业机构制定。

五是从管理角度看，各地卫生主管部门应与工信部、商务部、医保局联合，提供必要的政策配合，并筛选有能力、有条件的企业建立储备库房，采用集中或分布式储备，定期监管、评估，并予以适当补贴。

二、加强道地中药材道地产区政府支持力度

道地药材是我国发展高质量药材的先天优势，但目前异地种植趋势明显，对药材质量影响较大。此外，缺乏统一有效监管，市场无序竞争，恶意竞价，抢夺低端市场，“劣币驱逐良币”现象严重创伤了药农、药商的积极性，最终损害的是人民群众的健康。

我国中药材品种众多，药材道地属性明显，如吉林人参、田三七、川贝母、“四大怀药”“浙八味”“湘九味”“福九味”等。随着野生变家种、南药北种、北药南栽，药材品种混杂，品质参差不齐。众多企业和农户种植不规范，生产经营混乱无序，难以形成明显的品牌效应，导致价格、质量、产量出现各种问题，往往造成“药贱伤农，药贵伤民”。

关于如何提高品牌价值，保证药材质量，建议借鉴韩国“正官庄”人参的经验。韩国将人参定位成国家战略型产业，政府机关管理部门直接介入，对内制定了严格的市场准入标准，对外提高了人参出口标准，保证国际市场的品质；列支专项扶持，对良种繁育、棚舍建设、出口、科研、销售等给予大力支持；设立农安基金，确保人参价格稳定；构建了从中央到地方、从

政府到协会、覆盖全国的资金、贴息中长期贷款、技术、产销等全方位一条龙管理服务体系；大力研发，不断突破核心技术瓶颈；种植、加工、流通各环节严控标准，从生产到销售全链条规范统一，坚决推行订单式标准化种植，同时，借鉴韩国全方位塑造人参高端形象的营销方式，做强品牌，培育消费习惯。

我国部分省市已经出台了中药材保护与发展规划等相应文件，支持促进当地中药材产业发展，采取了相应措施，如就良种繁育、精深加工、机械化研发、栽培技术的研究与推广等，但尚未形成全国性制度，且尚不能满足全面提升中药材质量和品牌价值的需求。

考虑到我国中药材品种众多，道地性强，但品质参差不齐、非道地区域种植影响临床疗效和产业可持续发展的现状。建议实施道地药材地方政府专卖制度，由各地省政府负责本区域道地药材专卖（专卖不垄断，引导市场良性发展）。在国家相关委局支持下，共同确定本省区道地药材品种、质量及等级标准。地方政府协调好有关部门，集中开展优良种质培育，从良种繁育、栽培、采收、产地加工、仓储、物流、到销售开展全产业链监管；地方政府发布道地药材质量及分级标准，颁发相应标识，打造区域品牌，扶植地方中药材产业。

三、将中药材新品种登记修增列入地方法规

根据《种子法》，新品种需要完成登记才能推广，浙江、广东等省分别就贯彻落实《种子法》或《中医药法》而制定的地方性法规中明确载明"支持中药材品种认定或登记"，在国家的《中药材种子管理办法》实施前，为中药材品种登记后大规模推广提供了地方区域的法律保障。但我国部分地方性法规中尚无关于中药材品种登记/认定的相关条款。因品种登记是行政许可，若无地方人民代表大会授权，种子登记部门无法许可登记/认定，即便获得新品种权，也不能大规模应用推广，造成种业创新成果转化无通路的尴尬局面，严重制约了地方中药材种业的高质量发展。

鉴于目前中药材种业法规缺位、种子种苗与种植发展不对称，为了农业部门可依法核发品种登记/认定，切实保护中药材原创性，推动成果转化和优质品种推广，保障中药材产业高质量发展，建议将中药材新品种登记修增列入地方法规。

四、统筹协调发展、优化生产布局，因地制宜发展道地药材生产

各地中药材生产和布局仍然存在一定的盲目性。建议全国统筹布局，各区域发挥地方特色优势，协调发展。

首先，依据《全国道地药材生产基地建设规划（2018—2025 年）》和《道地药材标准汇编》等著作，因地制宜选择品种，并制定出台切实可行的产业优惠和保护政策，避免盲目引种和扩充产区，引导非道地产区逐步退出道地药材生产。同时，利用第四次全国中药资源普查成

果，建立中药动态监测网络和种质资源保护体系，划定野生道地药材资源保护红线区域，进行保护和资源恢复，实现资源的永续利用。

其次，建议把中药材生产统计纳入国家常规统计制度中。以中药材主产区为主要区域，以大宗、常用、道地药材为主要对象，建立全国中药材生产统计平台，服务宏观决策和生产规划。

再次，加大对种植基地的支持力度，加强示范引导和宣传力度，优先支持中药企业自建基地、专业合作社等有稳定销路的道地药材生产基地，达到在原有基地基础上提质增效，避免人为盲目扩大生产。针对当前部分传统知名道地药材受经济效益影响出现萎缩的情况，开展适度恢复。

最后，加强对中药材产业发展的指导，缓解生产分散决策导致的总产量和价格大幅度波动，推动建立以优质优价为导向的价格形成机制。

五、加强种子种苗商品化和“育繁推一体化”建设，推动种业实现“四化一供”

“一粒种子可以改变一个世界”几乎成为全球种业人的共识。正处于起步阶段的中药材种业，需要稳步向现代农作物种业体系看齐，做大做强种业需要做好以下几方面内容。

一是提高种子种苗商品化率。种子种苗存在巨大的市场需求，尤其是大宗常用、药食同源类是未来中药材需求的核心品种。建议重点围绕此类品种进行布局，以单品种树立品牌，稳步拓展种类，提高种子种苗商品化率。

二是建设“育繁推一体化”示范基地。育繁推一体化是指育种、扩繁、推广和销售紧密结合，协同发展的模式。建议开展中药材种质资源保护、可持续利用示范区建设，保护产业发展赖以生存的道地药材种质资源，在道地产区布局建设“育繁推一体化”示范基地，配备种子的检测仪器，具备制种、种子加工、质量检测的综合能力，打造稳定的制种能力。

三是构建药用植物品种特异性、一致性和稳定性测试指南体系。制定测试指南编制守则，由易到难、分批次逐步制定一批测试指南。积极申请植物新品种权保护，推动中药材纳入非主要农作物登记。

四是加强法治建设。尽快出台《中药材种子管理办法》，明确种子的品种登记制度，保护育种者权益，规范生产经营过程，从源头保障中药材质量。总之，未来一段时间内，需要进一步加强扶持，推动市场健康发展，早日实现中药材种业的“四化一供”。

六、保障种植用药安全，加快推进专用农药登记工作

在登记中药材农药种类上，应以高效、低毒、环境友好为标准，简化审批程序，加快登记进程，解决中药材生产无药可用的问题。

一是加强以特色小宗作物用农药登记方式的中药材农药登记管理，进一步加强用药情况调研，形成有害生物目录，完善和细化中药材药效试验群组名录；结合生产区划研究，遵循道地性要求，编制中药材用药登记药效试验区域指南；完善中药材残留试验群组分类，选择常用中药材中残留量高的作为代表中药材。

二是农药管理部门可以适当简化中药材农药产品审批过程，对于已在其他农作物上使用的低毒农药产品，如需扩大到中药材上使用，登记主体只需要提供田间药效试验报告、针对中药材的安全性报告，以及在药用部分的残留报告等资料，审查通过即可获产品登记。

三是地方政府可根据地方特点，设立专项资金，组织中药材用农药产品筛选，筛选一批对本地中药材病虫草害防控有效、对中药材本身安全的农药产品以备登记。

七、研究与实践并重，推动中药生态农业理论和技术研究

中药生态农业的产业化虽然有所发展，但还是处于初级水平。坚持中药材资源的保护、开发与利用三者有机协调，实现中药材产业可持续高质量发展。

一是要开展规划研究，明确全国中药生态农业总体布局，制定各地主要的中药生态农业模式与配套技术，避免由于自然环境和社会经济条件的千差万别而导致发展的不确定性和盲目性。如确定林草中药材生态种植的适宜区域和范围、加强拟境栽培理论研究等。

二是推进实用技术和装备研究。加强优良品种选育、生态种植模式、病虫害综合防控、生物肥料及生物农药开发等技术的研究。同时走适度规模化之路，农技农艺结合，实现移栽、收获等关键环节的机械化。

三是推进标准化进程并加强示范。大力推进中药生态农业的标准化，制定符合不同区域中药材生长特点和生产模式的生态种植技术规范，在生产中尤其在欠发达地区加以推广使用，形成别具特色的中药生态农业小镇。

四是积极推动中药材生态种植技术纳入农业农村部和地方的农业主推技术名单，并通过政府支持政策的出台，加强生态种植技术立项支持。

八、加强应用示范，促进中药材流通追溯体系建设

随着全国中药材和饮片质量监管力度的不断加大，中药材原料生产环节的地位不断上升，中药企业和第三方服务平台正不断增加对中药材生产环节的投入，推动了中药材流通追溯体系的建设进程。要实现全产业链的可追溯，加强种植源头的质量管理，实现追溯体系向种植端前移是建设全产业链追溯体系的关键。中药产业具有“链条长、范围广、问题多”的特征性质，实质上是一个药品市场嵌套一个资源市场(类似于农林产品市场)，这种产业形态非

常独特。因此，建议从以下三方面入手。

一是加强应用示范，兼顾种养、加工、收购、储存、运输、销售等追溯信息的同时，更要关注中药材的药品属性。影响中药材质量的关键要素，如基原准确性、是否使用禁限用农药、是否抢青采收等，也是追溯至关重要的环节。

二是政府推动追溯的同时，生产和经营者更应该承担起中药材质量把控的主体责任，尽快连入已有的一体化追溯系统，降低企业系统研发成本，提供各环节的追溯信息，加强风险防范意识。

三是推广中药材“三无一全”标准（无硫黄加工、无黄曲霉毒素、无公害生产、全过程可追溯），逐步推进优质药材全过程可追溯，开展省级中药材追溯平台建设，促进中药材生产的全过程规范化管理，实现“来源可查、去向可追、责任可究”。

九、加强产业联盟建设，团结行业组织协调发展

国家中药材标准化与质量评估创新联盟开展工作十年来，取得了显著成绩，积累了丰富经验，中药行业中相关的协会、学会、联合会等社会团体也发挥着积极、重要的作用。联盟与行业组织集聚了行业权威专家、企业代表以及科研院所，为推动中药材产业高质量发展肩负重任。

希望在国家各监管部门的指导下，行业组织间团结一致，协调发展，相互促进，为行业发声，为产业答题。面对行业存在的问题，接下来的一段时间，联盟、协会、学会以及联合会等组织，要积极配合国家“双碳”目标，助力乡村振兴计划，围绕以下具体主题开展工作。

一是全面落实、推进 GAP 实施，开展培训、专业指导，扶持、培育优秀企业生产优质中药材，扩大 GAP 基地规模。

二是建立质量标准体系、质量安全追溯体系及中药材现代物流和智能仓储体系，构建中药材产业发展综合保障体系，打造“三无一全”优质品牌，推进中药材“三无一全”品牌建设。

三是搭建共建共享机制与平台，加强企业间资源信息的互通互联，加强科研院所与企业间的合作交流，充分发挥科研院所人才优势，采取“揭榜挂帅”“赛马”等激励方式促进科技成果转化，提高生产效率；开展现代中药农业模式的探索研究，借鉴数字化、信息化技术，逐步实现中药材基地规范化、集约化。

四是提倡中药材优质优价，优质优先。做好与医保等部门的协调工作，鼓励优先使用优质药材。遵循市场机制，按照中药材质量分级，允许优质优价，提高优质药材市场竞争力和积极性。

五是在尊重市场规律前提下，充分发挥第三方机构作用，总结经验，探索建立中药材质

量评估与认证、中药材质量检验检测机制。

“十四五”时期为我国医药产业破局转型关键期，牢牢把握高质量发展主题，按照党中央部署坚定走在提质增效、创新驱动的高质量发展道路上，必将迎来“新黄金十年”，为实现第二个百年奋斗目标、实现中华民族伟大复兴的中国梦贡献力量！

附
中药材行业问题征集与意见反馈

为实现中药材产业高质量发展，国家中药材标准化与质量评估创新联盟组织各方力量共同撰写《中药材行业高质量发展蓝皮书》，这是一项长期工作，在系统梳理行业成绩、存在问题以及未来发展建议的同时，也希望中药材从业者从促进行业发展的角度，提供宝贵意见反馈给联盟，作为联盟工作方向的重要参考依据。

2022 年度，联盟通过调查问卷，总结不同领域专家及企业代表对中药材产业高质量发展关键环节的看法，总体意见包括中药材产业未来发展的方向主要是探索优质优价的产业模式，实现中药材采收机械化、中药材质量管理标准化、中药材炮制规范化等，各中药产业需要相关专业培训、科技支撑，并需要对目前的质量溯源系统进行改进。

部分具体问题的意见反馈汇总如下。

一、企业需要哪方面的科技成果？

优质中药材生产技术；几乎涉及中药材生产的各个方面的最新科技成果快速浏览；中药种植（养殖）技术并形成品牌；中药质量合理科学的评价手段和方法；开展中药资源保护；整合中药材资源大数据；开展中药材品种质量评价；需要协助、指导企业开展中药材规范化生产；各中药材规范化种植技术的 SOP、互联网在中药材应用技术；绿色、安全、环保、低碳、数字化技术；药质量控制与相关分析方法；品种培育和种植管理技术。

二、您认为中药材产业未来发展的方向在哪里？

中药材种植规模化、规范化、现代化，流通环节可追溯化，中药材更加优质优价，加强科技赋能，各个环节更加科学；质量评价符合中医临床实践；实现产业可持续性发展，可参考烟草行业进行垂直专业管理，提高中药材的农产品定位。

三、您认为制约中药材产业高质量发展的关键环节有哪些?

中药材生产规范化、质量评价更具中医药特色、严格控制中药材的品质、保证中药材原料的稳定性,形成全链条溯源体系,从种子基原、种植环节、采收时间节点、初加工、包装、仓储及在库养护环节、流通环节过程规范、质量可追溯。

四、您认为中药材行业发展还有哪些潜力尚待发掘?

① 重要药材的野生驯化工作,提高规范化种植水平,优质产品可规模化种植,质量评价体系更符合中医药特点。②中药材下游产业从业人员整体专业水平的提高,产地加工与仓储设施的优化等,发挥产业链各环节积极性的政策研究。③建立与中药材密切相关的团体标准。④中药材全流程溯源体系建设、中医药大数据、具有中药材特色的互联网技术应用软件等。⑤现场快速智能检测体系的构建。⑥优良品种选育、栽培或饲养技术提升,优质种质种苗、可信任的认证体系。

五、您对中药材产业高质量发展还有何其他建议?

①把握好源头质量问题,全程可追踪,实现全产业链好药。②中药材产业高质量发展是纲,但目前缺少接地气的细则。③切实加强中药材产业高质量发展的顶层设计,彻底打破行业发展瓶颈,传承创新,打破现有管理模式,突出中医药产业个性化发展路径,促进产业高质量发展。④统一生产、加工等标准,不各自为政;企业之间互通有无,资源有效共享,协同发展。⑤解决优质优价问题,探索类专卖模式,人才聚合,资源聚合,搭建平台。⑥建立国内外标准、培养人才、智能化产业的打造等。

六、您认为联盟应为行业做哪些工作?

①通过制定标准、开展培训、组织活动等引导行业正向发展。②解决中药行业实际的科学问题,如中药的栽培和质量评价,建成以团体标准为导向的行业领军社会咨询机构,建立全国规范化生产、购销、标准、追溯、信息等体系。③整合产业需求,科技成果输出,搭建对接平台。④向上级主管部门传递产业声音。⑤探索优质优价方法。⑥多提供产、学、研结合对接及研讨。

中药材产业高质量发展,不是某一个企业、某一个部门、某一个团体的事情,是关系到中医药事业发展、人民健康保障以及中华民族伟大复兴的大事,需要全民参与进来。因此,联盟希望广泛征求意见,群策群力,凡是有用的建议或意见,我们均会认真吸纳,以更好地服务中药材产业高质量发展。

附　录

附录一
《中医药振兴发展重大工程实施方案》(节选)

国务院办公厅

2023年2月10日

中医药是我国重要的卫生、经济、科技、文化和生态资源，传承创新发展中医药是新时代中国特色社会主义事业的重要内容，是中华民族伟大复兴的大事。为贯彻落实党中央、国务院决策部署，加大"十四五"期间对中医药发展的支持和促进力度，着力推动中医药振兴发展，制定本实施方案。

一、总体要求

(一) 指导思想

以习近平新时代中国特色社会主义思想为指导，深入贯彻党的二十大精神，统筹推进"五位一体"总体布局，协调推进"四个全面"战略布局，认真落实党中央、国务院决策部署，坚持稳中求进工作总基调，立足新发展阶段，完整、准确、全面贯彻新发展理念，构建新发展格局，坚持以人民健康为中心，加大投入与体制机制创新并举，统筹力量集中解决重点领域、重要环节的突出问题，破除制约高质量发展的体制机制障碍，着力改善中医药发展条件，发挥中医药特色优势，提升中医药防病治病能力与科研水平，推进中医药振兴发展。

(二) 基本原则

增强能力，服务群众。加大支持力度，加快发展覆盖全生命周期的中医药健康服务，促进中西医协同发展，统筹推进中医药医疗、教育、科研、产业、文化等发展，满足人民群众日益增长的中医药需求。

遵循规律，发挥优势。坚持守正创新，继承不泥古，创新不离宗，遵循中医药自身发展规律，充分利用现代科学成果和技术方法，巩固和发扬中医药特色优势，推进中医药现代化、产业化，推动中医药走向世界。

提高质量，均衡发展。推进高素质人才队伍和优质高效中医药服务体系建设，健全中医药协同创新体系，促进中药质量提升和产业高质量发展。提升基层中医药服务水平，促进中医药优质资源扩容和区域均衡布局。

创新机制，激发活力。在实施重大工程的同时，配套完善符合中医药特点的体制机制和政策措施，充分调动各方积极性，形成合力，激发中医药振兴发展的巨大潜力和活力。

(三) 建设目标

到 2025 年，优质高效中医药服务体系加快建设，中医药防病治病水平明显提升，中西医结合服务能力显著增强，中医药科技创新能力显著提高，高素质中医药人才队伍逐步壮大，中药质量不断提升，中医药文化大力弘扬，中医药国际影响力进一步提升，符合中医药特点的体制机制和政策体系不断完善，中医药振兴发展取得明显进展，中医药成为全面推进健康中国建设的重要支撑。

……

六、中药质量提升及产业促进工程

围绕中药种植、生产、使用全过程，充分发挥科技支撑引领作用，加快促进中药材种业发展，大力推进中药材规范种植，提升中药饮片和中成药质量，推动中药产业高质量发展。

(一) 中药材种业质量提升

1. 建设目标。中药材种质资源收集保存、鉴定评价、优良品种选育与良种繁育能力进一步提升，优质种子种苗大规模推广应用，中药资源监测能力明显提高，从源头保障中药材质量。

2. 建设任务。一是支持国家药用植物种质资源库建设。二是引导地方建设一批中药材种子种苗专业化繁育基地，推动制定种子种苗标准。三是依托第四次全国中药资源普查工作成果，健全中药资源动态监测体系。

3. 配套措施。出台中药材种子管理办法，从法规层面规范中药材种子种苗生产经营资质和经营行为，打击种业违法行为。加强部门协同，形成中药资源管理合力。

4. 部门分工。国家中医药局、农业农村部等负责。

(二) 中药材规范化种植

1. 建设目标。道地药材生产布局更加优化，珍稀濒危中药材人工繁育技术取得突破，中药材生产先进适用技术实现有效转化和示范推广，进一步推动中药材资源可持续利用。

2. 建设任务。一是引导地方建设一批道地药材生产基地。二是建设一批珍稀濒危中药材野生抚育、人工繁育基地。三是制定常用 300 种中药材种植养殖技术规范和操作规程。四是广泛开展中药材生态种植、野生抚育和仿野生栽培，开发 30～50 种中药材林下种植模式并示范推广。五是统一中药材追溯标准与管理办法，依托现有追溯平台，建立覆盖主要中药材品种的全过程追溯体系。六是依托现有药品监管体系，搭建一批中药材快速检测平台。

3. 配套措施。国务院有关部门出台全国道地药材目录，推进实施中药材生产质量管理规范（GAP），加强道地药材产区规划和规范化种植。各地要强化道地药材资源保护和生产管理，在项目、政策等方面予以倾斜，建立部门协同机制，统筹力量协同推进中药材质量提升。

4. 部门分工。农业农村部、国家中医药局、国家林草局、国家药监局等负责。

（三）中药炮制技术传承创新

1. 建设目标。深入研究中药炮制理论和技术，阐释中药炮制机理，完善中药饮片质量标准，保证饮片质量。

2. 建设任务。一是建设一批中药炮制技术传承基地，挖掘与传承中药炮制理论和技术。二是开展一批常用中药饮片的质量标准、生产工艺等研究。

3. 配套措施。国务院有关部门出台全国中药饮片炮制规范，完善中药饮片质量控制体系。各地要加强对区域特色饮片和炮制技术的挖掘、整理、传承。

4. 部门分工。国家中医药局、财政部、国家药监局等负责。

（四）中成药综合评价体系建设

1. 建设目标。涵盖临床有效性安全性评价、质量标准、生产工艺、制剂技术等的中成药综合评价体系基本建成，符合中医药特点的中药新药审评体系进一步完善。

2. 建设任务。一是建立健全中成药临床综合评价方法，系统开展100种中成药的临床综合评价，丰富中成药在用药指征、目标人群、最佳剂量等精准用药信息方面的内涵。二是针对100种中成药建立系统完善、适应发展需求、覆盖生产全流程的标准体系，形成多层次的现代质量控制体系。三是初步建立中医药理论、人用经验和临床试验相结合的审评证据体系，构建符合中药特点的安全评价方法和标准体系。四是开展中成药质量评价方法研究，建立常用中成药质量优劣评价标准。五是完善中药警戒制度，加强中药不良反应监测“哨点”建设。

3. 配套措施。国务院有关部门制定中成药生产质量管理规范，优化完善以《中华人民共和国药典》为核心的中药国家标准的制修订工作机制，协调推动中成药综合评价结果运用和转化。

4. 部门分工。国家中医药局、国家药监局等负责。

附录二
中药材“三无一全”品种清单

表附-1 中药材“三无一全”品种清单

年度	中药材	企业
2020	野菊花	华润三九医药股份有限公司
2020	五味子	吉林省北药药材加工有限公司
2020	黄芪	扬子江药业集团江苏龙凤堂中药有限公司
2020	金银花	上海市药材有限公司
2020	川芎	上海市药材有限公司
2020	黄芪	内蒙古盛齐堂生态药植有限公司
2020	黄芪	大同丽珠芪源药材有限公司
2020	黄芩	国药集团承德药材有限公司
2020	苍术	国药集团承德药材有限公司
2020	党参	甘肃圣源中药材有限公司
2020	茯苓	岳西县天兴业中药材有限公司
2020	枸杞	青海芝润农林开发有限公司
2020	杭白菊	浙江杭缘堂中药材有限责任公司
2020	黄芩	黑龙江德顺长中药饮片有限公司
2021	黄精	上海市药材有限公司
2021	甘草	陇西奇正药材有限责任公司
2021	三叉苦	华润三九医药股份有限公司
2021	半夏	湖北南章莆中药科技有限公司
2021	金银花	江苏康缘生态农业发展有限公司
2021	重楼	云南信南山农业发展有限公司

续 表

年度	中药材	企　业
2021	三七	漳州片仔癀药业股份有限公司
2021	党参	甘肃九州天润中药产业有限公司
2021	白鲜皮	宁安市瑞康中草药农民专业合作社
2021	黄芩	山西荣利发中药材有限公司
2021	连翘	山西荣利发中药材有限公司
2021	桑椹	四川攀西良田农业科技有限公司
2021	黄芩	扬子江药业集团江苏龙凤堂中药有限公司
2022	白芷	四川全泰堂川白芷产业有限公司
2022	山慈菇	天全县同创重楼种植农民专业合作社
2022	金钗石斛	赤水芝绿金钗石斛生态园开发有限公司
2022	三七	云南白药集团三七产业有限公司
2022	茯苓	云南茯苓生物科技产业发展有限公司
2022	重楼	文山逸龙生物科技有限公司
2022	重楼	景谷森通种植开发有限公司
2022	红花	大理万福思源农业开发有限公司
2022	枸杞	四川全泰堂中药饮片有限公司
2022	当归	陇西奇正药材有限责任公司
2022	柴胡	
2022	栀子	扬子江药业集团江苏龙凤堂中药有限公司
2022	三叶青	浙江广胜新能源有限公司
2022	甘草	内蒙古亿利甘草有限公司
2022	厚朴	恩施九信中药有限公司
2022	黄连	
2022	大黄	
2022	独活	竹溪县丰溪镇辽叶中药材种植农民专业合作社
2022	茯苓	湖南补天药业股份有限公司
2022	黄芪	隆德县葆易圣药业有限公司
2022	肉苁蓉	内蒙古曼德拉生物科技有限公司
2022	赤芍	呼伦贝尔市资粮道地药材种植有限公司
2022	两面针	华润三九(六安)中药材产业发展有限公司
2022	九里香	
2022	三叉苦	
2022	金银花	

续　表

年度	中药材	企　　业
2022	丹参	山东华筌中药材有限公司
2022	三七	云南泽润三七种植有限公司
2022	麦冬	四川代代为农业科技有限公司
2022	铁皮石斛	义乌市森宇农业科技有限公司

附录三
2023年度《中药材有害生物绿色防控产品目录》

表附-2　2023年度《中药材有害生物绿色防控产品目录》

序号	企业名称	产品（商标）名称	有效成分	剂型	所属类别	备注
1	北京科威生物技术有限公司	锐真	100亿CFU/g枯草芽孢杆菌	可湿性粉剂	微生物农药	
		拜沃	3亿CFU/g哈茨木霉菌	可湿性粉剂	微生物农药	
2	巴斯夫（中国）有限公司	碧翠（二氰·吡唑酯）	12%二氢蒽醌、4%吡唑醚菌酯	水分散粒剂	化学杀菌剂	
3	成都新朝阳作物科学股份有限公司	蛇床子素	0.4%蛇床子素	可溶性液剂	植物源农药	
		香芹酚	0.5%香芹酚	水剂	植物源农药	
		小檗碱	0.5%小檗碱	水剂	植物源农药	
		除虫菊素	1.5%除虫菊素	水乳剂	植物源农药	
4	重庆聚立信生物工程有限公司	金龟子绿僵菌CQMa421	金龟子绿僵菌CQMa421（2亿孢子/g）	颗粒剂	微生物农药	
		金龟子绿僵菌CQMa421	金龟子绿僵菌CQMa421（80亿孢子/mL）	油悬浮剂	微生物农药	
		三菌克微生物菌剂	哈茨木霉、球孢白僵菌、金龟子绿僵菌≥2.0亿/g、有机培养料	颗粒剂	微生物菌剂	2021年核定
5	福建艳璇生物防治技术有限公司	捕食螨	/	/	昆虫天敌	
		瓢虫	/	/	昆虫天敌	
		赤眼蜂	/	/	昆虫天敌	
6	河北拜沃生物技术有限公司	根施得	哈茨木霉≥2.0亿/g	粉剂	微生物菌剂	
7	京博农化科技有限公司	品劲	30%醚菌酯	可湿性粉剂	化学杀菌剂	
		多面手	250 g/L嘧菌酯	悬浮剂		
		山推	70%噁霉灵	可溶性粉剂		
		天岳	5.7%甲氨基阿维菌素苯甲酸盐	微乳剂	化学杀虫剂	
		品威	150 g/L茚虫威	悬浮剂		
		锐力	2.2%甲氨基阿维菌素苯甲酸盐	微乳剂		
		赛宝	20%乙螨唑	悬浮剂		

续 表

序号	企业名称	产品(商标)名称	有效成分	剂型	所属类别	备注
8	江苏小瓢虫生物科技有限公司	生物有机肥	枯草芽孢杆菌、地衣芽孢杆菌≥0.50亿/g	粉剂	生物有机肥	
9	南京本源生态农业科技有限公司	宁盾	枯草芽孢杆菌≥2.0亿/mL	水剂	微生物菌剂	
10	山东京青农业科技有限公司	益微	枯草芽孢杆菌≥300.0亿/g	粉剂	微生物菌剂	
		益生元	枯草芽孢杆菌、胶冻样类芽孢杆菌≥2.0亿/g	粉剂	微生物菌剂	
		益生元	枯草芽孢杆菌≥2.0亿/g	颗粒剂	微生物菌剂	
		益普	枯草芽孢杆菌≥200.0亿/g	粉剂	微生物菌剂	
11	苏州推动者生物科技有限公司	烟蚜茧蜂	/	/	昆虫天敌	
		粗脊蚜茧蜂	/	/	昆虫天敌	
		夜蛾黑卵蜂	/	/	昆虫天敌	
		烟盲蝽	/	/	昆虫天敌	
		叉角厉蝽	/	/	昆虫天敌	
12	武汉武大绿洲生物技术有限公司	勾剑 (菜颗·苏云菌)	1万PIB/mg菜青虫颗粒体病毒·16 000 IU/mgBT	可湿性粉剂	微生物农药	
		凌清侠 (甜核·苏云菌)	1万PIB/mL甜菜夜蛾核型多角体病毒16 000 IU/mgBT	可湿性粉剂	微生物农药	
		楚锐 (苜核·苏云菌)	1 000万PIB/mL苜蓿银纹夜蛾核型多角体病毒·2 000 IU/ulBT	悬浮剂	微生物农药	
		绿洲宝刀 (棉核·苏云菌)	1 000万PIB/mL棉铃虫核型多角体病毒·2 000 IU/mgBT	悬浮剂	微生物农药	
13	杨凌馥稷生物科技有限公司	杞赞/谷韵 蛇床子素	0.4%蛇床子素	可溶性粉剂	植物源农药	
		巨萃 除虫菊素	1.5%除虫菊素	水乳剂	植物源农药	
		满翠源矿物油	99%矿物油	乳油	矿物源农药	
14	中捷四方生物科技股份有限公司	智能信息素光源诱捕器PLT-C	/	/	物理防控诱捕器	
		棉铃虫性信息素	/	/	防控诱捕器	
		斜纹夜蛾性信息素	/	/	防控诱捕器	
		绿盲蝽性信息素	/	/	防控诱捕器	
15	长沙中微科生物工程有限公司	普绿通 含腐殖酸水溶肥	腐殖酸≥4.0%；$N+P_2O_5+K_2O$≥20.0%含3%植物免疫增产蛋白	粉剂	含免疫增产蛋白水溶肥	
16	中农绿康(北京)生物技术有限公司	绿康威	解淀粉芽孢杆菌≥350.0亿/g	粉剂	微生物菌剂	
		微生物菌剂	枯草芽孢杆菌、胶冻样芽孢杆菌≥2.0亿/g	粉剂	微生物菌剂	
		抗重茬微生态制剂	解淀粉芽孢杆菌、胶冻样芽孢杆菌、多黏类芽孢杆菌≥5.0亿/g	粉剂	微生物菌剂	

续 表

序号	企业名称	产品(商标)名称	有效成分	剂型	所属类别	备注
17	北京中农国泰科技有限公司	重茬宝	枯草芽孢杆菌、膜蹼毕赤酵母、长枝木霉菌、淡紫紫孢菌,有效活菌数≥10 亿/g	粉剂	微生物菌剂	2022 年核定
		中药材专用肥	枯草芽孢杆菌、淡紫紫孢菌有效活菌数≥2.0 亿/g、有机质≥20.0% $N+P_2O_5+K_2O$=15.0%	颗粒剂	复合菌肥	
		土卫 4 号	枯草芽孢杆菌、淡紫紫孢菌有效活菌数≥2.0 亿/g、有机质≥40.0%	颗粒剂	生物有机肥	
18	成都新朝阳作物科学股份有限公司	农立邦	0.5%氨基寡糖素	水剂	生化杀菌剂	
		立见	0.3%苦参碱	可溶液剂	植物源杀虫剂	
		雅刻	1.5%苦参碱	可溶液剂	植物源杀菌剂	
		竞双	5%大蒜素	微乳剂	土壤调理剂	
		金·免申耕	阴离子活性物:24%~26%、粒度(1.00 mm~4.75 mm)≥90% pH:6.0~8.0	颗粒剂		
		金·免申耕	阴离子活性物:24%~26%、粒度(1.00 mm~4.75 mm)≥90% pH:6.0~8.0	颗粒剂		
		一桶天下	有机质≥200 g/L、水不溶物≤20 g/L $N+P_2O_5+K_2O$ 100 g/L、pH:5.0~7.0	水剂	水溶肥料	
		有机无机复混肥料	$N+P_2O_5+K_2O$≥36%(12+12+12) 有机质≥10%	粒状	复混肥料	
19	华植河北生物科技有限公司	伴友	5%香芹酚	水剂	植物杀菌剂	
		植得美	1%氨基寡糖素	水剂	生物杀菌剂	
20	杭州欣禧农林科技有限公司	声光驱鸟系统	/	/	物理趋避器	
21	湖南本业绿色防控科技股份有限公司	智能多功能太阳能风吸式捕虫器 3BTC 系列	/	/	物理趋避器	
22	河南济源白云实业有限公司	特科喜	300 亿 PIB/g 甜菜夜蛾核型多角体病毒	水分散粒剂	生物杀虫剂	
		重将	200 亿 PIB/g 斜纹夜蛾核型多角体病毒	水分散粒剂		
		科云-瓢虫			昆虫天敌	
23	江西小布新材料科技有限公司	农小布	/	/	物理防草布	
		绿黑防草布				
24	江苏明德立达作物科技有限公司	明迪	40%氟啶胺·异菌脲	悬浮剂	化学杀菌剂	
		明沃	32%精甲霜灵·噁霉灵	种子处理剂		
		明润丰	30%戊唑醇·吡唑醚菌酯	悬浮剂		

续 表

序号	企业名称	产品(商标)名称	有效成分	剂型	所属类别	备注
		明赞	24%氰霜唑·霜脲氰	悬浮剂		
		德立卡	25%高效氯氟氰菊酯·噻虫胺	微囊悬浮剂		
25	山东惠民中联生物科技有限公司	远光灯-除虫菊	1.5%除虫菊提取物	水乳剂	植物杀虫剂	
		远光灯-枯草芽孢	1000亿芽孢/g-枯草芽孢杆菌	可湿性粉剂	微生物杀菌剂	
		远光灯-木霉菌	10亿孢子/g-木霉菌	可湿性粉剂		
		远光灯-荧光假单胞杆菌	3000亿/g荧光假单细胞杆菌	可湿性粉剂		
		远光灯-蛇床子素	1%蛇床子素	水乳剂	植物杀菌剂	
26	山东鲁保科技开发有限公司	昆虫病原线虫	/	/	昆虫天敌	
		食蚜瘿蚊	/	/		
		蚜茧蜂	/	/		
27	苏州推动者生物科技有限公司	巴氏新小绥螨	/	/	昆虫天敌	
		禾净灵	Ca+Mg≥100 g/L	水剂	中量元素水溶肥料	
28	浙江龙湾化工有限公司	龙克均	20%噻菌铜	悬浮剂	化学杀菌剂	
29	中化化肥有限公司	养田沃土	有机物总量≥60.0%;游离腐殖酸≥12.0%,Fe≥2.0%,pH:6.0~8.0(主要原料:泥炭、铁粉)	粉剂	土壤调理剂	
		优戈	有机物≥100g/L;$N+P_2O_5+K_2O$≥60.0 g/L,pH:5.0~7.0、水不溶物≤50 g/L	水剂	有机水溶肥	
	先正达(中国)投资有限公司	中量元素肥料	Ca+Mg≥15.0%、pH:6.0~8.0,粒度(2.00 mm~4.00 mm)≥90%(主要原料:白云石、硫酸镁)	颗粒剂	中量元素肥	
		硕福多	1亿活芽孢/g枯草芽孢杆菌	微囊粒剂	微生物杀菌剂	
		益施帮	氨基酸≥110 g/L,Mn+Zn≥24 g/L	水剂	氨基酸水溶肥	
30	中捷四方生物科技股份有限公司	田梦金-互生叶白千层提取物	9%萜烯醇	乳油	植物杀菌剂	
31	浙江省桐庐汇丰生物科技有限公司	穗穗福(井冈·噻呋)	16%井冈霉素A·噻呋酰胺	悬浮剂	化学杀菌剂	
		谷之语(井冈霉素)	13%井冈霉素A	水剂	生化杀菌剂	

注:排名不分先后

参考文献

[1] 黄璐琦，张本刚，覃海宁. 中国药用植物红皮书[M]. 北京：北京科学技术出版社，2022.

[2] 黄璐琦，郭兰萍，詹志来. 道地药材标准汇编[M]. 北京：北京科学技术出版社，2020.

[3] 黄璐琦，陈敏，李先恩. 中药材种子种苗标准研究[M]. 北京：中国医药科技出版社，2019.

[4] 郭巧生.《药用植物栽培学》(第三版)[M]. 北京：高等教育出版社，2019.

[5] 缪建华，肖培根，黄璐琦. 药用植物保育学[M]. 北京：科学出版社，2017.

[6] 任跃英，郭巧生. 药用植物育种学[M]. 北京：中国农业出版社，2011.

[7] 陈虞超，李晓琳，赵玉洋，等. 珍稀濒危药用植物资源离体保存研究进展[J]. 世界中医药，2021，16(7)：1018-1030.

[8] 王继永，郑司浩，曾燕，等. 中药材种质资源收集保存与评价利用现状[J]. 中国现代中药，2020，22(3)：311-321.

[9] 赵小惠，刘霞，陈士林，等. 药用植物遗传资源保护与应用[J]. 中国现代中药，2019，21(11)：1456-1463.

[10] 张雪琼，徐宏喜，刘义飞，等. 本草基因组学的学科建设现状与展望[J]. 中国实验方剂学杂志，2019，25(11)：180-189.

[11] 左鑫，李欣容，李铭铭，等. 基因编辑技术及其在药用植物中的应用展望[J]. 中国现代中药，2020，22(12)：2114-2121.

[12] 向丽，高冉冉，王梦月，等. 全球药用植物干细胞库建设策略及展望[J]. 中国中药杂志，2022，47(11)：2841-2851.

[13] AGGARWAL S, SARDANA C, OZTURK M, et al. Plant stem cells and their applications: special emphasis on their marketed products [J]. 3 Biotech, 2020, 10(7): 291.

[14] 刘海波，马培，许利嘉，等. 信息学与大数据—药用植物亲缘学发展的新阶段[J]. 2021，23(9)：1506-1511.

[15] 轩菲洋，姜丹，张佳雯，等. 中药材趁鲜加工现状及发展趋势[J]. 2022，24(10)：1840-1849.

[16] 梁莹，秦双双，韦坤华，等. 药用植物保育学研究进展与展望[J]. 中国现代中药，2022，24(3)：387-394.

[17] 陈士林，孙伟，吴问广，等. 药用植物分子遗传学研究规律的探讨[J]. 中国中药杂志，2020，45(23)：5577-5588.

[18] 吴问广，董林林，陈士林[J]. 药用植物分子育种研究方向探讨. 2020，45(11)：2714-2719.

[19] 晁二昆，苏新亮，陈士林，等. 药用植物活性成分的细胞工厂合成研究进展[J]. 中国现代中药，2019，21(11)：1464-1474.

[20] 周冬宇,李杨,邢咏梅,等. 药用植物微生物组及其与药用植物次生代谢产物的关系[J]. 微生物学通报,2022,49(9):3989 - 4003.
[21] Han Zheng, Xueqing Fu, Jin Shao, et al. Transcriptional regulatory network of high-value active ingredients in medicinal plants [J]. Trends in Plant Science, 2023,28(4):1360 - 1385.
[22] 赵润怀,温川飙,焦炜,等. 中药材追溯体系建设十年回顾与展望[J]. 中国现代中药,2022,24(10):1823 - 1829.
[23] 王秋玲,魏建和,王文全,等. 新版中药材 GAP 建设规范化生产基地的要点探讨[J]. 中国现代中药,2022,24(5):758 - 765.
[24] 魏建和,王文全,王秋玲,等.《中药材生产质量管理规范》修订背景及主要修订内容[J]. 中国现代中药,2022,24(5):743 - 751.
[25] 国家药品监督管理局等四部门发布《中药材生产质量管理规范》(GAP)[J]. 中国现代中药,2022,24(4):554.
[26] 张文晋,曹也,张燕,等. 中药材 GAP 基地建设现状及发展策略[J]. 中国中药杂志,2021,46(21):5555 - 5559.
[27] 董林林,苏丽丽,尉广飞,等. 无公害中药材生产技术规程研究[J]. 中国中药杂志,2018,43(15):3070 - 3079.
[28] 孟祥霄,沈亮,黄林芳,等. 无公害中药材产地环境质量标准探讨[J]. 中国实验方剂学杂志,2018,24(23):1 - 7.
[29] 陈士林,董林林,李西文. 中药材无公害栽培生产技术规范[M]. 北京:中国医药科技出版社,2018.
[30] 邱琳. 无公害农产品产地土壤环境评价信息系统的开发研究[D]. 南京农业大学,2006.
[31] 陆泗进,王业耀,何立环. 中国土壤环境调查、评价与监测[J]. 中国环境监测,2014,30(6):19 - 26.
[32] 陈士林. 中国药材产地生态适宜性区划[M]. 北京:科学出版社,2011.
[33] 罗远恒,顾雪元,吴永贵,等. 钝化剂对农田土壤镉污染的原位钝化修复效应研究[J]. 农业环境科学学报,2014,33(5):890 - 897.
[34] 庄树宏,王克明. 城市大气重金属(Pb, Cd, Cu, Zn)污染及其在植物中的富积[J]. 烟台大学学报(自然科学与工程版),2000(1):31 - 37.
[35] 沈亮,吴杰,李西文,等. 人参全球产地生态适宜性分析及农田栽培选地规范[J]. 中国中药杂志,2016,41(18):3314 - 3322.
[36] 孟祥霄,黄林芳,董林林,等. 三七全球产地生态适宜性及品质生态学研究[J]. 药学学报,2016,51(9):1483 - 1493.
[37] 吴杰,汤欢,黄林芳,等. 红豆杉属植物全球生态适宜性分析研究[J]. 药学学报,2017,52(7):1186 - 1195.
[38] 徐燃,吴杰,董林林,等. 刺五加全球产地生态适宜性及品质生态学研究[J]. 药学学报,2018,53(2):313 - 320.
[39] 汤欢,李西文,向丽,等. 基于 GMPGIS 的檀香全球产地生态适宜性研究[J]. 世界科学技术-中医药现代化,2016,18(8):1265 - 1271.
[40] 徐江,汪鹏,谭瑞湘,等. 基于 GMPGIS 的沉香全球产地适宜性分析[J]. 世界中医药,2017,12(5):979 - 981+985.
[41] 徐江,沈亮,汪耀,等. 基于 GMPGIS 银杏全球生态适宜产区分析[J]. 世界中医药,2017,12(5):969 - 973.
[42] 程睿旸,吴明丽,沈亮,等. 中药重楼全球产地生态适宜性分析[J]. 中国实验方剂学杂志,2017,23(14):19 - 24.
[43] 宫璐,叶育石,吴杰,等. 基于 GMPGIS 的阳春砂全球产地区划[J]. 世界中医药,2017,12(5):989 -

991+995.
[44] 张鹏,黄双建,李西文.南药广陈皮全球产地生态适宜性分析[J].济宁医学院学报,2017,40(4):234-239.
[45] Hijmans R J, Cameron E S, Parra L J, et al. Very high resolution interpolated climate surfaces for global land areas [J]. Int J Climatol, 2005,25(15):1965-1978.
[46] Kriticos J D, Webber L B, Leriche A, et al. CliMond: global high-resolution historical and future scenario climate surfaces for bioclimatic modeling [J]. Methods Ecol Evol, 2012,3(1):53-65.
[47] Choi S Y, Jung H Y, Kim H J, et al. Soil related parameters assessment comparing runoff analysis using harmonized world soil database(HWSD) and detailed soil map [J]. J Korean Soc Agric Eng, 2016,58(4):57-66.
[48] 陈士林,董林林,郭巧生,等.中药材无公害精细栽培体系研究[J].中国中药杂志,2018,43(8):1517-1528.
[49] 张玉峰,王吉顺,朱英东.通化地区参后地重复利用的几种模式[J].中国林副特产,2012(3):44+88.
[50] Ostrec J L, Grubisic D. Effects of soil solarization on nematodes in Croatia [J]. J Pest Sci, 2003,76(5):139.
[51] 王秋萍.无公害地黄生产技术规程[J].科学种养,2015(3):20-21.
[52] 曹卫东,黄鸿翔.关于我国恢复和发展绿肥若干问题的思考[J].中国土壤与肥料,2009(4):1-3.
[53] 陈佳,金红宇,戴博,等.化肥施用对人参品质影响的观察[J].中药材,2012,35(6):847-850.
[54] 王激清,马文奇,江荣风,等.我国水稻、小麦、玉米基肥和追肥用量及比例分析[J].土壤通报,2008(2):329-333.
[55] 陈士林,黄林芳,陈君,等.无公害中药材生产关键技术研究[J].世界科学技术(中医药现代化),2011,13(3):436-444.
[56] 丁丹丹,李西文,陈士林,等.优质中药材栽培合理施肥探讨[J].世界科学技术-中医药现代化,2018,20(7):1114-1122.
[57] 陈红伟,于娟,张明宏,等.辽东山区高山红景天栽培技术[J].辽宁林业科技,2013(4):61-62.
[58] 国家药典委员会.中华人民共和国药典(一部)[M].北京:中国医药科技出版社,2015.
[59] Zhang Y J, Dang H S, Li J Q, et al. The Epimedium wushanense(Berberidaceae) species complex, with one new species from Sichuan, China [J]. Phytotaxa, 2014,172(1):39-45.
[60] 周涛,熊厚溪,蔺阁,等.野生粗毛淫羊藿生长期的形态特征及淫羊藿苷的含量分析[J].中国中药杂志,2010,31(5):390-393.
[61] 李作洲,徐艳琴,王瑛,等.淫羊藿属药用植物的研究现状与展望[J].中草药,2005(2):289-295.
[62] 冉懋雄,魏德生,邹剑灵,等.贵州淫羊藿野生资源与规范化种植及其保护抚育研究[J].中国医学生物技术应用,2002(3):1-14+37.
[63] 赵志伟,刘天英,李光聚,等.寿光蔬菜(一)寿光市日光温室土壤消毒技术[J].中国蔬菜,2018(8):88-91.
[64] 徐江,董林林,王瑞,等.综合改良对农田栽参土壤微生态环境的改善研究[J].中国中药杂志,2017,42(5):875-881.
[65] 高玲,刘国道.绿肥对土壤的改良作用研究进展[J].北京农业,2007(36):29-33.
[66] Dong L L, Xu J, Zhang J L, et al. Rhizospheric microbial communities are driven by Panax ginseng at different growth stages and biocontrol bacteria alleviates replanting mortality [J]. Acta Pharmaceutica Sinica B, 2018,8(2):272-282.
[67] 么厉,程惠珍,杨智.中药材规范化种植(养殖)技术指南[M].北京:中国农业出版社.2006.
[68] 沈亮,徐江,孟祥霄,等.人参属药用植物无公害种植技术探讨[J].中国实验方剂学杂志,2018,24(23):8-17.

[69] 于东悦,王瑛,孙伟,等.淫羊藿属药用植物无公害种植技术探讨[J].世界科学技术-中医药现代化,2018,20(11):2058-2066.
[70] 沈亮,徐江,陈士林,等.无公害中药材病虫害防治技术探讨[J].中国现代中药,2018,20(9):1039-1048.
[71] 蒲锐,万定荣,赵百孝,等.环境条件对蕲艾叶品质影响的研究[J].世界科学技术-中医药现代化,2019,21(12):2739-2745.
[72] 王伟平,周新伟,李根岳.茯苓优质高产栽培技术[J].食药用菌,2014,22(2):102-103.
[73] 杨银慧,豆小文,陈士林等.我国中药材中农药登记现状及污染分析[J].中国中药杂志,2013,38(24):4238-4245.
[74] 杨昌贵,江维克,杨野等.中药材生产常见病害及用药特征分析与建议[J/OL].中国中药杂志,2023,10:1-8.
[75] 刘芫汐,辜冬琳,荀琰等.中药材种植中农药使用情况及残留现状分析[J].中国药事,2022,36(5):503-510.
[76] 邓明鲁.中国动物药资源[M].北京:中国中医药出版社,2007.
[77] 万德光.药用动物学[M].上海:上海科学技术出版社,2009.
[78] 那丽丹,陈建丽,秦雪梅,等.基于1H-NMR代谢组学的阿胶化学成分差异性分析方法初探[J].中草药,2015,46(17):2573-2579.
[79] 刘涛,谭清红,王晓霞,等.基于酶活性的地龙质量标准再评价研究[J].中药材,2014,37(9):1535-1537.
[80] 吴喜燕,高慧敏,王智民.蟾蜍类药材化学成分研究进展[J].中国实验方剂学杂志,2010,16(14):207-220.
[81] 韦传宝,徐建芬.白眉蝮蛇蛇毒精氨酸酯酶对小鼠的生殖毒性及F1子代的影响[J].应用与环境生物学报,2004,10(5):623-625.
[82] 李连达.《野生动物保护法》与中药动物药的关系[J].中国中药杂志,2016,41(10):1763-1765.
[83] 万明,汪蜜,陈科力,等.宽体金线蛭抗凝血活性物质的提取方法[J].中国医院药学杂志,2012,32(6):414-417.
[84] 程显隆,陈佳,马双成,等.特征肽段检测技术用于胶类药材专属性鉴别方法研究[J].中国药学杂志,2015,50(2):104-108.
[85] 那丽丹,陈建丽,田俊生,等.基于1H-NMR代谢组学的阿胶化学成分差异性分析方法初探[J].中草药,2015,46(17):2573-2579.
[86] 王海璐,李庆杰,赵海平,等.动物药材鉴别及质量评价方法研究进展与策略[J].中草药,2018,49(16):3942-3949.
[87] 邱云菊,邓雨娇,车静,等.动物药真伪鉴别研究进展[J].成都中医药大学学报,2019,42(2):74-77.
[88] 王玄,欧阳罗丹,代春美,等.动物类中药质量控制的生物评价研究[J].中国中药杂志,2017,42(12):2228-2235.
[89] 王丹丹,昝珂,魏锋,等.动物类中药材使用情况及常见质量问题探讨[J].中国药事,2020,34(11):1281-1298.
[90] 李军德,张恬.中国药用动物资源可持续发展策略[J].重庆中草药研究,2019,76(2):1-9.
[91] 刘睿,武文星,朱悦,等.动物药现代研究方法学进展与展望[J].南京中医药大学学报,2022,38(10):857-869.
[92] 叶洵,梁琪,王丹,等.中药饮片质量标准性状数字化研究的进展[J].世界中医药,2022,17(9):1240-1245.
[93] 王珺,张南平.中药显微鉴别研究与应用进展[J].中国药事,2018,32(8):1051-1057.

[94] 王雨青,刘金凤,于佳禾,等. 2020年版《中国药典》中收载的多基原中药材鉴别的研究现状、问题及对策[J]. 华西药学杂志,2021,36(2):214-222.
[95] 鄢海燕,邹纯才.《中国药典》(2010年版～2020年版)中药指纹(特征)图谱应用进展与展望[J]. 南方医科大学学报,2022,42(1):150-155.
[96] 张文娟,魏锋,马双成. DNA分子鉴定技术在中药标准中的应用和有关问题[J]. 中国食品药品监管,2021(9):116-121.
[97] 肖小河,金城,赵中振,等. 论中药质量控制与评价模式的创新与发展[J]. 中国中药杂志,2007(14):1377-1381.
[98] 国家药典委员会. 中华人民共和国药典. 四部[M]. 北京:中国医药科技出版社,2020.
[99] 张波,辛杰,刘言娟,等. 生物检定法在中药质量评价中的应用研究进展[J]. 中国中药杂志,2022,47(23):6264-6270.
[100] 闫艳,杜晨晖. 一测多评法在中药质量控制中的应用及研究进展[J]. 世界科学技术-中医药现代化,2022,24(6):2378-2387.
[101] 刘昌孝,陈士林,肖小河,等. 中药质量标志物(Q-Marker):中药产品质量控制的新概念[J]. 中草药,2016,47(9):1443-1457.
[102] 段亚萍,骆骄阳,刘好,等. 中药中内源性毒性成分分析方法研究进展[J]. 中国中药杂志,2018,43(24):4808-4816.
[103] 申明睿,翟为民,何轶,等.《中国药典》2020年版外源性有害物质标准现状及制定思路[J]. 中国食品药品监管,2022(3):16-24.
[104] 杨昌贵,周涛,张小波,等. 中药材农药残留现状分析与安全保障建议[J]. 中国中药杂志,2022,47(6):1421-1426.
[105] 魏锋,戴忠,马双成. 我国中药材及饮片质量逐年向好面临多重挑战(上)[N]. 中国医药报,2021-01-19(003).
[106] 黄志伟,郭拓,黄文静,等. 近红外光谱技术在名贵中药材质量评价中的研究进展[J]. 中草药,2022,53(20):6328-6336.
[107] 杨惠智,杨婷,孙万阳,等. 中药一致性评价新技术——中药太赫兹光谱发展及其量子指纹图谱在中药一致性评价中的应用[J]. 中南药学,2022,20(7):1478-1486.
[108] An YL, Wei WL, Guo DA. Application of analytical technologies in the discrimination and authentication of herbs from Fritillaria: A review [J]. Critical Reviews in Analytical Chemistry, 2022:1-22.
[109] Wu HY, Shaw PC. Strategies for molecular authentication of herbal products: from experimental design to data analysis [J]. Chinese medicine, 2022,17(1):38.
[110] 乔雪,张亚群,果德安,等. 中药药效物质研究方法及进展[J]. 中国科学:生命科学,2022,52(6):908-919.
[111] 白钢,张铁军,刘昌孝. 基于监管科学的中药质量评价方法的整合研究思路和发展方向[J]. 中草药,2022,53(20):6313-6318.
[112] 卢焘韬,王雪莲,穆成林,等. 一测多评法结合指纹图谱在枳壳质量评价中的应用[J]. 中草药,2021,52(2):558-566.
[113] 阳长明,杨平,刘乐环,等. 中药质量标志物(Q-Marker)研究进展及对中药质量研究的思考[J]. 中草药,2021,52(9):2519-2526.
[114] Chen W, Luo H, Zhong Z, et al. The safety of Chinese medicine: A systematic review of endogenous substances and exogenous residues [J]. Phytomedicine. 2023,108:154534.
[115] 国家药典委员会编. 国家药品标准工作手册:国家药品标准技术规范(第四版)[M]. 北京:中国医药科

技出版社，2013.
[116] 屠鹏飞，黄璐琦，陈万生，等.《中华人民共和国药典》(2020 年版)中药材和中药饮片质量标准增修订工作思路[J]. 中国现代中药，2018，20(12)：1459.
[117] 张鹏，何轶，杨昭鹏. 中药标准体系简介与探讨[J]. 中国食品药品监管，2022(3)：11 - 15.